SHODENSHA
SHINSHO

令和ヒットの方程式

博報堂DYグループ
コンテンツビジネスラボ

祥伝社新書

はじめに〜令和の音楽とヒットの変化

「ヒットを捉《とら》えることが難しくなっている」というのは、音楽業界に限らず、多くのマーケッターが抱えている課題だろう。

近年、GAFAMに代表されるテクノロジー企業の躍進によって人々の生活様式は大きく変わった。音楽業界においても、ドラマやCMとタイアップをすれば必ずヒットするという時代ではなくなってきている。

テレビや新聞、雑誌、ラジオのマスメディアから情報を得ていた時代と異なり、情報入手の手段が多様化、細分化されたことでヒットの生まれ方も変わっているのだ。

音楽業界の市場規模は、〝CD黄金期〟と言われた90年代後半をピークに減少傾向にある。私たちコンテンツビジネスラボが行っている「コンテンツファン消費行動調査」のデータを見ても、国内音楽の推定市場規模は、2010年の1兆2760億円から下が

図0-1

音楽興味層・利用層・支出層、利用、支出推移

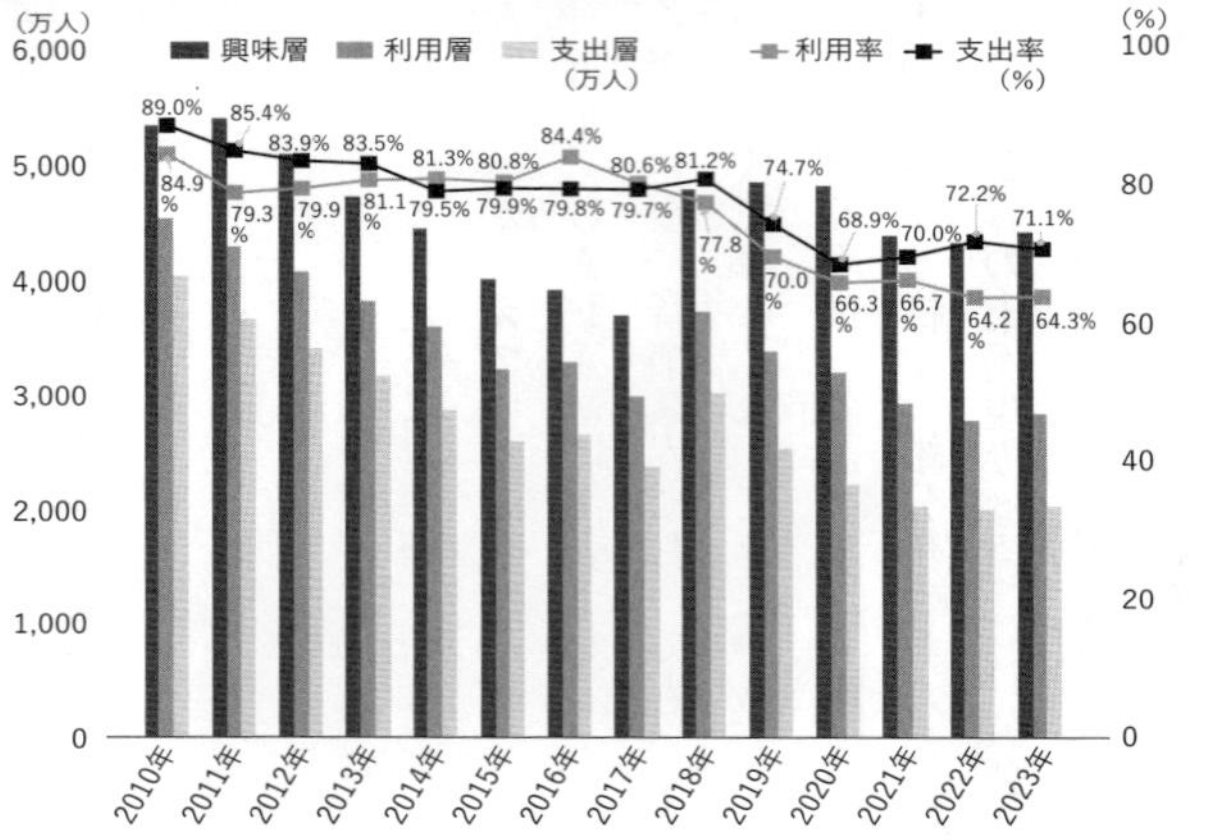

※「コンテンツファン消費行動調査」より推計

り続け、コロナ禍にあった２０２０年には４６９０億円にまで落ち込んだ。

その後、コロナ禍が明けてライブやフェスなどのイベントが開催されるようになり、オンラインイベントやデジタルグッズ、投げ銭のようなビジネスモデルが普及したことで、ようやく２０１９年以前の水準に戻りつつあるところだ。

そもそも、日本社会が抱える「少子高齢化問題」によって、音楽コンテンツを利用する若者が減少していることも業界にとっては大きな課題となっている。

図０‐１は、音楽市場における「興味層」「利用層」「支出層」の人数規模の推移をグラフ化したものだ。全体的には縮小傾向にある

図 0-2

年間平均音楽支出金額(1人あたり)

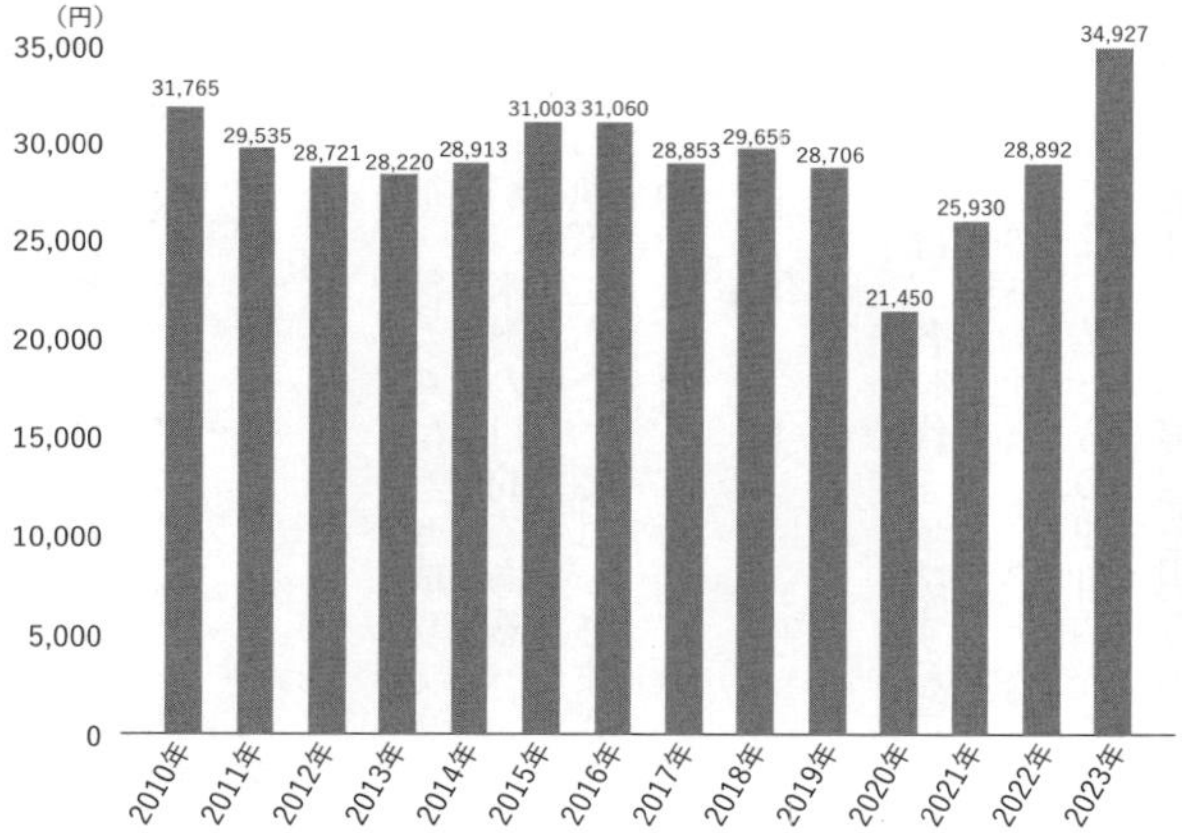

と言えるが、図０－２の支出層の「年間音楽支出額」に目を向けると、３万４９２７円と調査開始時の２０１０年より直近の２０２３年が上回っていることがわかる。この２つのグラフからは、①お金を使う層は変わらずいる、②支出人数規模の減少に課題がある、③音楽を利用したりするもののお金を使わない人が多い、ということがわかる（詳細は第２章を参照）。

　こうした状況の中、あるニュースが音楽業界を賑《にぎ》わせた。

《夜に駆ける》などで知られている人気音楽ユニット・YOASOBIの新曲《アイドル》が、２０２３年６月10日付の米ビルボード・グローバル・チャート「Global Excl. U.S.」

で首位を獲得したというニュースだ。

世界的に見れば、日本の音楽市場は決して小さいものではない。しかし、先に述べた少子高齢化の影響や、アニメなどの動画コンテンツに押され気味の音楽業界にあって、このYOASOBIや、続くCreepy《クリーピー》 Nuts《ナッツ》のグローバルでの成功が吉兆であることは間違いないだろう。

では、彼・彼女らはなぜ成功できたのか？　その裏側にあるヒットの構造を読み解こうというのが、本書の目的である。

本書の執筆にあたっては、さまざまなコンテンツの分析を行っているコンテンツビジネスラボの中でも、とくに音楽に深い情熱と知見を持つメンバーが結集して、令和ヒットの方程式の読み解きを試みた。


第1章では、各時代を象徴するアーティストのヒットの要因を分析し、過去の音楽ヒットの方程式を振り返る。

第2章では、私たちの独自調査である「コンテンツファン消費行動調査」を活用して、令和の音楽ファンの実態を明らかにする。

第3章では、「フィードコンテンツ」というヒットのメカニズムを紐解くキーワードに注目する。２０１9年発売の大ヒットソング、Official 髭男 dism の《Pretender》を例に、4タイプの「フィードコンテンツ」がもたらしたヒットの裏側に迫る。

第4章では、グローバルチャートに名を連ねるアーティストを取り上げ、それぞれのヒット要因を分析する。

第5章では、昭和、平成、令和それぞれの時代の代表として、音楽評論家のスージー鈴《すず》木《き》氏、音楽ジャーナリストの柴那典《しばとものり》氏、ビルボードジャパン・チャートディレクターの礒《いそ》﨑誠二《ざきせいじ》氏を招き三氏の視点で、今後のヒットのメカニズムやグローバルでのヒットについて語り合ってもらった。

私たちのプロジェクトは、博報堂DYグループが掲げる「生活者発想」の視点に基づいている。生活者発想とは、生活者が暮らす３６５日24時間の生活シーンを丸ごと捉える、という考え方だ。

家族や友人、恋人とどのような暮らしをしているのか、どのような喜びや楽しみを感じているのか、その価値観はどういった潜在的な意識から導かれているのか――。

こうした視点に立つことで、人々の欲求や動機の軸や本心・本音をつかみ、心や社会を動かすコミュニケーションやビジネスを生み出すことができると、私たちは考えている。

本書が、音楽業界のみならず、さまざまなコンテンツに関わるビジネスパーソン、新しい時代のマーケティングの参考になることを願っている。

博報堂DYホールディングス・博報堂・
博報堂DYメディアパートナーズ　コンテンツビジネスラボ　一同

目次 ―― 令和ヒットの方程式

第2章 音楽ファンの実態

第3章 フィードコンテンツとヒットの方程式

第4章 アーティスト別ヒット考察

第5章 鼎談 令和のヒットを考える

スージー鈴木（音楽評論家）×柴那典（音楽ジャーナリスト）×
磯﨑誠二（ビルボードジャパン・チャートディレクター）

イラスト　篠本七虹
本文ＤＴＰ　アルファヴィル・デザイン
ＪＡＳＲＡＣ 出２４０７７４４-４０１

第1章

ヒット方程式の変遷

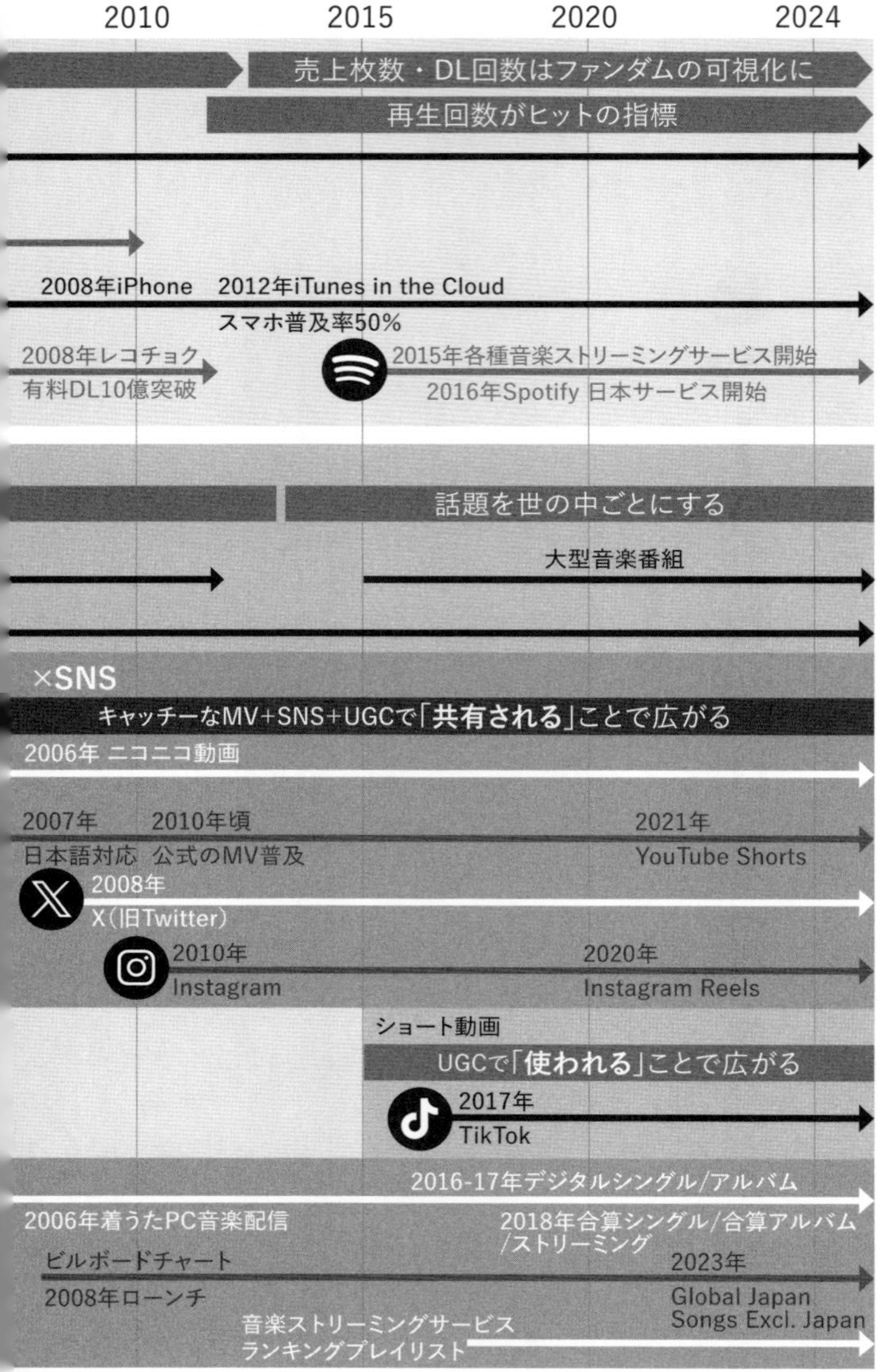
2010
2015
2020
2024
売上枚数・DL回数はファンダムの可視化に
再生回数がヒットの指標
2008年iPhone
2012年iTunes in the Cloud
スマホ普及率50%
2008年レコチョク
有料DL10億突破
2015年各種音楽ストリーミングサービス開始
2016年Spotify 日本サービス開始
話題を世の中ごとにする
大型音楽番組
×SNS
キャッチーなMV+SNS+UGCで「共有される」ことで広がる
2006年 ニコニコ動画
2007年
日本語対応
2010年頃
公式のMV普及
2021年
YouTube Shorts
2008年
X(旧Twitter)
2010年
Instagram
2020年
Instagram Reels
ショート動画
UGCで「使われる」ことで広がる
2017年
TikTok
2016-17年デジタルシングル/アルバム
2006年着うたPC音楽配信
2018年合算シングル/合算アルバム
/ストリーミング
ビルボードチャート
2008年ローンチ
2023年
Global Japan
Songs Excl. Japan
音楽ストリーミングサービス
ランキングプレイリスト

図1-1 音楽歴史年表

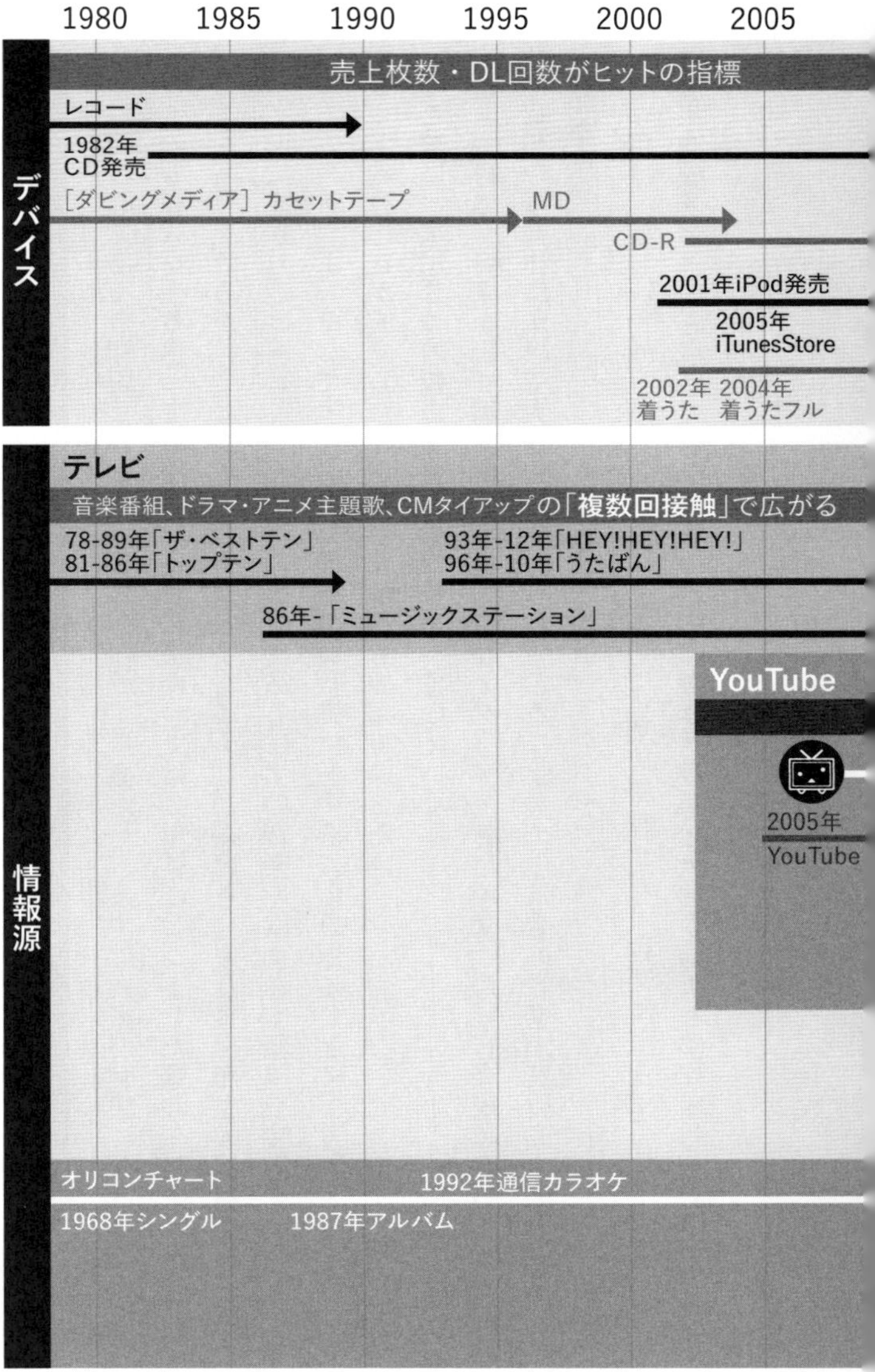
1980
1985
1990
1995
2000
2005
デバイス
売上枚数・DL回数がヒットの指標
レコード
1982年
CD発売
［ダビングメディア］カセットテープ
MD
CD-R
2001年iPod発売
2005年
iTunesStore
2002年
着うた
2004年
着うたフル
情報源
テレビ
音楽番組、ドラマ・アニメ主題歌、CMタイアップの「複数回接触」で広がる
78-89年「ザ・ベストテン」
81-86年「トップテン」
93年-12年「HEY!HEY!HEY!」
96年-10年「うたばん」
86年-「ミュージックステーション」
YouTube
2005年
YouTube
オリコンチャート
1992年通信カラオケ
1968年シングル
1987年アルバム

音楽消費行動の変化とヒット方程式の変化

本書の目的である令和版ヒットの方程式を紐解くにあたり、まずは過去の歴史におけるヒットの方程式を振り返ってみたい。それにあたっては、単純にヒットした楽曲やアーティストを取り上げるだけではなく、博報堂ＤＹグループが掲げる「生活者発想」の視点を持って歴史を振り返っていく。ヒットの裏側にあるはずの音楽を取り巻く環境や時代を反映するカルチャー、そして生活者の「情報消費行動」を中心に振り返ることで、どのようにヒットの方程式が成立したのかという解釈も加えていきたい。

ここでは、主に３つの視点で歴史を振り返っていていく。

ひとつ目は、音楽を聴く場である「音楽視聴メディア・デバイス」だ。音楽視聴デバイスは昭和から令和にかけて大きく様変わりし、これによって生活者の音楽消費行動も大きく変化した。

２つ目は、新しい音楽と出会う場所である「音楽情報源」だ。音楽に限らず、生活者の情報接触メディアも常に大きな変革の最中にあり、音楽と出会う場所も移り変わっている。

図1-2

日本音楽市場推移（コンテンツ+ライブ収益）

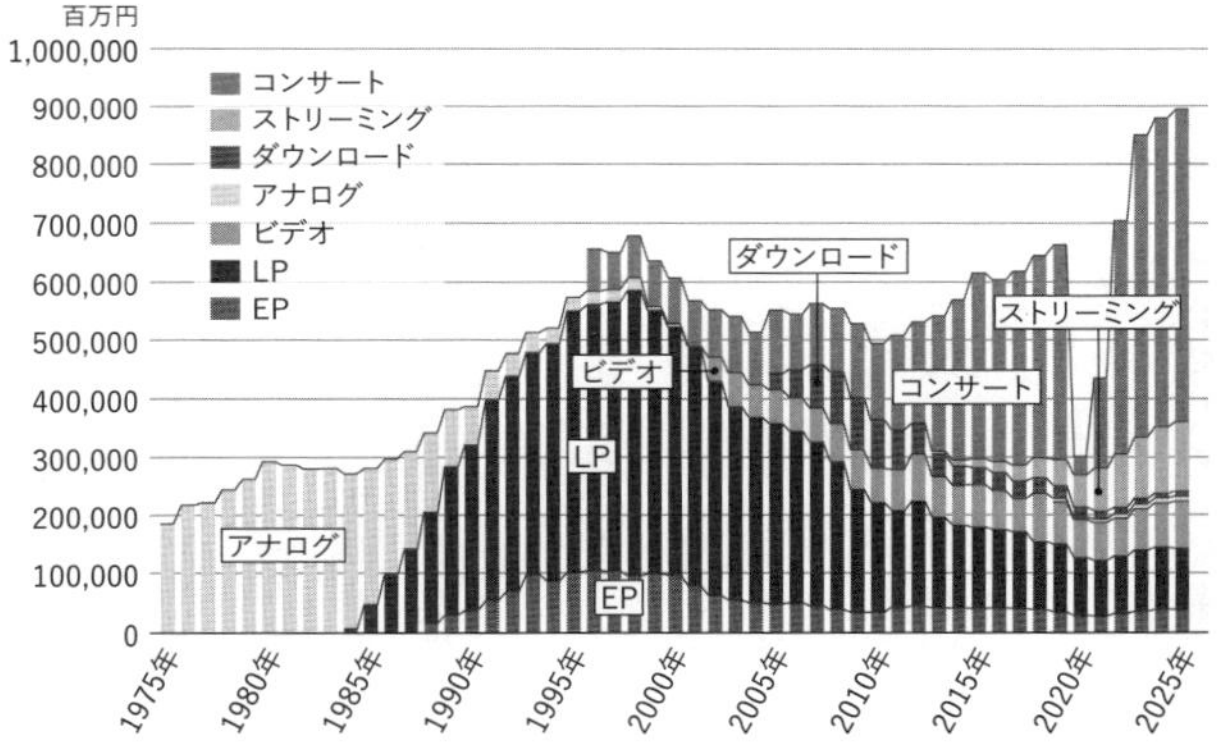

※2024以降はビルボードジャパン予測
出所：磯﨑誠二『ビルボードジャパンの挑戦 ヒットチャート解体新書』を基に作成

３つ目は、こうした音楽消費行動をうまく捉え、時代を彩った「アーティスト」。

これら３つの視点から歴史を追い、それぞれの時代のヒットの方程式を考察していく。

80年代／高視聴率の音楽番組を制する

〈デバイス〉カセットテープ&ウォークマンで音楽市場が急成長

１９７０年代、音楽を聴くためのデバイスはレコードが主流だった。１９８２年にＣＤが発売され、その後レコードから徐々に置き換わっていくが、ＣＤがレコードの売上を抜くのは意外にも80年代の後半に入ってからだ。

しかし、80年代に音楽の消費を押し上げた真の功労者は、カセットテープだったという。ラジカセの進化とウォークマンの発売（1979年）で、生活者は気軽に音楽を所有し、聴くことができるようになった。そして、ラジオ番組からカセットテープに録音する〝エアチェック〟を行い、レコードやCDからもダビングをしてマイセレクションを作れるようになった。その結果、音楽の消費は大きく増加した。さらに、ウォークマンの登場で音楽消費の場所・時間が劇的に増加し、市場拡大に寄与《きよ》していったのだ。

〈情報源〉テレビ番組におけるランキングの威力

80年代の音楽情報源は、主にテレビ・ラジオである。とくにテレビでは、TBS「ザ・ベストテン」（1978〜1989年）、日本テレビ「ザ・トップテン」（1981〜1986年）、フジテレビ「夜のヒットスタジオ」（1968〜1990年）を代表とする歌番組がゴールデンタイムに放送され、高い視聴率を獲得した。

とくに「ザ・ベストテン」は、1981年9月17日オンエア回の最高世帯視聴率が、41・9％にも達したという。空港の掲示板を模したランキングの発表方式や、アーティストがスタジオだけではなく、新幹線の駅や空港のタラップから歌唱する生中継は、お茶の間を賑わせた。また、同番組は、ランキング形式で楽曲を紹介する番組構成を採っていた。そのランキングは、毎週のレコードやＣＤの売上、有線リクエスト、ラジオリクエスト、番組へのはがきリクエストといった要素をかけあわせて、独自の複合型ランキングとして作成されていたものだ。

これらの歌番組で楽曲がランクインすると、ＣＤやレコードの売上が確実に大きく伸びていたということからも、番組ランキングの影響力を感じることができる。

しかし、その大きすぎる影響力が、逆に視聴者が納得するランキング作りを難しくさせた面もある。売上を人為的に操作する専門業者、事務所や親衛隊による番組への多数のリクエストにより、番組の根幹であるランキングがハックされてきたからだ。

〈アーティスト〉アイドルによるテレビとランキングのハック

こうした音楽番組を支えてきたのは、アイドルという存在だ。

当時のランキング形式の音楽番組では、番組尺《しやく》の関係で楽曲をフルに歌えないのが通常だった。アーティストが敬遠しがちな制約にもアイドルは応じ、生放送への出演にも前向きだった。さらに数ヵ月という短いタームで曲をリリースすることで、ランキング番組への登場回数を増やし、さらなる認知と人気をつかんでいた。

そして、70〜80年代は、テレビでのオーディション番組がヒットした時代でもあった。視聴者参加型オーディション番組の「スター誕生！」（日本テレビ）は、小泉今日子《こいずみきょうこ》や中森明菜《なかもりあきな》といった多くのスターが輩出し、バラエティ番組「夕やけニャンニャン」（フジテレビ）でおニャン子クラブがブレイクをするなど、さまざまな個性を持つアイドルの人気が高まった。

SNSや再生回数の概念がない時代、現代で言うところの「推し活」は、リクエストハガキや、CDの購入、コンサート等に限られていた。「推し」を応援したいという思いがリアルな行動の結果となって表れるのが音楽番組だった。

テレビという当時の中心的なメディアで、発見され、成長し、ファンに見守られながら応援されてきたアイドルたちは、まさにテレビとランキングをハックすることで、ヒットを生んできたと言えよう。

90年代前半／大量接触で「みんなが知っている曲」にする

〈時代背景〉テレビの波及力とカラオケブーム

１９９０年代と言えば、「トレンディドラマ」が大ヒットした時代だ。とくにフジテレビの月曜夜9時台の枠は話題作が続き、「月9《げつく》」放送枠としてその地位を確立した。

１９９１年の『東京ラブストーリー』を皮切りに、同年の『１０１回目のプロポーズ』、その後も『あすなろ白書』や『ロングバケーション』『ラブジェネレーション』といった視聴率の高い作品が並んだ。

一方、80年代後半に誕生したのが「深夜番組」だ。それまでは、各テレビ局には深夜番組枠というものはなく、深夜12時頃に放送が終了していた。深夜帯は、ゴールデン帯の番組にはない、特殊な面白さを持った番組が次々と生まれていった。これらが徐々に若者に受け入れられ、視聴率も上がっていった。

また、この時代に音楽消費行動におけるひとつのターニングポイントがある。カラオケだ。カラオケボックス自体は、80年代にはすでに全国で普及し始めていたが、１９９２年に通信カラオケが登場すると、曲数の多さや新譜リリースの早さによって人気を博《はく》し、その普及に拍車をかけた。

カラオケは、生活者の音楽消費行動に変革をもたらした。日常生活の中で「聴くもの」だった音楽が、コミュニケーションツール、遊びのツールとなったのだ。

カラオケの場を盛り上げるには、みんなが知っている曲を歌えることが必要になる。そのために、人々は音楽番組を観て、購入もしくはレンタルしたCDで歌を練習した。

若者の音楽消費の方法が多様化し、音楽に対する興味が高かった時代にあっては、「みんなが知っている曲」になることが重要だったのだ。こうして、ドラマ、CMとのタイアップ、大量宣伝によって曲の認知度を上げることが、ヒット曲を生む方程式になっていた。

〈デバイス〉CDプレイヤーが安価になり、CDの売上が増加

この時代、音楽消費を支えたのはCDプレイヤーの存在だ。レコードからCDに徐々に置き換わり始めると、90年代には1000円で手頃に買える8センチ・シングルCDが広く流通した。さらに、カセットテープとラジオが聴けるラジカセにCDの再生機能が追加された「CDラジカセ」が安価になり、一般の家庭に広く浸透した。リスナーは、CDからカセットテープに楽曲をダビングし、マイプレイリストを作成した。

80年代後半から徐々に伸びてきたCDの売上は、1991年に初めてミリオンを超えることになる。

〈情報源〉テレビのタイアップで音楽と大量接触

1991年にミリオン超えを達成した楽曲、それは小田和正《おだかずまさ》の《ラブ・ストーリーは突然に》とCHAGE and ASKAの《SAY YES》である。1991年に放映された『東京ラブストーリー』は最終回視聴率が32・3％（関東地区）を記録した大ヒットドラマである。このドラマの主題歌こそが《ラブ・ストーリーは突然に》であった。

じつはこのヒットには、ドラマ史上初の試みが関係している。『東京ラブストーリー』までのドラマ主題歌は、冒頭のタイトル部分などで流れることが主流で、ドラマ内に挿入されることはほぼなかった。しかし本作では、ここぞという盛り上がるシーンで主題歌を挿入するという手法がとられたのだ。

ストーリーとのマッチングもさることながら、ドラマの盛り上がるシーンでの楽曲使用は、視聴者に強烈な印象を与え、シングル売上はミリオンどころか、ダブルミリオン超えの大ヒットとなった。

この大ヒットをきっかけに、以降のドラマの主題歌でも同様の手法が用いられ、同年の『101回目のプロポーズ』の主題歌であった《SAY YES》もダブルミリオン超えの大ヒットとなっている。

90年代と言えば、テレビCMでは、夏の風物詩である清涼飲料水や冬の風物詩であるスキー関連のCMが大量出稿されていた時代だ。その年のCM起用タレントやタイアップ曲は世間から注目され、何度も接触することになる楽曲は、そのままランキング上位に食い込むようになった。楽曲を聴いてCMの情景を思い浮かべる方も少なくないだろう。若者に人気のあった深夜番組帯にも、多くの楽曲タイアップCMが出稿され、アーティストにとってブレイクの登竜門的位置付けになった。

アニメとのタイアップでは、現代のアニソンに通じるような動きが起こる。それまでアニメの主題歌と言えば、子ども向けとして制作され、大人が聴くことを想定しない楽曲が多かった。

しかし90年代には、アニメの主題歌を人気のアーティストが歌う機会が増え、アニメの主題歌がランキングの上位に位置するようになる。とくに『ちびまる子ちゃん』（フジテレビ）の主題歌であるB・B・クィーンズの《おどるポンポコリン》は、1990年に最も売れたシングルとなり、その年を象徴する楽曲になる。そして、このB・B・クィーンズを企画した「ビーイング」こそが、90年代前半に躍進していく。

〈アーティスト〉ビーイング系の躍進

90年代を彩ったドラマやアニメ、CMのタイアップをメインとした音楽プロモーションを多用したのが、ビーイングという音楽事務所である。

B'zやZARD、WANDS、大黒摩季《おおぐろまき》など、当時のランキング上位に常連のアーティストたちが所属していたのがこのビーイングだ。

とくに、アニメに関しては、「すべての番組主題歌を自社系列アーティストが担当する」という戦略がとられていた。

たとえば、1993年から1996年まで全101話が放映された人気アニメ『スラムダンク』（テレビ朝日）。放送期間中のオープニング2曲、エンディング4曲の計6曲の主題歌は、すべてビーイング所属のアーティストが担当した。

タイアップは、テレビという圧倒的なメディアにおいて、生活者に繰り返し楽曲を聴かせることで、「みんなが知っている曲」を作り上げた。認知度の上がった楽曲は、カラオケで歌われ、さらに楽曲の認知度と消費が広まる――タイアップは、ヒットの方程式の初手に欠かせないものであった。

また、当時限られた場所でしか観ることのできなかったMV（ミュージックビデオ）に代わり、タイアップによって、ドラマやCMの世界観やストーリーとともに楽曲を楽しむことができた。楽曲そのものを超える感情や思い出を生活者の記憶に強く残すタイアップは、認知向上だけではなく楽曲の魅力を倍増させる強力な手法だったのだ。

90年代後半〜00年代前半／音楽バラエティ番組、オーディションでファンを作る

〈デバイス〉ポータブルCDプレイヤーの誕生でCD黄金期へ

CDラジカセの隆盛で伸長したCDの売上が、さらに伸びたのが90年代後半である。ポータブルCDプレイヤーが小型化・軽量化して気軽に持ち運べるようになり、出荷台数が増加する。カセットへダビングをせずに、購入したアルバムCDをそのままポータブルCDプレイヤーで聴く生活者が増え、アルバムCDが飛躍的に売上を伸ばした。

俗に言う〝CD黄金期〟は、パッケージメディアがそのまま「ライブラリー」と「日常

的な聴取」の両方に使われた時代と言える。

1998年にはCDの売上が史上最高額に達し、人気アーティストのベストアルバムは、軒並み300万枚を超えるセールスを叩き出すようになる。

1999年にリリースされた宇多田《うただ》ヒカルのファーストアルバム《First Love》のセールスは800万枚を超え、日本国内のアルバムセールス歴代1位の記録となっている。

〈情報源〉音楽バラエティ番組の盛り上がり

生活者の情報源は、引き続きテレビがメインだった。音楽業界でも、ドラマやテレビCMとのタイアップが盛んに行われ、多くの楽曲が大量接触から認知度を上げることで、ヒットにつながった。CDが最も売れていたこの時代は、レコード会社もアーティストのプロモーション予算を潤沢に準備することができ、タイアップではなく、レコード会社が楽曲自体のプロモーションCMを出稿することも多かった。

そして、ゴールデンタイムに音楽番組が帰ってきたのもこの時代。

フジテレビ「HEY! HEY! HEY! MUSIC CHAMP」(1994~2012年)や、TBS「うたばん」(1996~2010年)などの音楽バラエティ番組が放送を開始し、歌唱シーンだけではなくアーティストとのトークシーンを多く取り上げることで、高視聴率を獲得していった。

また、かつてのような人気オーディション番組も復活する。

1995年に始まった「ASAYAN」(テレビ東京)だ。夢のオーディション・バラエティとして、当時すでに名前が売れていた小室哲哉《こむろてつや》やつんく♂をプロデューサーとして就任させ、大規模な歌手の発掘オーディションを行った。

番組からはときに無茶な課題もあったが、歌手という夢に向かって努力するオーディション参加者たちのひたむきさが視聴者の共感を呼び、番組の人気とともに参加者の人気も高まっていった。同番組は、モーニング娘。やCHEMISTRYを誕生させ、のちのEXILEボーカル陣の発掘も行われた。

番組のオーディションを通して、視聴者はアーティストを見守り、応援する——。

こうして、アーティストはデビュー前から多くのファンと知名度を獲得することができ、デビューシングルからランキング上位に食い込むようなヒットにつながっていった。

〈アーティスト〉音楽プロデューサーと憧れの対象となるアーティストの影響力

90年代後半はじつに多様なアーティストが時代を彩った。CD黄金期ということもあり、レコード会社の潤沢な予算が、さまざまなアーティストのプロモーションを支えることを可能にすることができていたのだろう。

小室哲哉やつんく♂、小林武史《こばやしたけし》など、自ら表舞台に立つミュージシャンでありながら裏方であるプロデュース業も行う「プロデューサー」の出現により、日本の音楽業界における音楽プロデューサーというポジションの影響力は大きくなった。〃有名プロデューサーによるプロデュース〃という情報が宣伝材料として大きな役割を果たすようになった。

また、この時代は、アーティストが若年層のアイコンとして機能していた。安室奈美恵《あむろなみえ》、SPEED、浜崎《はまさき》あゆみなど、音楽番組で垣間見るパーソナリティに加え、そのファッションや持ち物は常に生活者の興味を惹きつけた。

とくに、安室奈美恵は、〃アムラー〃と呼ばれるスタイルを流行《はや》らせ、音楽以外でも社会現象を巻き起こすほどのカリスマとなった。楽曲という側面に加えて、ファンが憧れ、真似するようなブランドやスタイルを持つアーティストは、そのファンの熱量も高まる傾向にある。楽曲に加えて、どれだけアーティストのパーソナリティを好きになれる要素を作れるか、これも普遍的なヒット方程式のひとつの要素と言えよう。

00年代後半／若者コンテンツから「着うた」ランキングを制する

〈デバイス①〉日本独自の「着うた」文化

「着うた」とは、30秒程度の楽曲を着信音として設定できる、携帯電話（いわゆるガラケー）向けのサービスである。90年代に生まれた「着メロ」という文化に、ボーカルがついた着うたのサービスが始まったのは、２００２年だった。２００４年には「着うたフル」として、１曲丸ごとのダウンロードが可能になった。

日本は、ドコモのｉモードなど携帯電話向けのサービスが世界よりも高水準で提供されていた時代で、ケータイ小説やデコ電など、ＰＣよりも携帯電話に生活者の意識が向いていた。これが、世界中で日本だけの独自文化である着うたを生んだと考えられる。

一方、２０００年頃からNapsterなどのファイル共有サービスの利用が拡大した。また、ＣＤ‐Ｒが普及し始めたことで、音楽の不正デジタルコピーが横行し、世界的にＣＤの売上は急激に減少していった。

しかし日本では、独自の携帯電話文化をうまく捉えた着うたによって、ダウンロードの売上が増加し、ＣＤの売上減少による音楽市場全体の減少をなんとか食い止めていた。

着うたフルによる先行配信や、着うたフルでしか入手できないオリジナルソングの配信もされた。着うたは１曲数十円、着うたフルでも３００円ほどとＣＤに比べ安価だったこともあり、２００８年には、着うたと着うたフルの有料ダウンロード数は累計10億を突破。日本の音楽配信売上は２００９年が約９１０億円でピークとなった。

〈デバイス②〉ポータブルデジタル音楽プレイヤーの拡大

２００１年、Appleが「iPod」を発表。「１０００曲をポケットに」というシンプルなコピーの通り、生活者は、所有しているすべての音楽を持ち運び、いつでも聴けるようになった。さらに２００５年には、日本でも「iTunes Music Store」がスタートした。

音楽を合法的にオンラインで検索、購入、ダウンロードできる同サービスは、１曲１５０円から２００円で購入でき、サービス開始の４日間で１００万曲ダウンロードを突破したことはニュースにもなった。しかし、日本に根付いていたレンタルＣＤ文化や携帯電話文化が壁となり、ＰＣでの音楽消費行動は鈍く、音楽市場全体の金額シェアは諸外国に比べて低かった。

〈情報源〉CDランキングより「着うたランキング」に注目

CDの売上が落ち込んだ2000年代後半、いままでヒットの指標となっていたCDランキングが、世の中のヒットを反映しなくなり始める。楽曲ダウンロードを解禁しない大きなファンダム（熱心なファン）のいるアーティストが、上位を占めるようになってきたからだ。

90年代のCD黄金期に、生活者のヒット音楽の情報源として機能していたCDランキングが、生活者の体感と大きく乖離《かいり》し始めたことから、各情報番組はCDランキングに加えて、着うたランキングをオンエアするようになった。

〈アーティスト〉「着うたランキング」を制した青山テルマとGReeeeN

青山《あおやま》テルマ feat. SoulJaの《そばにいるね》は、2007年12月に着うたでのダウンロード配信で先行発売。若者を中心に支持を拡大し、2008年1月に着うたフルとシングルCDで発売されると、人気に火がついた。

その後、通信会社の新高校生向けCMのタイアップソングに起用されると、その若年層人気が増幅し、世代を超えて支持される国民的ヒットに成長。2017年時点で、ダウンロードを含め920万ユニットで「日本で最も売れたシングル」としてギネス世界記録に認定されている。

GReeeeN（現・GRe4N BOYZ）も、着うたの覇者と言えるアーティストだろう。《愛唄》に続いて、2008年に発売された《キセキ》は、高校野球を題材としたドラマ『ROOKIES』（TBS）の主題歌になった。

若年層の間で、ドラマの人気とともに楽曲人気にも火がつき、着うたがドラマの放送開始に合わせて先行配信されたところ、最初の1ヵ月で100万ダウンロードを突破。追って配信された着うたフルは、配信開始から29日で100万ダウンロードを突破し、着うたフル史上最速でミリオンセラーを達成した。

若年層向けCMタイアップやドラマの主題歌への起用が、着うたランキングに伝播《でんぱ》、ランキングを情報源として、さらに全世代での認知が増幅し、国民的ヒットと呼べるまでに至ったと推測される。

10年代／キャッチーなMV×SNSでの拡散×UGCの生成

〈時代背景①〉SNSの登場

２００６年、タイム誌が「パーソン・オブ・ザ・イヤー」に選出したのはYou（あなた）であった。ここで言う「あなた」とは、ソーシャルメディアなどのWEB上にコンテンツを投稿する多数の人々を指している。世界中の誰もが、情報発信の主導権を握り、新しいデジタル民主主義を担える世の中が始まった。

２００７年にYouTube、２００８年にTwitter（現X）、Facebookの日本ローンチ（公開）を経て、日本でもすべての人が発信者になる時代が幕を開けた。そして発信された情報は、誰かが受信し、さらに発信・拡散されることで、多方向に広がっていくようになる。

とくに、知人や共通の趣味・嗜好を持つ人とのつながりを楽しむTwitter、Facebookといったの SNSでは、物事《ものごと》が短時間に大量に拡散する「バズる」「バイラル（伝播）する」という現象が始まった。情報や流行の発信と増幅機能が「マスメディア」から「ソーシャルメディア」に移り始めた。

しかし、日本でもユーザーを増やしたTwitterやFacebookは、当初はテキストや画像の共有がメインであったことから、音楽の情報源としては物足りないプラットフォームだった。音楽とソーシャルメディアの交点はYouTube、動画から広まっていく。

〈デバイス・情報源〉デバイスと情報源の融合

2005年にアメリカで誕生したYouTubeは、2006年にGoogleに買収され、2007年に日本語版が開設された。当初は違法アップロードのコンテンツばかりであったため、一般企業、とくにコンテンツホルダー企業からは煙たがられる存在であった。

しかし、そこから、無視できない存在にまで成長を遂げる。2010年頃になるとコンテンツホルダーも公式チャンネルでMVを投稿し始め、人々は聴きたいと思った瞬間に、無料で楽曲を視聴できるようになった。

それ以前は、「音楽を聴くデバイス」と「音楽と出会う情報源」は、別のものだった。テレビやラジオで流れてくる楽曲に出会い、CDやダウンロードで楽曲を購入し楽しむといった具合だ。しかし、YouTubeの登場で、その2つが融合し始める。検索し、聴きたい楽曲を聴取するデバイスとしての役割に加え、関連動画などに別の動画が表示されることで、情報源としての役割も果たすようになった。

デバイスとしてYouTubeを捉える際、もうひとつ大きな革命が起こっていた。

ＣＤやダウンロードは、音楽を「所有」するものであった。所有する際にお金を払うため、一度売り上げれば、そのあとに何回聴かれるかは、楽曲の評価には関係なかった。しかし、令和の今、音楽聴取はストリーミングサービスが主流になり、楽曲の評価は所有数から「再生数」になった。この指標が日本で最初に注目されたのが、まさにYouTubeだったのである。

日本のコンテンツホルダーは、違法アップロードの多さや、ＣＤの売上への影響を考慮して、YouTubeへの参入に時間がかかった。一方で、いち早くプロモーションの一部として使い始めたのが、韓国と日本のアイドルたちである。現存する公式チャンネルへの最初のコンテンツの投稿日時を確認すると、Ｋポップの主要事務所の公式チャンネルは２００８~２００９年に開設されている。

日本では、２００８年にユニバーサルミュージックが公式動画チャンネル開始のリリースを出している。しかし、そこで公開されたのは一部のアーティストのＭＶのみであった。その後２０１０年から翌年にかけて徐々にＭＶが公式に公開されるようになっていき、レーベルだけではなく個別のアーティスト公式チャンネルも作られるようになる。

ＡＫＢ48は、２０１２年に日本武道館での選抜総選挙イベントをYouTubeでライブ配信した。〝会いに行けるアイドル〟だったＡＫＢ48だが、人気が出ると劇場公演やイベント抽選の競争率は非常に高くなった。そんな中で、世界中どこからでも「会いに行った気分になれる」動画プラットフォームとして、YouTubeは欠かせない存在になっていた。

〈アーティスト①〉「聴く」から「見る」への変化

YouTubeという動画プラットフォームにおいて、音楽は聴くだけのものから、「聴いて・見て・楽しむ」ものになった。当然、視覚的にインパクトのあるＭＶや、歌うだけではなくダンスをするアーティストの動画が人気となった。

この時代、記憶に残ったＭＶと言えば、少女時代《しょうじょじだい》の《Gee》（２００９年）とＡＫＢ48の《ヘビーローテーション》（２０１０年）だろう。《Gee》は韓国のアイドルグループ、《ヘビーローテーション》は日本のアーティストとして、初めてYouTubeの再生回数が１億を超えたＭＶとなった。

メンバーが色とりどりのカラースキニーを穿いてダンスをする《Gee》のＭＶは、そのキャッチーなダンスとともに強烈な印象を残した。

蜷川実花《にながわみか》が監督を務めた《ヘビーローテーション》も、蜷川実花ワールド全開のポップでカラフルなMVで、同じくその印象的なダンスとともに視聴者を楽しませた。

〈アーティスト②〉グローバル化

YouTubeに投稿された楽曲は、誰もが無料でアクセスできることになり、そこに国境はなくなる。そのアクセス性と、当時拡大していたTwitterやFacebookというSNSの拡散性との合わせ技は、グローバルレベルでのヒットを生む。その例がきゃりーぱみゅぱみゅだ。

彼女は、中田《なかた》ヤスタカのプロデュースにより、2011年に《PONPONPON》をiTunesより世界23ヵ国に配信するが、当時は実力が未知数の新人ゆえ、販促にかけられる予算は限られていた。そこでとられた戦略が、予算の大半をつぎ込んだ圧倒的なクオリティのMVをYouTubeで発信し、世界にインパクトを与えるというものだった。

《PONPONPON》のMVの投稿日は、2011年7月16日。「HARAJUKU」「KAWAII」を視覚化し、さまざまな色彩や要素があふれたMVは、日本文化の海外人気も相まって再生数を伸ばした。再生数の半分以上が海外からの視聴だったという。さらに、海外のアーティストがＳＮＳで拡散し、当時の邦楽シーンで記録的な視聴回数となっていく。

この記録も、動画という「見る楽曲」だったからこそなし得たものである。圧倒的な情報量を載せられる動画には、従来の耳だけで聴く楽曲に比べ、アーティストのブランドや楽曲の世界観などを付加して伝える力があり、言語の壁をやすやすと飛び越えていった。

〈アーティスト③〉ＵＧＣの生成とソーシャルメディアでの増幅

YouTubeは、誰しもがクリエイターになれる動画プラットフォームであり、黎明期からユーザーたちは自ら動画を投稿することで、プラットフォームを楽しんできた。

一般ユーザーの投稿内容において、「踊ってみた」「歌ってみた」というカバー動画は人気のコンテンツである。かのジャスティン・ビーバーも、その経歴のスタートは、13歳になった２００７年からYouTubeに投稿していたカバー動画が、プロデューサーのスクーター・ブラウンに発見されたことがきっかけだ。

ピコ太郎《たろう》の《PPAP（ペンパイナッポーアッポーペン）》は、２０１６年にYouTubeにＭＶが投稿された。ピコ太郎のキャッチーな外見と、楽曲の持つ独特なリズムとダンスは、Twitterや当時女子高生で流行っていたミクチャ（MixChannel）内で、「やってみた」動画としてカバー動画が多数投稿される盛り上がりを見せた。

国内のアーティストがコメントをしたり、人気アイドルも「踊ってみた」動画を投稿したりすると、その投稿は海を越えていく。ジャスティン・ビーバーがTwitterでツイートすると、海外メディアがWEB記事に取り上げ、さらには２０１６年のYouTube動画グローバルランキングで「トレンド動画ランキングトップ10」の２位、「Billboard Japan HOT 100」にランクインなどの記録を打ち立てた。

YouTubeにマッチした「見る音楽」としてのインパクトのあるMVを、拡散力のある有名人がシェアすること、その後視聴者がカバーをしたUGC（User Generated Content：ユーザー生成コンテンツ）を拡散すること、これらの掛け合わせが、前時代に力を持っていたテレビというマスメディアとは異なった、大きなうねりを誕生させた時代であった。

〈時代背景②〉「推し活」ムーブメントの社会現象化

「推し活」という言葉自体が一般化したのは２０２０年頃だが、このムーブメントが社会現象となった背景には、２０１０年代のソーシャルメディアの発展がある。

この時代、アーティストは自身の活動やプライベートな瞬間をシェアし、ファンとの親密感を高めていった。また、特定の趣味を持つ人々がオンラインで情報を気軽に発信・収集できるようになり、コミュニティが形成された。つながりが強化されたファンダムは、自らコンテンツの制作やプロモーションに積極的に関与していく。

このように、「推し活」ムーブメントは、より熱狂的で参加型になっていった。この潮流をうまく捉えた、AKBグループやももいろクローバーZ、Kポップアーティストたちが、人気を博していったのだ。

〈アーティスト④〉CDランキングが可視化するファンダム

CDの売上下降に、推し活の社会現象化が相まって、2010年代のCDランキングは、完全に熱狂的なファンダムのものとなった。CDの特典目当てで購入するファンもいれば、ランキング上位への貢献として購入するファンもいて、そのファンダム規模と支出力がCDランキングに反映された。

日本のシングルCDの歴史において、トリプルミリオンを超えた楽曲は3曲のみだが、そのうちの2曲が、CD黄金期をとうに過ぎた2010年以降に達成されている。その2曲とは、SMAP《世界に一つだけの花》と、AKB48《Teacher Teacher》だ（1曲目は

1999年《だんご3兄弟》。

《Teacher Teacher》は2018年に発売され、本CDには世界選抜総選挙の投票シリアルカードが付属されていた。この選挙は海外の48グループも立候補が可能となり、総投票数は歴代最多の383万6652票を記録したという。

一方、《世界に一つだけの花》は、2003年にリリースされ、同年にすでにダブルミリオンを達成していた楽曲だ。CDが売れなくなった2016年に、何の特典もつかないこの旧譜がセールスを積み重ね、累計でトリプルミリオンを達成する。

その理由は、ご存知のとおり、2016年1月のSMAP解散危機報道、8月の解散発表だ。奇しくも2016年はデビュー25周年。大好きなSMAPに長く残る思い出をプレゼントしたい——。熱狂的で参加性のあるファンから始まった《世界に一つだけの花》購買運動が、〝花摘み〟運動というネーミングとともに広がっていった。

この2つの事例のように、この時代以降、CDの購買は、「イベント参加権やトレカなどの特典目当て」と「ランキング上位を獲得するための応援購買」がメインの理由となっていった。CDランキングで可視化されるのは、ファンダム規模とファンダム支出力の高さとなった。

10年代／ニコニコ動画で始まったもうひとつの革命

〈デバイス・情報源〉遊ぶためのプラットフォームと楽曲

YouTubeと時を同じくして、日本では独自の動画文化が発達した。２００６年にサービスを開始したニコニコ動画である。当初は、YouTubeなどにアップロードされた動画を引用して、視聴しながら動画上にコメントをつけられるサービスであったが、その後、独自のサーバーを持つことで独立した動画共有サービスとなった。ニコニコ動画からは、多くの用語や独自文化が輩出し、日本文化の発信地のひとつとして世界からも注目を浴びている。

ニコニコ動画の特徴は、配信される動画の再生時間軸上に対してユーザーが任意のタイミングでコメントを投稿できる独自のコメント機能にある。投稿されたコメントは右から左に流れるテロップ状で表示される仕組みになっている。

このコメント機能によって、画面が同じコメントで覆い尽くされることを「弾幕《だんまく》」と呼ぶ文化がある。「弾幕」が生まれるきっかけになった曲のひとつが、レミオロメンが２００５年にリリースした《粉雪》だったという。本曲のサビ部分に合わせて、一斉にコメントをつけるという遊びが流行ったのだ。

サビが始まる少し前から、「フライング注意」などのコメントが増え始め、サビ部分では「こなあああああああああゆきいいいいいいい」などのコメントで画面を埋め尽くす——。これは、オンライン上で知らない誰かとの一体感を楽しむ「遊び」だ。楽曲そのものを楽しむことに加えて、「遊ばれる」ことで、人々に愛されるものになった楽曲である。

その後、この弾幕での遊びはアニソンなどに広がったが、ニコ動ユーザーの同曲への思い入れは深く、その後レミオロメンの藤巻亮太《ふじまきりようた》が「ニコニコ超会議」に出演し同楽曲を披露、ワンマンライブがニコ生で独占生中継されるなどしている。

〈デバイス・情報源〉ボーカロイドと一億総クリエイター時代

ニコニコ動画を語る上で切り離せないのは、ボーカロイドとイラストやアニメによるMVだろう。初音《はつね》ミクは、クリプトン・フューチャー・メディアが2007年に発売したボーカロイド・ソフトウェアであり、そのキャラクターの名前である。

ソフトウェアを「歌い手」と捉え、キャラクター設定するという秀逸な戦略は、動画共有サービスのブームとともに、「ボカロ」という新しい音楽のジャンルを築き、ネット発の音楽シーンを一変させた。

2000年頃から作曲ソフトが多様・拡大化する中、初音ミクの登場は、クリエイターたちの「歌い手を探さなければならない」というハードルを取り除いた。楽器の演奏技術や歌唱力がなくとも音楽が制作できるようになり、クリエイターの裾野は大きく広がっていった。

さらに、初音ミクは、権利元のクリプトンが発行したライセンスに沿う形での無償の二次創作活動も容認されていた。動画共有サービスに楽曲を公開するためには、MVが必要だ。ソフトウェアを「歌い手」と捉えたキャラクターは、このMVの肖像として機能したのである。

さらに、キャラを用いたユーザーの投稿動画を元にして別のユーザーが新たな動画を作るというN次創作も盛んに行われ、音楽だけでなくイラストや動画のクリエイターとともに初音ミクは大きなムーブメントを作っていった。

かつては、歌を歌い、MVを作り、CDやメディアを通して世の中に音楽を届けるという一連の流れは限られたミュージシャンにしかできなかった。しかし、作曲ソフト、ボーカロイド、イラストレーター、そしてニコニコ動画をはじめとする動画共有サービスのブームによって、同様のことを万人ができる世の中になった。ここから、現代にまで通じる一億総クリエイター時代が隆盛を見せていく。

〈アーティスト〉ボカロを源流とする米津玄師

この大きな変革で、多数の有能なボカロPが誕生した。その中でも取り上げるべきは、ハチであろう。ハチこと米津玄師《よねづけんし》は、2009年からバンド活動と並行して、ボーカロイドを使用したボカロ曲の制作を始める。

5月にはニコニコ動画にて、初音ミクを用いた処女作《お姫様は電子音で眠る》を発表すると、2011年までに《結ンデ開イテ羅刹《らせつ》ト骸《むくろ》》《マトリョシカ》《パンダヒーロー》をはじめとする、ミリオン再生を記録したヒット曲を続々と発表する。

その後2012年より米津玄師として、作詞・作曲・ボーカルまでを自ら務めるスタイルでの活動を始め、インディーズを経てメジャーデビュー、日本を代表するアーティストへとなっていく。彼のストーリーは、ニコニコ動画でボカロシーンを盛り上げたことから始まっているのである。

20年代前半／音楽ストリーミングサービスのプレイリストを攻略する

〈デバイス〉音楽ストリーミングサービス

Spotifyは、スウェーデンの企業によって2008年にスタートした音楽ストリーミングサービスである。当時、世界の音楽業界は、違法楽曲データによって、セールスが減少していた。その問題を解決し、「アーティストに正当な利益を還元するサービスを作る」という志でできたサービスがSpotifyだ。2011年にはアメリカにも進出し、今では世界規模で利用者を増やし続けている。

Spotifyが登場したのちに、Google（2011年にGoogle Play Music、2020年にYouTube Musicに統合）やApple（2015年にApple Music）、Amazon（2019年にAmazon Music HD）といったIT大手企業が続けて定額制の音楽ストリーミングサービスを開始した。これにより同市場は急速に成長する。

音楽ストリーミングサービスによって、生活者が聴取できる楽曲数は爆発的に増加した。そうして徐々にユーザー数を増やし、2022年の国内の音楽配信の売上は1000億円を超える。2023年の「コンテンツファン消費行動調査」では、音楽利用者のうち58・5%が、有料無料を合わせた音楽ストリーミングサービスを利用しているという結果が出ている。

この利用デバイスの大きな変化は、日本の音楽市場全体にも影響を及ぼした。コンサートを除く、フィジカルと配信（ダウンロード、ストリーミング）の合計売上額は、1998年から長きにわたり減少傾向だったが、音楽ストリーミングサービスの広がりが、減少に歯止めをかけ、V字回復への兆《きざ》しを見せるようになった。

〈情報源〉プレイリスト機能の広がり

音楽ストリーミングサービスは、音楽を聴くためのデバイスの進化版だが、音楽と出会う情報源としての性質も大きい。その役割を担っているのが、「プレイリスト機能」である。

プレイリスト機能はさまざまな楽しみ方がある。ユーザーが自分の好みの楽曲を自由に選んでプレイリストを作成して公開できるほか、音楽配信のプラットフォーマーが公式にプレイリストを作成し、ユーザーに提供している。

プレイリストの種類は多岐に及び、ランキング、音楽ジャンル、アーティスト、生活シーンやそのときの感情などに合わせてプレイリストを選ぶことができる。公式プレイリストには、ＡＩが個人の嗜好に応じて自動で生成するものもあれば、編集者によってキュレーションされるものもある。公式プレイリスト入りがきっかけで、ヒットするアーティストが出てくると、プレイリストに入るための音楽ストリーミングプラットフォームへの新曲のプロモートは、アーティストにとって必須の動きになってきている。

従来の音楽プロモーションの、「マスメディアで取り上げられ、ランキング上位に入り、ＣＤが売れる」という流れは、音楽ストリーミングプラットフォーム上では、「あるプレイリストに入って再生数がアップし、ランキングプレイリストに入り、さらに再生数がアップする」という流れに代替されるようになった。

デバイスと情報源の融合は、今みんなが聴いている曲をリアルタイムで知り、自分でもすぐに聴くことができるようになった。すべての楽曲には、どの国で、いつ、何回再生されているかのデータが付随し、ユーザーはデイリーランキングや急上昇ランキングも把握できる。

過去と同じく、ランキングには強い力がある。ランキングの曲がそのまま聴けるという便利さから、とりあえずランキングのプレイリストを聴いているというユーザーも少なくないからだ。

また、日本の場合は音楽ストリーミングサービスのランキングに入るアーティスト数は世界最少にもかかわらず、ランキング停滞期間は世界最長というデータもある。ランキング入りをして楽曲認知を広めることは簡単ではないが、一度入るとその後のロングヒットになりやすい状況であると言える。

一方、定額制で聴き放題という仕組みは、知らない曲との出会いも後押ししている。「聴いたことがない曲」を避けがちな音楽ライト層も、さまざまなプレイリストを利用し、新しい楽曲との出会いを受け止めるようになった。これは、過去の楽曲（旧譜）に対しても同様である。新曲だけでなく旧譜にもアクセスしやすくなったことで、ユーザーにとっての新譜と旧譜の境目はあいまいになった。

膨大な音楽データを保有する分析プラットフォーム「LUMINATE」によると、2023年の日本のストリーミングトップ1万の楽曲の中の約3割は、5年以上前の旧譜だという。楽曲リリース時にはまだ生まれていなかったような若い世代に、過去の名曲が再発見され、SNSやショート動画によって、再びブレイクする楽曲も出現してきている。

旧譜を懐かしく聴取するだけではなく、リリース日にこだわらずに聴取する利用者によって、CDが流通のメインだった頃には考えられなかったような音楽消費行動が始まった。

〈アーティスト〉プレイリストを味方につけたあいみょん

音楽配信サービス時代を代表するアーティストと言えば、あいみょんを外せないだろう。2018年にリリースした《マリーゴールド》が2019年6月に日本国内アーティストとして初のストリーミングで累計1億再生を達成すると、2023年中には9曲が1億回を達成した。ちなみに、2023年で1億回達成楽曲は200曲を超えている。

「日経トレンディ」の記事によると、あいみょんはSpotifyから生まれたビッグアーティストであるという。最初にあいみょんの人気に大きく火がついたのは、2018年の夏だった。2018年夏に《マリーゴールド》をリリースし、テレビ音楽番組での露出が増えると、全国的なヒットとなる。

じつは、Spotifyの担当者は、リリースと同時にこの曲のブレイクを予測し、新譜紹介のプレイリストやその他の人気プレイリスト多数にあいみょんをピックアップしていたのだ。これらのプレイリストでリスナーとの接点を広く用意していたことが、テレビ出演などのプロモーションと連動して急激なリスナー数の拡大につながったという。

Spotifyが、ブレイクを予測できたのは、今後の活躍を期待し、アーティストを応援するプレイリスト「Early Noise」（2017年）にあいみょんを選んでいたことが大きい。

それによって、あいみょんが初期の段階のリスナーを獲得し、このリスナーたちの視聴行動データを、早い段階で分析できたことが奏功したという。

これまでもレコード会社は、ＣＤの売上データやコンサートの動員などのさまざまなデータを分析し、アーティストのプロモートに活かしてきた。

しかし、音楽ストリーミングサービスでは、それらのデータに加えてさらに詳細なユーザーの音楽聴取データを分析することで、より高度なアーティスト、プロモート戦略を立てることができるようになった。いつ、誰が、どの楽曲を聴いているというデータをリアルタイムで取得できる進化したデバイスは、音楽を提供するアーティストサイドのプロモーションも大きく変えたのである。

20年代前半／ショート動画でクリエイターに「使われる」

〈時代背景〉世界を席巻するショート動画

２０１７年、TikTok が日本にてサービスを開始した。それを追って Instagram が２０２０年に Reels を、YouTube が２０２１年に Shorts をスタートする。２０２４年の現在も、ショート動画は世界を席巻している。ショート動画がどうしてここまで世界に受け入れられたのか、ショート動画の元祖であるTikTokを例にその要因をまとめてみよう。

まずひとつ目として挙げられるのが、短い動画がデジタルネイティブ世代の「タイパ（時間対効果）を重視する行動様式にマッチした」というもの。アプリの操作も、上下スワイプですぐ次のコンテンツに移動し、次のコンテンツも自動で再生が始まるというものである。ユーザーは1秒から2秒という短時間で、そのコンテンツが自分の見たいものかどうかを判断し、スキマ時間でも大量の情報に触れることができる。このようにタイパ重視のユーザーに、ショート動画での効率的な情報取得がマッチしたのである。

2つ目に挙げるのが、「アルゴリズム」である。TikTokで動画を検索するユーザーは少ないのではないか？　それは、動画プラットフォームがコンテンツをおすすめしてくれるので、ユーザー自らがコンテンツを探さなくてよいからだ。

TikTokはその強力なＡＩ技術で、ユーザーに最適化された動画をレコメンドしてくれる。そしてユーザーが使えば使うほど、その精度は高くなり、本人も気づいていない、潜在的に好きなコンテンツをおすすめしてくれるのだ。

2020年のプロモーションテーマである「きみが次に好きなもの。」というコピーに表されるように、まだユーザーが出会っていない「新しい好き」に出会えるプラットフォームがTikiTokである。今まで、生活者はコンテンツ情報を検索し、コンテンツへの興味を深めていったが、ショート動画では、ＡＩの力で興味の範囲が広がっていくようになった。

最後に挙げるのが、「動画作成のハードルを極限まで下げた」ことである。YouTubeでは長尺に耐えられるクオリティの高い内容と編集技術が必要であった。一方TikTokは、スマホで撮影・編集・投稿が完結すること、短い尺でもＯＫという手軽さにより、すべての人が動画を作れるようになった。

また、TikTokのカルチャーであるリップシンク（口パク）動画や、上半身だけの簡単なダンスは、クリエイターとしての参入障壁も低く、またたく間に若年層の間で広まったのである。さらに、前述のショート動画のアルゴリズムは、クリエイターにとっても有益なものだった。従前のソーシャルメディアは、フォロワーを起点に広がるアルゴリズムだったため、「バズる」ためにはまずフォロワーを集めることが必要であったのだ。

しかしTikTokは、コンテンツさえ良ければ、フォロワー数に関係なく多くのユーザーに接触し、バイラルが起きやすいアルゴリズムになっている。そのため、新規のクリエイターが投稿を始めやすい環境にあった。総クリエイター時代に、最もクリエイティブしやすいアプリとしての存在が、この広まりを生んでいるのだ。

一方、ショート動画アプリ上での音楽とはどんな存在なのか。

長年、動画投稿の際にユーザーを悩ませてきたのが、「著作権」の問題だった。TiktTokは、音楽を動画のクオリティを高める重要なファクターであるとし、JASRAC（日本音楽著作権協会）と包括契約を締結することで、JASRACの管理楽曲であれば投稿のBGMとして自由に利用できる仕組みを作り、著作権問題を解決するエコシステムを確立したのだ。

結果として、ユーザーは自由にさまざまな楽曲を使え、さらに多くの創作投稿を行い、それを見に来る視聴ユーザーもさらに増加する。

アーティストサイドは、多くのユーザーに楽曲を届けるプロモーションチャンスを得ると同時に、楽曲の収益化も図れる。このようなエコシステムの確立で、TikTokは音楽業界にとって、新しいユーザーとの接点となり、収益化の場となったのである。

〈情報源〉「使いやすい」「遊びやすい」「真似をしやすい」楽曲

ショート動画で特徴的なのは、表情が見やすい上半身を中心に振り付けをした「踊ってみた」動画だろう。誰でも真似しやすく、表情も良く見えるような簡単なものが多い。ショート動画に特化したポイントとなる振り付けを考案する人気振付師も登場し、振付師アカウントから人気に火がつくこともよくあるパターンだ。

TikTokにおいて楽曲に振り付けがつくことは、バイラルのひとつの条件とも言えるようになっている。実際、TikTokが発表しているその年よく聴かれた楽曲を見ると、その半数は振り付けをカバーする投稿によって再生回数が増えた楽曲だということがわかる。YouTubeやニコニコ動画、ソーシャルメディアの潮流の中で、すでにヒットの要件であった「遊びやすい」「真似をしやすい」というポイントが、さらに重要視されているのがショート動画だ。

では残りの楽曲はどんなものなのか。TikTokでは、「歌ってみた」「踊ってみた」ジャンルの他にも、多数のジャンルの動画が存在する。Vlog（動画ブログ）やライフハックを紹介する動画などのBGMとして使いやすい曲、そのときの感情や雰囲気を表しやすい曲というものも好まれ、ショート動画の時代、誰しもがクリエイターになれる環境の中で、音楽のヒットには、「使いやすい」という視点が重要になった。

そして、TikTok の アルゴリズム攻略法のひとつとして、人気の音楽や流行りの曲を使用するとおすすめに乗りやすくなる傾向があると言われている。こうして、自らの動画に「みんなが使っている曲」を使うことで、バズるコンテンツが生まれる。つまり、UGCがUGCを呼び、音楽が広がっていくのだ。


〈アーティスト〉熱量の高いファンを獲得して、TikTok から飛び出す

ここで、「使いやすい」「遊びやすい」「真似をしやすい」という TikTok でのヒットの公式を押さえた乃紫《のあ》というアーティストの事例を見てみよう。

乃紫自身はインタビューにて、2024年 TikTok 上半期トレンド大賞のミュージック部門賞に輝いた《全方向美少女》を、「完全に TikTok のUGCを意識した曲」だと語っている。同曲は、「正面で見ても　横から見ても　下から見ても」というサビの歌詞に合わせ、スマホのインカメラで自身の顔を正面、横、下からのアングルで映す動画によって人気になった楽曲だ。振り付けや口パクをすることもなく、音楽に合わせて自分ひとりでカメラのアングルを動かすだけで流行りの動画を撮影できるという手軽さや、Kポップアイドルたちによる投稿も相まって、多くのUGCを生み出した。

もうひとつTikTokが特徴的なのは、数十秒の短尺の動画がメインというプラットフォームの特性を活かし、楽曲のサビやポイントとなるパートを先行して投稿し、視聴者の反応がよかったものをフル音源化していくという手法である。

乃紫だけでなく、第4章で取り上げるimase《NIGHT DANCER》や、tuki.《晩餐歌《ばんさんか》》も同じような制作の手法から人気を得た楽曲だ。これは、TikTokのアルゴリズムを利用したテストマーケティング的な側面が大きいと思うが、もうひとつ、利用者の消費行動に寄り添った一面があると推察する。

TikTokはその投稿ハードルの低さから一般人の投稿も多く、アーティストが簡易的な一部の楽曲を投稿することに対するユーザーの受容性は高い。まだ無名のアーティストを、自分が発掘したアーティストとして、コメントを残したり応援をしたりして、有名にしていくという体験をすることができる。楽曲のフル化や新曲の投稿とともにアーティストがどんどん成長していく姿をそばで見守ることができるのだ。オーディション番組で、デビュー前から一定数のファンをつけるという手法と同じことがTikTokでは起こっている。

TikTok内で楽曲が「使われる」だけではなく、TikTokを飛び出してストリーミングなどでも聴かれるアーティストは、楽曲そのものに加え、高い熱量を持つファンがついているという特徴がある。

実際、「TikTok以外の音楽配信サービスでも聴かれているアーティストは、TikTokに限らずソーシャルメディアのフォロワー数をある程度獲得できていることが多い。「あのサビがフル化されたら聴きたい」「次の曲ができたら聴きたい」「アーティストがブレイクする瞬間が見たい」――熱量の高いファンを作るという公式のひとつがこのような制作手法になっているのではないか。

こうやって楽曲をただ使って消費するのではなく、楽曲そのものを楽しんでくれるファンによって、YouTubeやストリーミングの再生回数が上がり、複合ランキングで上位に入り、さらに広い層の認知と再生数増加を果たすことができるようになる。

また、ショート動画などでテストマーケティングをしながらヒットを生み出すという流れは、音楽業界の新人発掘手法も大きく変えてしまったという。新人開発の担当者は、TikTokを日常的にチェックしたり、従来のような丁寧なアーティスト発掘や育成ではなく、スピード重視でまずはチャレンジし、そのデータをもとにPDCAを回すという方針に舵《かじ》を切っているという。

第1章まとめ

歴史をたどると、各時代におけるヒットの方程式は、デバイスと情報源に紐づく生活者の「音楽消費行動」の変化にどれだけ順応できるかが重要だということがわかった。

そして、令和の時代、生活者が情報や流行を作り、拡散し、消費するようになった。言い換えると、生活者がヒットを決める主体になった時代、彼・彼女らの消費行動を深く理解することが以前よりも重要になっている。

従来と同じ消費行動を取り続ける人もいれば、新しく出現した消費行動に移行する人、そして特典目当てのCD購入のように、消費行動自体は同じでも目的や意味が変わる人もいる。音楽消費行動は細分化、多様化、分散化するようになった。

次章は、令和におけるこれらの消費行動を取る生活者たちをいくつかのクラスター（集団）に分け、そこにどんな人たちがいるのか、どんな消費行動をしているのかを詳しく見ていくことで、さらに令和のヒット方程式に迫っていこうと思う。

第2章

音楽ファンの実態

コンテンツファン消費行動調査データで見る国内音楽ファンとその構造

いつもの通勤の朝、おもむろにスマートフォンをポケットから取り出し、音楽ストリーミングサービスを聴く。すると、ファーストビューには、プラットフォームがプッシュしているプレイリストが表示される。

プレイリストを開いてみると、ニューカマーが上がってきている。

そのニューカマーのトップページを見てみると、1楽曲のみで数百万再生、楽曲の配信開始日はたった2週間前らしい。

その翌週～2週後にチャートトップに上がっている。

令和時代の音楽シーンにおいて、このような聴かれ方、チャートの上がり方が、いよいよ当たり前になってきている。

今、国内に限らず、世界的にも、音楽コンテンツを取り巻くコンテンツ消費行動は、生活の中で利用するメディアやサービスにますます依存している。そのため、日々の生活で生活者がどのようなメディア・サービスを利用して、音楽を楽しんでいるかを知ることは、音楽コンテンツに関わるマーケッターにとって、昨今の音楽ヒットの背景を捉える上で重要な視点のひとつになっている。

第2章では、コンテンツビジネスラボのオリジナルの調査データ「コンテンツファン消費行動調査」のデータを活用して、どのようなメディア・サービスに、どのような音楽利用者が生息しているのか。そういった音楽利用者は、推し活も含めて、生活の中でどのように音楽を楽しんでいるのか、といった視点で、データとともに分け入ってみたいと思う。

「コンテンツファン消費行動調査」とは？

「コンテンツファン消費行動調査」(以下、コンテンツ調査) とは、博報堂DYグループの専門チーム「コンテンツビジネスラボ」が独自に実施する生活者調査である。

メディア環境やコンテンツビジネスの変化に伴い、生活者がどのような意識や行動によってコンテンツを消費しているのだろうか。大きく捉えるのが難しくなってきている中、12カテゴリにわたって、生活者のコンテンツの「利用人数」や「年間平均支出金額」とその内容、コンテンツを利用する際のデバイスなどの利用環境や、利用に関する価値観・行動などを知ることができる調査データである。

全国調査であることから、各カテゴリの利用層の市場規模も推定できるほか、２０１１年から年に一度の定点で調査しているため、時系列で各コンテンツの国内市場推移も知ることができる。

また、「コンテンツ調査」では、次の４種別の消費層を定義している【図２－１】。

①コンテンツ消費者の消費行動によって、あるカテゴリに対して興味・関心がある「興味層」

②過去1年にそのカテゴリの商品やサービスを利用（鑑賞・閲覧・観戦・購入など）したことがある「利用層」

③利用層のうち、過去1年に、そのカテゴリの商品やサービスに実際にお金を使ったことがある「支出層」

④利用層のうち、特定作品のファンだと自認する「ファン層」

市場全体の動きとコンテンツ消費意識や支出などの具体を、鳥の目と虫の目で分析ができる国内唯一の調査である。また、経済産業省が２０２４年に発表した「音楽産業の新た

図 2-1

「コンテンツファン消費行動調査」の特徴

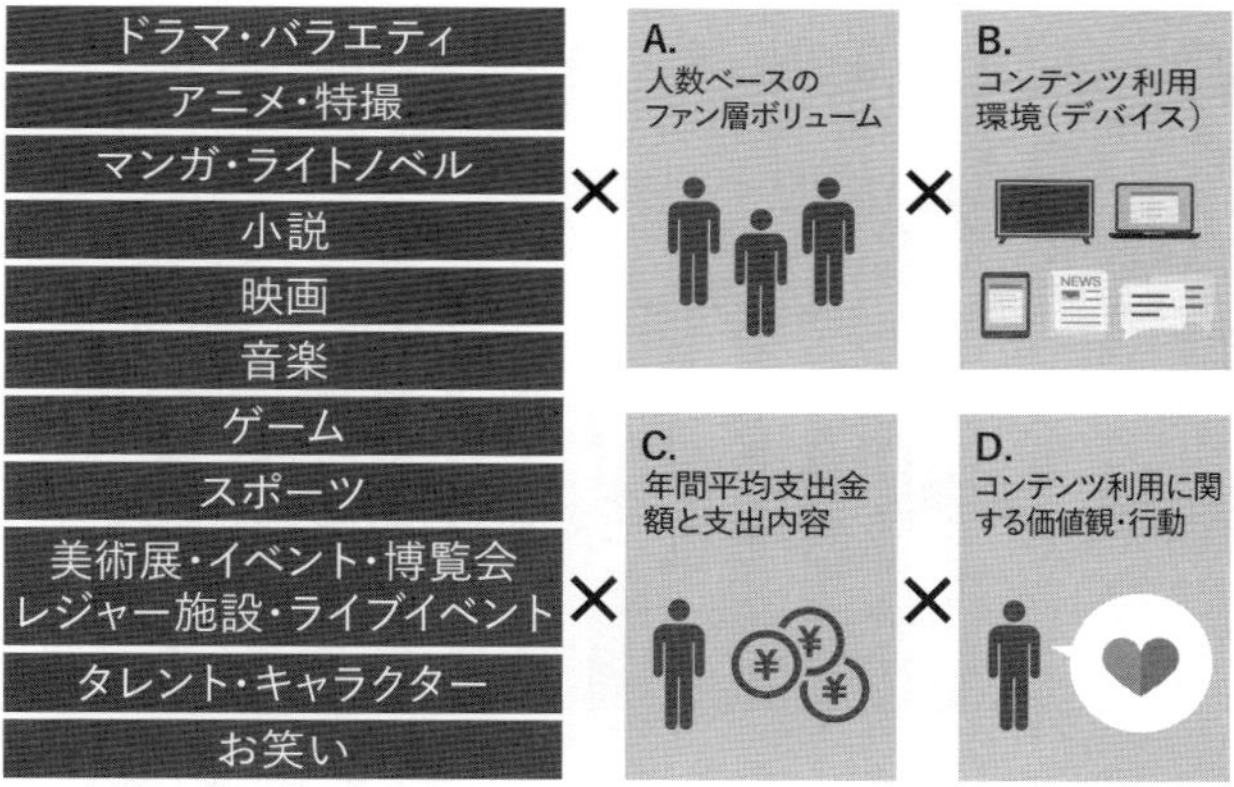

①興味層	そのカテゴリに対して**興味・関心**がある
②利用層	過去1年に、そのカテゴリの**商品やサービスを利用**（鑑賞・閲覧・観戦・購入など）したことがある（出費の有無は問わない）
③支出層	利用層のうち、過去1年に、そのカテゴリの商品やサービスに**実際にお金を使った**ことがある
④ファン層	利用層のうち、特定作品の**ファンである**（※作品名をOAにて有効回答）

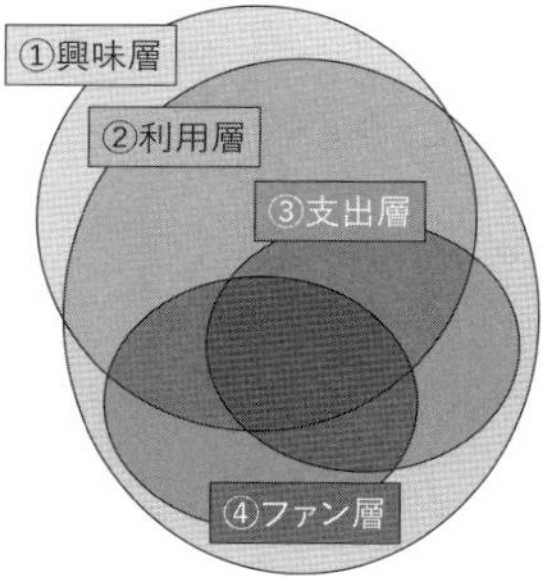

図2-2

国内における音楽市場推移

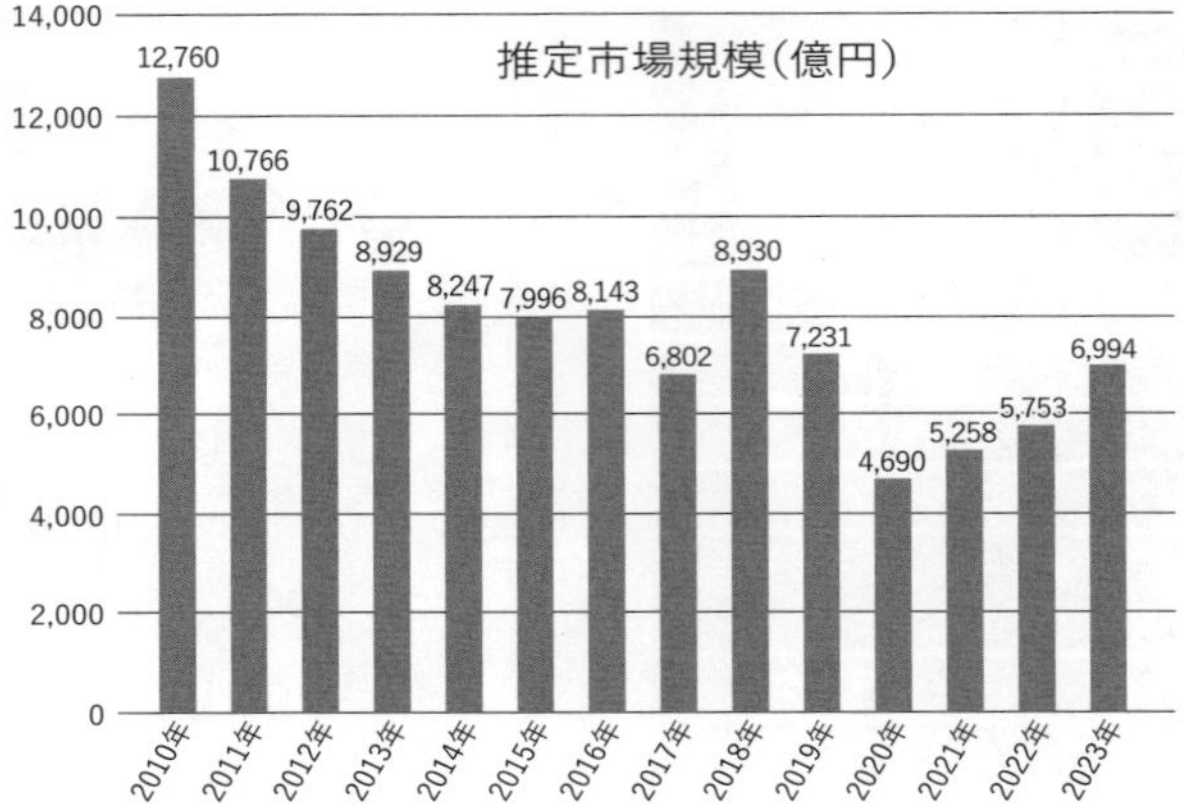

※「コンテンツファン消費行動調査」より推計

な時代に即したビジネスモデルの在り方に関する報告書」などにデータが引用されるなど、生活者と市場を捉える有用なデータとして定評がある大規模調査データとなっている。

調査データからみた国内音楽市場動向

本章では、「コンテンツ調査」のデータを存分に活用して、令和のヒットを生活者の視点から紐解いていく。その前に、まずは、音楽市場の概況から見ていこう。

図２‐２は、「コンテンツ調査」データが示す調査開始時点の２０１０年から、直近の２０２３年までの音楽市場推移を示す。グラフを見ると、２０２０年に谷が見られるが、

図 2-3

音楽興味層・利用層・支出層、利用、支出推移

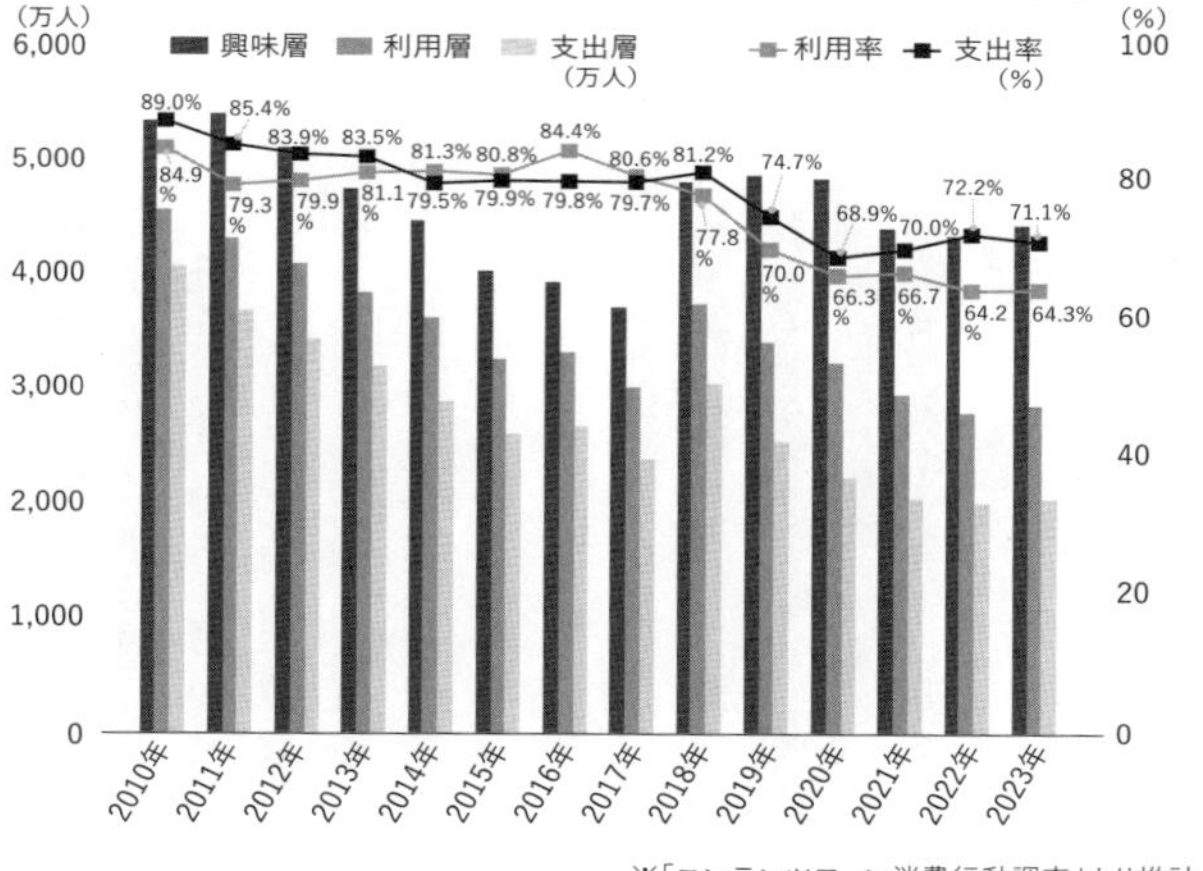

※「コンテンツファン消費行動調査」より推計

２０２０年のコロナ禍の影響でライブやフェスの中止が相次ぎ、打撃を受けた結果、前年比マイナス約35％と大幅に縮小となった。

直近の３年の推移を確認してみると、徐々にコロナ禍以前の水準まで戻りつつある。イベント開催での収容人数、収容率の制限緩和が進み、音楽においても主にライブやフェスといったリアルイベントが急速に回復していることが読み取れる。一方で、中長期トレンドとしては、市場は縮小傾向だ。

図２－３の音楽コンテンツの消費層のうち「支出層の人数規模推移」を見ると、市場規模の推移と同様に縮小傾向であることがわかる。

一方、図２－４の年間支出金額に目を向け

図2-4

年間平均音楽支出金額（1人あたり）

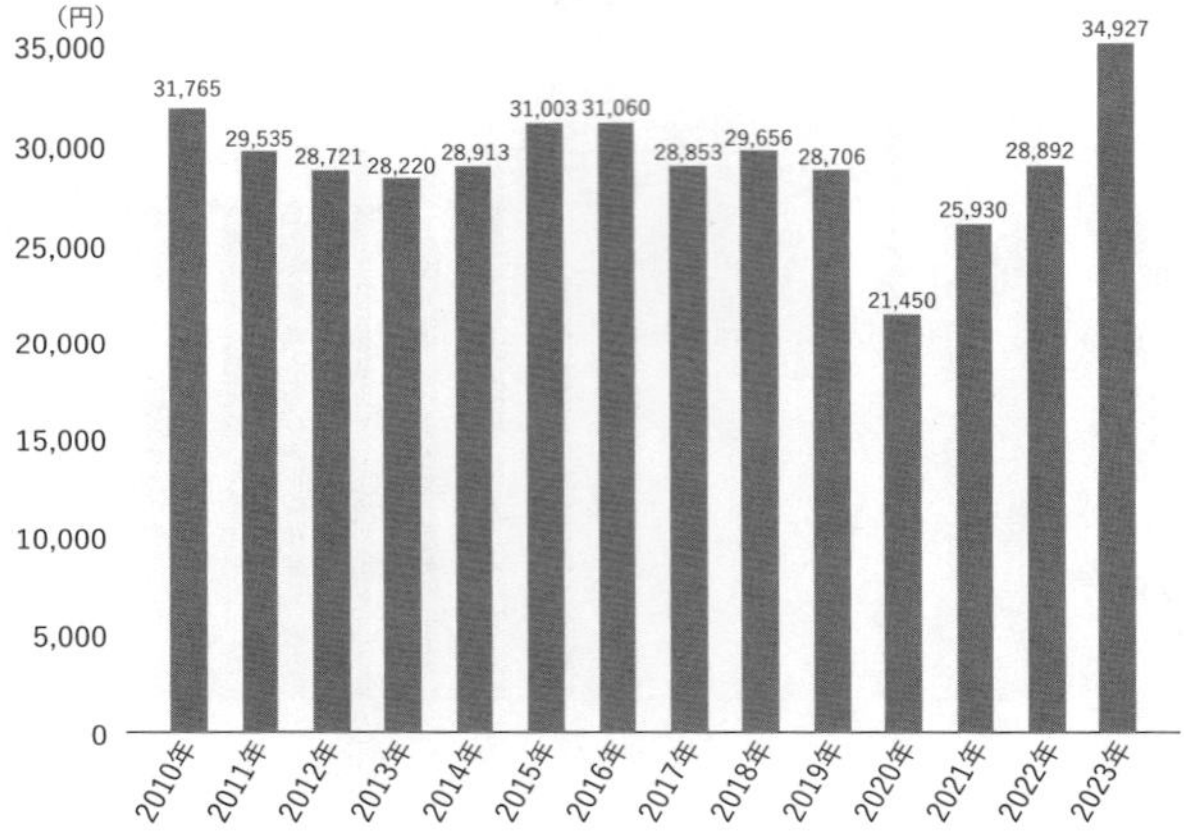

ると、コロナ禍以降は金額が伸長しており、調査開始時点の２０１０年と比して微増となっている。お金を使って楽しむ層は変わらずいるものの、その「支出人数規模の減少」に課題があることがわかる。これは、利用層のうち支出をする層の割合を示す支出率の減少からも言える。さらには、利用率推移からは、興味はあるものの利用はしない層が増えていると読めるだろう。支出率をいかに伸ばすかに加えて、「利用率の鈍化」にも課題があると言えよう。

　この背景には、日本人口の「つぼ型化」により、音楽コンテンツの利用のメインであった若年層の減少も大きく起因していると考えられる。こうした背景を受け、近年は、新たな興味層、利用層の拡大に向けて、グローバルへと視点をシフトする必要や、その程度を測る新たな指標が必要とされていることは納得の市況だろう。

Billboard Global Japan Songs excl. Japan チャートでも傾向がわかるように、すでに、YOASOBIや藤井風《ふじいかぜ》といった国内アーティストがグローバルで聴かれる状況になってきているのは吉兆だ。このようなチャートデータに加えて、その背景を捉えるには、国内には、どんな消費行動意識を持つ音楽利用層が存在し、どのように利用層が拡大して、グローバルに伝播していったのかを知る必要があるだろう。このあたりのメカニズムは、第3〜4章にて触れたい。

次節以降では、国内音楽利用層には、どのような層が存在するのか？ 視点を俯瞰《ふかん》から絞って生活者にフォーカスして見ていきたいと思う。

国内の音楽利用層の姿を捉える

我々の生活の中で、音楽を知るきっかけは選択肢が多く豊かになっているのは言うまでもない。たとえば、音楽ストリーミングサービスは新旧横断で音楽に出会える。

解散後に音楽ストリーミングサービスを解禁したアーティストからは、青春時代の熱狂を思い起こすこともできるし、楽曲配信を始めたばかりのニューカマーにも出会うこともできる（本書執筆時点で、BLANKEY JET CITY の全曲サブスク解禁の発表があり、X〈旧Twitter〉ではロックファンが歓喜の声を上げていたのが記憶に新しい）。

ここ数年でのストリーミングサービスの台頭とともに、新しい音楽を知るきっかけとしてサブスクがなくてはならないサービスだと自認する音楽愛好家も多いのではないだろうか。ＳＮＳについても友人の音楽にまつわる投稿を目にして、自身の音楽の興味を広げることができるほか、好きなアーティストの普段の投稿から、そのアーティストの楽曲には表れない意外な一面や人柄を知ることができる。好きなアーティストを深く知りたい人には欠かせないツールであろう。

また、YouTube では、好きなアーティストが配信する「歌ってみた」をきっかけに、そのアーティストのルーツなども自分のタイミングでどこまでも深掘りできる。一方、テレビ番組やＣＭからは、国内でヒットしている音楽コンテンツを自ずと《おの》知ることができる。

これらの情報接点を生活の中で使っている音楽利用層の姿を想像してみよう。

たとえば、好きなアイドルの「推し活」に日々の熱量を込めている人は、あらゆる接点を使い分け、全方位で好きな音楽アーティストを応援しているかもしれない。

はたまた、他の人は、学校のクラスでの話題についていくために、普段使いの音楽ストリーミングサービスで、国内トレンドにまつわるプレイリストをとりあえず選択して、サクッとトレンドをキャッチするぐらい、とライトに音楽を楽しんでいる方も思い浮かぶ。音楽を知るきっかけとして、どのようなメディア・サービスを活用しているかによって、国内音楽利用層の音楽コンテンツへの消費行動意識は大きく異なると考えられる。音楽利用層とひと言では決して片付けられない、多様な生活者の姿が隠れていることは言うまでもない。

では、具体的にどのような意識や行動を伴って音楽を楽しんでいるのだろうか。

その問いに対して、現状応えられるデータはそう多くはない。ここで「コンテンツ調査」の出番である。ここからは、音楽参考情報源の違いによって、どのような音楽利用層が国内には生息しているのか——。「コンテンツ調査」のデータと「階層型クラスター分析」を活用して、その構造を明らかにしていく。

具体的な結果を見る前に、簡単に「階層型クラスター分析」について補足をしておこう。まずは、「階層型」という言葉を除いて、「クラスター分析」について触れる。クラスター分析とは、異なるものが混ざりあっている集団の中から互いに似たものを集めてクラスター（似たもの同士の集まり）を作り、対象を分類する方法である。

この似ているもの同士を括るロジックがいくつかあり、本書では、似ているクラスター同士の構造を、「デンドログラム」と呼ばれる図で階層的に可視化する階層型クラスター分析を活用している【図2-5】。

本書では、「コンテンツ調査」にて聴取している音楽参考情報源の利用傾向で、音楽利用層のクラスタリングを行い、得られたクラスターのそれぞれがどのような人となりをしているのか、ペルソナを明らかにした。

調査データをご紹介する上で、本書では、次の用語や表記を用いる。

①全体平均：音楽以外も含めたコンテンツ利用層全体の平均
②音楽利用層の全体平均：音楽のみのコンテンツ利用層全体の平均
③+◯pt：①や②と比較して、どの程度割合が高いかをポイントとして示す

図2-5

階層型クラスター分析

「音楽について参考にしている情報」のうち、
「新しいアーティストや楽曲、イベントを知るきっかけになった情報」が
似ている人たちをグルーピング

	テレビCM	テレビ番組	音楽専門誌	YouTube	Spotify	Apple Music	…
A	○	○					…
B			○	○		○	…
C					○		…
D			○	○			
E			○	○			
F	○	○					
G					○		…
H					○		…
・	・	・	・	・	・	・	…
・	・	・	・	・	・	・	…

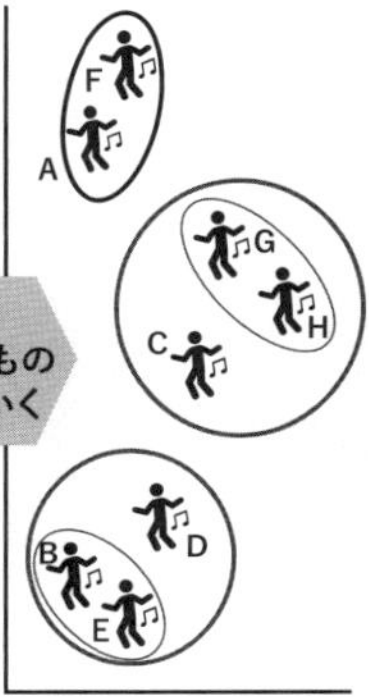

音楽消費にまつわる9の生活者ペルソナ

図2-6は、最新の「コンテンツ調査」のデータから、音楽利用層3444サンプルを階層型クラスター分析した結果である。

11の円が解析の結果から得られた音楽利用層のクラスターである。ここでは、調査設問への反応が低い「低関与層」以外の9クラスターを中心に紹介していきたい。

円のサイズは各利用層の「推定人口」を示す。また、横軸の線が「音楽参考情報源の平均個数」を示し、縦軸の線は「年間平均支出金額」を示す。

各平均値を境に、音楽参考情報源の平均個数と年間平均支出金額の4象限で消費傾向を

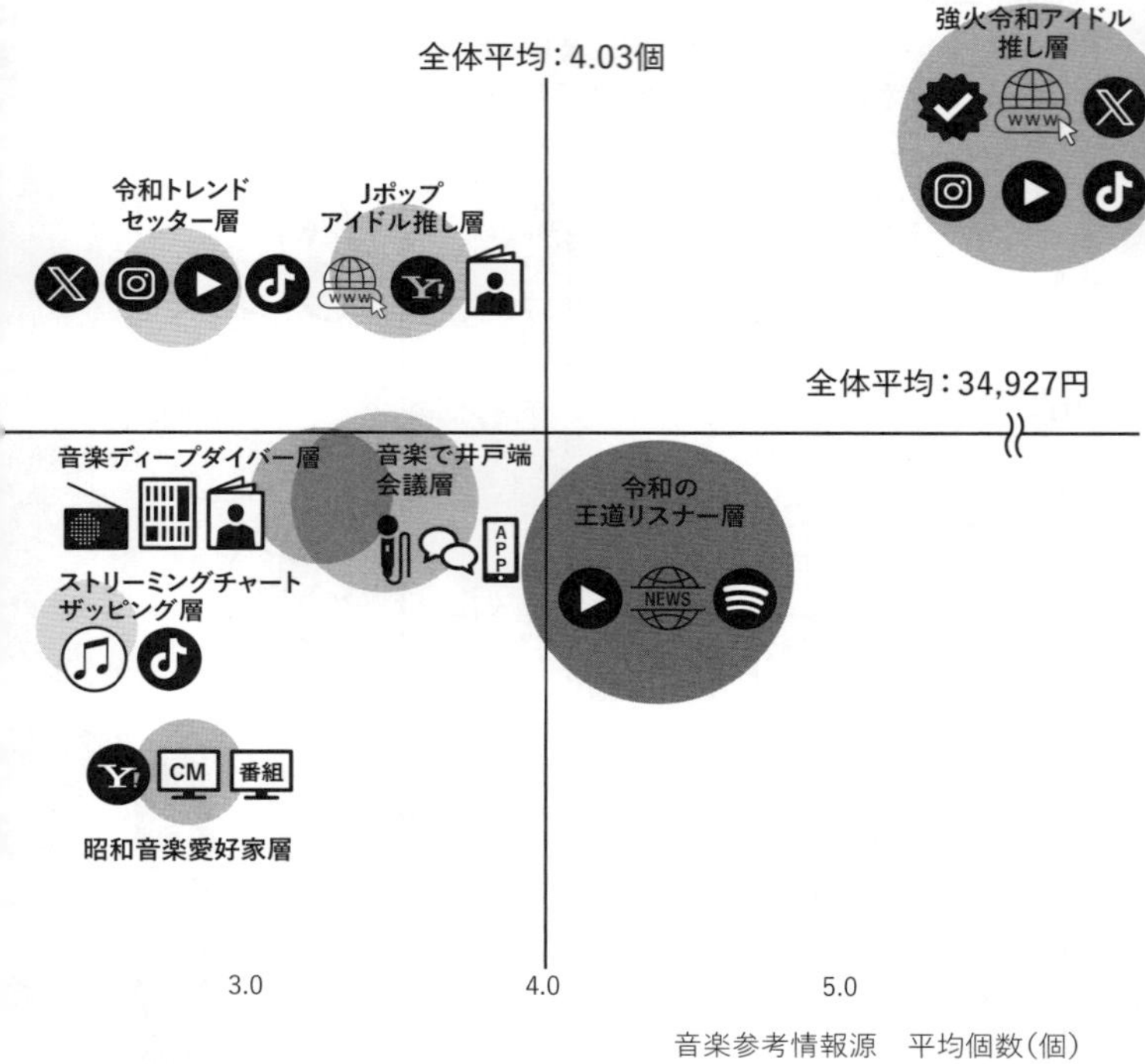
全体平均：4.03個
強火令和アイドル
推し層
令和トレンド
セッター層
Jポップ
アイドル推し層
全体平均：34,927円
音楽ディープダイバー層
音楽で井戸端
会議層
令和の
王道リスナー層
ストリーミングチャート
ザッピング層
CM
番組
昭和音楽愛好家層
3.0
4.0
5.0
音楽参考情報源　平均個数（個）

図2-6 音楽利用層の9クラスター

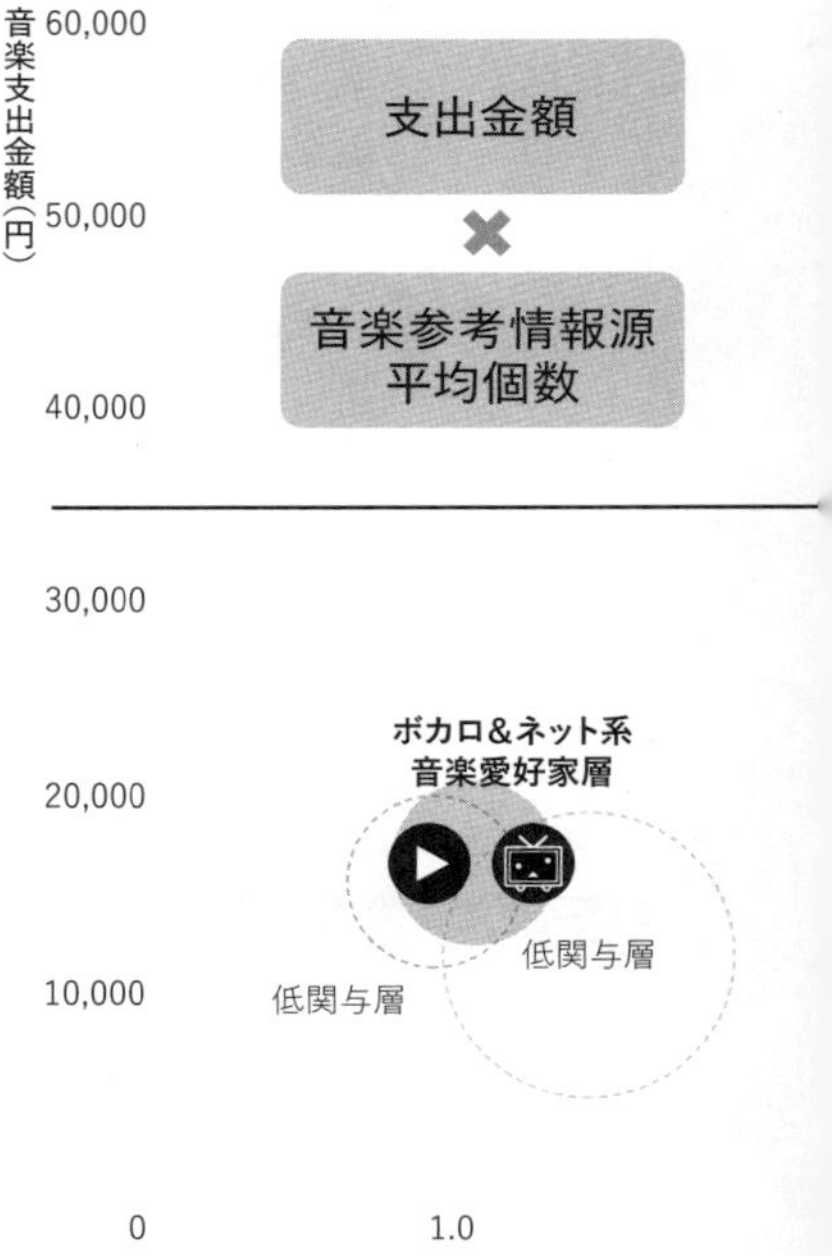

俯瞰できる。

支出金額と平均情報源個数ともに平均を超える第1象限（右上）が、音楽利用層の全体平均を上回る数の情報源を使い、お金もかけて音楽を楽しんでいる消費が活発な層である。

では、各クラスターについて、とくにどのようなメディア・サービスを音楽の参考情報源としているのか、分析していきたい。ここからは各クラスターの特徴をまとめた表をもとに令和の音楽ファンの実態を解説する。

コンテンツジャンルごとの支出率・支出金額

数値 ＝差分上位10%

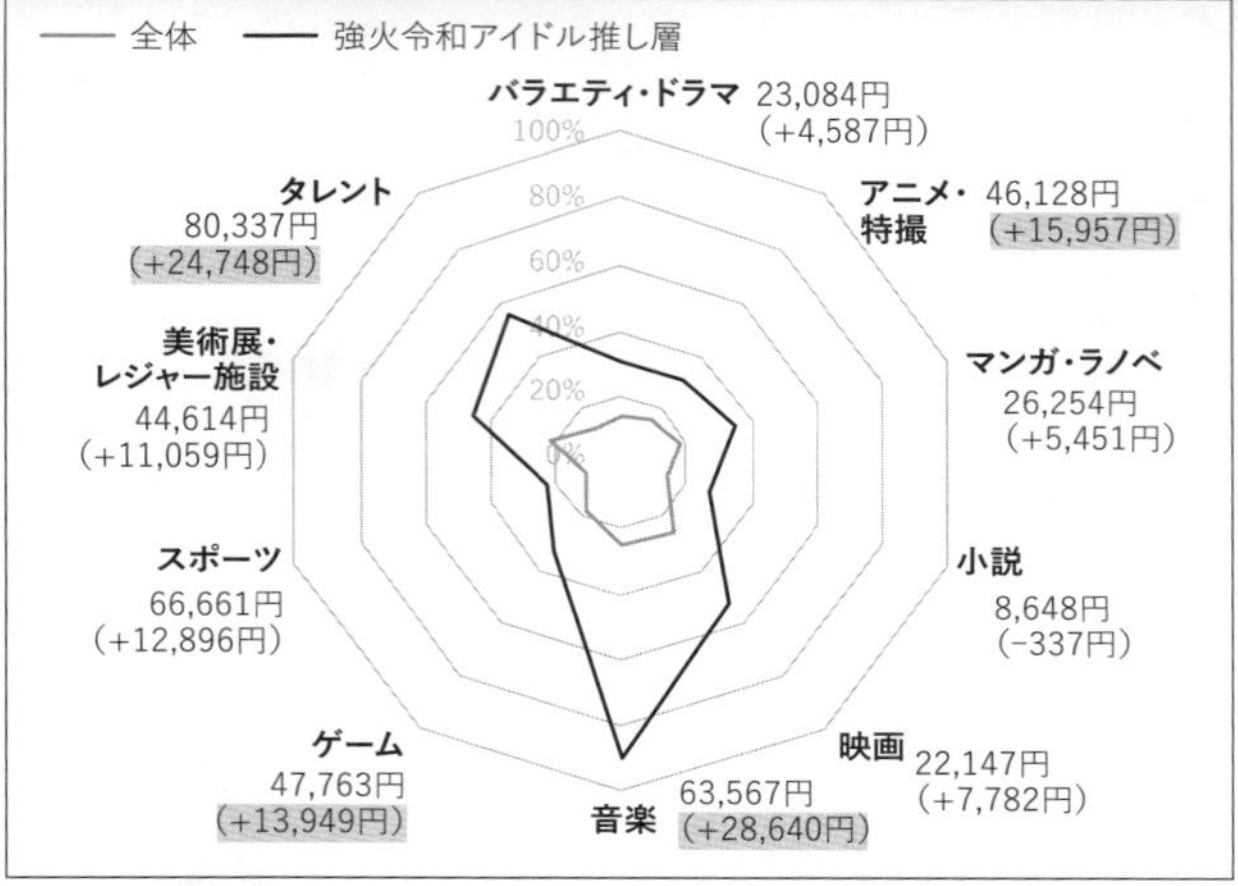

コンテンツの情報探索行動 差分TOP5	
SNS内で、ハッシュタグ(#)で検索を行う	+22.0pt
SNS内で、ハッシュタグ(#)を付けて投稿をする	+15.5pt
SNSや動画配信サービスで、おすすめされてくるコンテンツを利用する	+12.5pt
複数のデバイスを使って、複数のコンテンツやサービスを同時に利用する	+10.8pt
スマホで画像検索や翻訳をする	+10.0pt

コンテンツとの関わり方 差分TOP5	
ファンであることを示すグッズを購入したことがある	+28.5pt
好きなタレントなどのファンクラブに所属していたことがある	+28.3pt
自分は推し活をしている	+26.7pt
気になっているものは予約注文などで事前購入・予約をする	+23.0pt
ライブやコンサート、試合は「生」で楽しむことが好きである	+21.8pt

利用アーティスト 差分TOP10	
Snow Man	+6.7pt
TWICE	+6.7pt
SixTONES	+5.8pt
BTS(防弾少年団)	+5.7pt
King & Prince	+5.6pt
LE SSERAFIM	+5.6pt
ONE OK ROCK	+5.3pt
timelesz(旧Sexy Zone)	+5.1pt
星野源	+5.0pt
なにわ男子	+4.9pt

好きな音楽ジャンル 差分TOP5	
アイドル	+12.4pt
邦楽ロック	+11.9pt
Kポップ	+9.2pt
Jポップ	+7.5pt
EDM	+4.1pt

音楽重視点 差分TOP5	
パフォーマンス	+22.6pt
音楽性	+17.3pt
歌詞	+16.7pt
歌唱力	+14.6pt
声質	+14.2pt

図 2-7

強火令和アイドル推し層

推計490万人(n数:599)

**自らの推しへの熱意を
リアル×デジタルで
世界に届けたい**

Jポップアイドルや Kポップ系のアイドルを推している層。アーティストの公式情報やSNSなど幅広く情報を収集。フェスやライブのようなリアルイベントやCD・DVD・BDといったパッケージなど支出先も多く、その金額も大きい。

年齢
10〜20代多め
(平均39.3歳)

性別
女性多め
(31.4%) 男 3 : 7 女 (68.6%)

年間平均支出金額
63,567円
(+28,640円)

ライフステージ
学生・独身女性
(+14.7 pt)

個人年収
601万
(+24万)

音楽情報源平均個数
9.2個
公式アカウント　公式サイト

音楽に関する参考情報源

アーティストの公式アカウント	+51.7pt
アーティストの公式サイト	+48.4pt
X(旧Twitter)	+42.2pt
Instagram	+32.4pt
YouTube	+25.3pt
有名人・タレントなどのSNS公式アカウント・ブログ	+19.6pt
レコード会社・レーベルの公式サイト	+17.6pt
LINE	+17.0pt
会員サイトやファンクラブからの情報	+16.1pt
アーティストのブログ	+14.1pt

音楽支出項目　数値 =差分上位10%

リアルイベント	+26.0pt	39,204円(+8,404円)
パッケージ	+25.8pt	19,619円(+5,353円)
ファンクラブ	+25.1pt	8,594円(+1,138円)
関連グッズ	+22.0pt	20,019円(+6,008円)
マルチデバイス	+15.7pt	10,051円(+2,376円)
雑誌・書籍	+12.8pt	4,492円(+1,278円)
レンタル	+11.2pt	6,085円(-221円)
放送	+4.0pt	9,497円(+2,061円)

①強火令和アイドル推し層【図2-7】

自らの熱意をリアル×デジタルで世界に届けたい

「デジタルを中心に、情報源を全方位的に押さえて、推しからの供給を可能な限り受け取りたい」「自らも世の中に広めて、推しがヒットアーティストになることを全力で応援したい」――こういったマインドで音楽を消費するのが強火《つよび》令和アイドル推し層だ。

音楽参考情報源の個数、年間平均支出金額ともに全体平均を上回り、11クラスターの中で最も音楽コンテンツの消費が活発である。ちなみに「強火」とは、推しを熱狂的に支持することを指す。

この層は、「アーティストの公式アカウント（+51.7 pt）」や「アーティストの公式サイト（+48.4 pt）」から、「X（+42.2pt）」「Instagram（+32.4pt）」「YouTube（+25.3pt）」など平均で、9・2個の情報源を利用しており、音楽利用層全体の約2・3倍の個数の情報源を活用している。音楽を知るために参考にする情報源の数と幅が飛び抜けて高い層であることがわかる。

音楽参考情報源以外の特徴を見てみると、比較的、「推し活」に時間を割《さ》ける10～20代の学生や独身女性がボリュームゾーンであることがわかる。

また、利用アーティストの顔ぶれを見ると、SnowManやSixTONESなどの男性Ｊポップアイドルや、TWICEやＢＴＳなどのＫポップ第３世代以降のアーティストと、国内外を問わずに話題のアイドルを推している。

他のクラスターと比して、「パフォーマンス」や「音楽性」「歌詞」「歌唱力」などを重視する視点は、クリエイティブに対して全網羅的であり、アーティストに対してプロフェッショナル性を求めている。とくに、アイドルやダンス＆ボーカルを捉える視点や姿勢は、プロデューサーやアンバサダー気質があると言っても過言ではないだろう。

音楽支出項目に目を向けてみると、フェスやライブのような「リアルイベント(+26.0pt)」や、ＣＤ、ＤＶＤ、ＢＤなどの「パッケージ(+25.8pt)」「ファンクラブ(+25.1pt)」への支出が音楽利用層全体と比較して高い。

さらに、音楽以外のコンテンツ消費に注目すると、「小説」以外の８コンテンツについて、全体平均と比較していずれも金額が高く、音楽に限らず、お金を使ってコンテンツを楽しむ層である。

コンテンツジャンルごとの支出率・支出金額

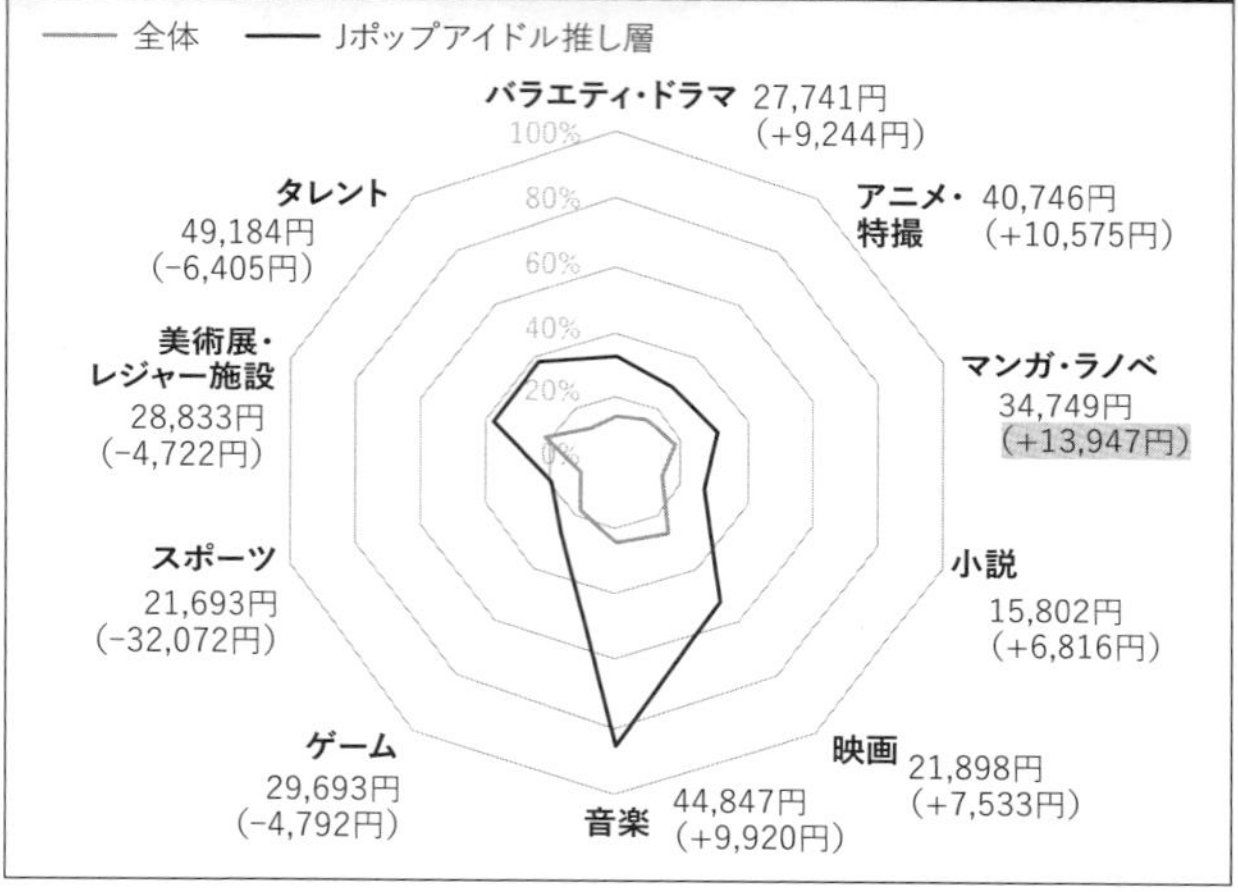

コンテンツの情報探索行動 差分TOP5

SNS内で、ハッシュタグ(#)を付けて投稿をする	+3.0pt
ARグラスを利用する	+1.9pt
動画を早送り再生する(倍速再生など)	+1.5pt
音声読み上げサービスを利用する(Audibleなど)	+1.2pt
ゲームセンターなどの施設で、VRコンテンツを利用する	+0.9pt

コンテンツとの関わり方 差分TOP5

気になっているものは予約注文などで事前購入・予約をする	+18.1pt
ライブやコンサート、試合は「生」で楽しむことが好きである	+15.7pt
通常盤と限定版がある場合は限定版の方を購入する	+13.7pt
好きなタレントなどのファンクラブに所属していたことがある	+12.6pt
好きな作品やキャラクターを意識した服装や小物を身に着けている	+11.7pt

利用アーティスト 差分TOP10

乃木坂46	+3.3pt
櫻坂46	+2.4pt
SKE48	+1.7pt
Travis Japan	+1.6pt
Snow Man	+1.5pt
EXILE	+1.1pt
NEWS	+1.0pt
Hey!Say! JUMP	+0.9pt
NMB48	+0.9pt
Awesome City Club	+0.9pt

好きな音楽ジャンル 差分TOP5

Jポップ	+3.9pt
アイドル	+3.9pt
インストルメンタル・ヒーリング	+0.7pt
シャンソン	+0.7pt
声優	+0.4pt

音楽重視点 差分TOP5

作曲家	+2.9pt
音響スタッフ	+2.9pt
リアルライブ	+2.6pt
編曲家・アレンジャー	+2.4pt
インディーズアーティスト	+1.8pt

図2-8

Jポップアイドル推し層

推計168万人(n数:206)

自身の推しを特別感とともに現場で応援したい

Jポップやアイドルを好み、とくに坂道グループを推す層。アーティストやレコード会社の公式サイトをチェックしつつ、Yahoo! JAPANや音楽専門誌など自ら積極的に情報を取得。限定版を事前予約したりライブを楽しんだりと消費も積極的。

年齢	性別	年間平均支出金額
40〜60代多め (平均45.2歳)	やや女性多め (44.7%) 男 4 : 6 女 (55.3%)	44,847円 (+9,920円)

ライフステージ	個人年収	音楽情報源平均個数
未婚男女(+7.0 pt) 既婚子あり女性 (+3.9 pt)	611万 (+34万)	3.6個 公式サイト

音楽に関する参考情報源	
アーティストの公式サイト	+69.6pt
レコード会社・レーベルの公式サイト	+15.9pt
Yahoo! JAPAN	+8.3pt
音楽専門誌	+7.7pt
チケット購入サイト	+7.2pt
雑誌記事・広告	+3.8pt
ナタリー	+2.8pt
新聞記事・広告	+2.6pt
ライブハウス・コンサート会場でのチラシ・フライヤー・ポスター	+2.5pt
交通広告	+2.0pt

音楽支出項目	数値 =差分上位10%	
パッケージ	+20.2pt	14,775円(+510円)
リアルイベント	+15.6pt	29,909円(-891円)
ファンクラブ	+12.9pt	7,286円(-170円)
関連グッズ	+10.8pt	14,984円(+972円)
マルチデバイス	+7.7pt	11,280円(+3,605円)
雑誌・書籍	+6.1pt	2,836円(-378円)
放送	+5.4pt	8,841円(+1,405円)
レンタル	-0.4pt	6,962円(+656円)

②Jポップアイドル推し層【図2-8】

推しを特別感とともに現場で応援したい

推しの「公式」情報を参考にして、現場に足を運び、一度きりの瞬間を見届けることに生きがいを感じながら音楽を楽しむ層が、Jポップアイドル推し層である。

先ほどご紹介した強火令和アイドル推し層と比較して、この層は、SNSについては、参考情報源として積極的に活用はしない。

「アーティストの公式サイト（+69.6 pt）」「レコード会社・レーベルの公式サイト（+15.9 pt）」「Yahoo!JAPAN（+8.3 pt）」などのWEBや、「音楽専門誌（+7.7pt）」を音楽の参考情報源としており、不特定多数のファンの情報よりも公式の情報を参考にする傾向がある。

CDなどの「パッケージ（+20.2pt）」「リアルイベント（+15.6pt）」「ファンクラブ（+12.9pt）」にお金を使って楽しむことでアーティストへの理解を深めていく層だ。

コンテンツとの関わり方を見ると、「気になっているものは予約注文などで事前購入・予約をする（+18.1pt）」「ライブやコンサート、試合は『生』で楽しむことが好きである（+15.7pt）」「通常盤と限定版がある場合は限定版の方を購入する（+13.7pt）」などの傾向が見られ、現場へ足を運ぶことや限定のコンテンツで特別感を楽しむ傾向が窺える。

このような情報摂取、消費行動をする層だが、40〜60代の女性がボリュームゾーンであり、Travis Japan、Snow Man、EXILEといった男性アイドルや、乃木坂46や櫻坂《さくらざか》46、SKE48といった坂道系やAKBグループなど、強火令和アイドル推し層と比してドメスティックなアイドルを中心に利用している。

会いに行くことが推しへの最大の愛情表現、現場で一度きりの瞬間を見届けることが生きがいである、といったマインドを大切にして音楽を楽しんでいるのが、Jポップアイドル推し層である。

とくに、パッケージなどのフィジカルを中心とした積極的な消費態度を踏まえると、強火令和アイドル推し層と合わせて、今の音楽市場を支える存在と言えよう。

コンテンツジャンルごとの支出率・支出金額

数値 =差分上位10%

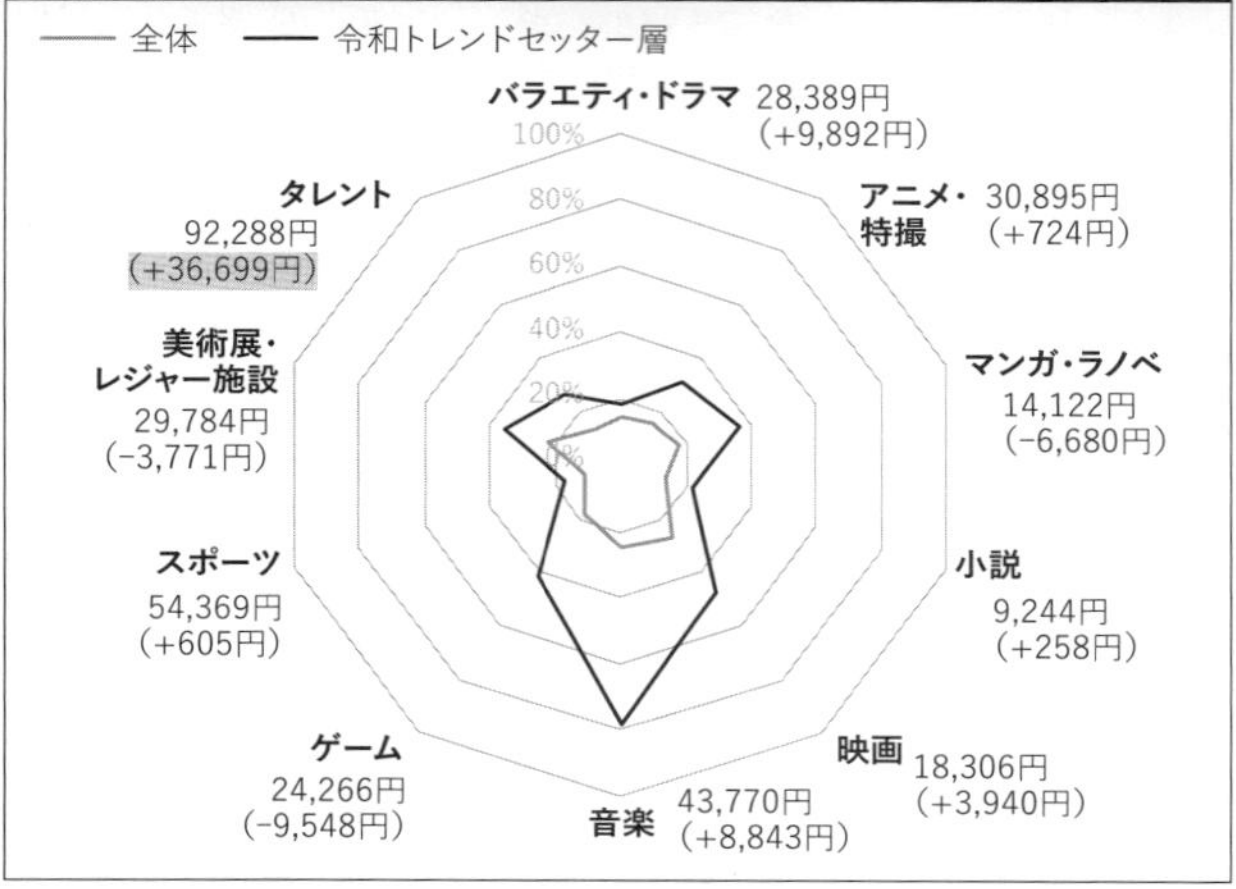

コンテンツの情報探索行動 差分TOP5

SNS内で、ハッシュタグ(#)で検索を行う	+22.3pt
コンテンツの展開を要約した動画や音声、文章を楽しむ	+12.2pt
コンテンツの見どころを切り抜いた動画や音声、文章を楽しむ	+12.0pt
SNS内で、ハッシュタグ(#)を付けて投稿をする	+11.4pt
SNSや動画配信サービスで、おすすめされるコンテンツを利用する	+11.1pt

コンテンツとの関わり方 差分TOP5

コンテンツに関してオタクだと思う	+14.0pt
自分が好きな作品に関する画像などをSNSに投稿したことがある	+13.0pt
自分は推し活をしている	+12.3pt
ファン同士の交流を目的として、SNSのアカウントを作ることがある	+10.9pt
コンテンツ鑑賞しながらスマホなどで関連情報を調べたりすることが多い	+9.3pt

利用アーティスト 差分TOP10

AAA	+5.7pt
RADWIMPS	+4.8pt
Eve	+4.3pt
GRe4N BOYZ(旧GReeeeN)	+3.4pt
SHISHAMO(シシャモ)	+3.3pt
VTuber(星街すいせいなど)	+3.3pt
NewJeans	+3.2pt
(G)I-DLE	+3.2pt
aespa	+3.1pt
sumika	+2.8pt

好きな音楽ジャンル 差分TOP5

HIPHOP	+5.6pt
ゲーム音楽	+4.5pt
ハードロック	+3.8pt
メタル系	+2.8pt
パンク	+2.5pt

音楽重視点 差分TOP5

SNSで話題になっている	+3.2pt
音楽性	+3.1pt
SNSのトレンドや急上昇ワード	+0.8pt
SNSで話題にできそうなネタ	+0.3pt
編曲	+0.1pt

図 2-9

令和トレンドセッター層

推計140万人(n数:171)

トレンドを捉えて深くのめり込みたい

XやInstagramなどSNSをメインに情報を収集し、SNSで話題になっているかを重視して音楽に触れる層。フェスやライブなどのリアルイベントに参加する機会も多い。

年齢	性別	年間平均支出金額
10～20代多め (平均33.6歳)	男女半数ずつ (50.3%) 男 5:5 女 (49.7%)	43,770円 (+8,843円)

ライフステージ	個人年収	音楽情報源平均個数
男女学生 (+15.5 pt)	519万 (−58万)	2.8個

音楽に関する参考情報源

X(旧Twitter)	+55.3pt
Instagram	+37.3pt
YouTube	+6.6pt
TikTok	+4.7pt
Facebook	+2.7pt
LINE	+2.7pt
LINE MUSIC	+1.5pt
ナタリー	+1.0pt
5ちゃんねる・5ちゃんねるまとめサイト	+0.9pt
Netflix	+0.9pt

音楽支出項目

数値 =差分上位10%

リアルイベント	+8.6pt	39,931円(+9,131円)
レンタル	+8.2pt	3,941円(−2,365円)
マルチデバイス	+7.1pt	7,586円(−89円)
パッケージ	+2.7pt	21,224円(+6,959円)
関連グッズ	+1.3pt	18,231円(+4,220円)
ファンクラブ	+1.2pt	7,729円(+273円)
雑誌・書籍	−4.9pt	2,414円(−800円)
放送	−6.1pt	2,871円(−4,565円)

③令和トレンドセッター層【図2-9】

トレンドを捉えて深くのめり込みたい

デジタルメディアを中心に広く音楽トレンドにアンテナを立てて、新しい音楽をキャッチする。そして、お金も使いながら、音楽を深く楽しむ層が、令和トレンドセッター層である。

この層は、「X（+55.3pt）」や、縦型動画が主流の「Instagram（+37.3pt）」「YouTube（+6.6pt）」「TikTok（+4.7pt）」といったデジタル接点に特化して、音楽の情報を摂取している。10～20代の学生がボリュームゾーン（平均年齢33・6歳）で、9つのクラスターの中で最も若い。音楽に対しては、「音楽性（+3.1pt）」はもちろんのこと、「SNSで話題になっていること（+3.2pt）」を最も重視する。

さらに、コンテンツ全般の消費意識として、過去に利用したコンテンツをリピートする傾向があり（+21.9pt）、自らをオタクであると自認している（+14.0pt）。そうしたことから、トレンドを重視するだけではなく、音楽に限らずコンテンツに対して深くのめり込むマインドも持ち合わせている。

年間平均支出金額は4万3770円と、強火令和アイドル推し層、Jポップアイドル推し層に次いで、3番目に金額規模が大きく、積極的に音楽コンテンツを消費する層であることがわかる。では、どのようなことにお金を使っているのか。

音楽の支出項目に目を向けると、ライブやフェスなどの「リアルイベント（+8.6pt）」や「レンタル（+8.2pt）」、定額配信サービスの利用などの「マルチデバイス（+7.1pt）」とリアルからデジタルまで幅広くお金を使っていることがわかる。

デジタルでトレンドを押さえるのみならず、しっかりリアルでもお金を落とす層であり、強火令和アイドル推し層、Jポップアイドル推し層とともに、今の音楽市場を支える層のひとつである。

デジタル接点でのメディアサービスの登場により、令和トレンドセッター層のような、いまSNSで話題になっていることを重視して音楽を発見して楽しむという行動が生まれてきた。こうした行動をいち早くキャッチし、集約して、話題の対象となっている楽曲を世の中に広く知ってもらう仕組みとして生まれたのが「バイラルチャート」だ。

話題性を重視する令和トレンドセッター層は、こうしたバイラルでストリーミング再生を押し上げる存在としても重要なターゲットであると言えよう。

コンテンツジャンルごとの支出率・支出金額

数値 =差分上位10%

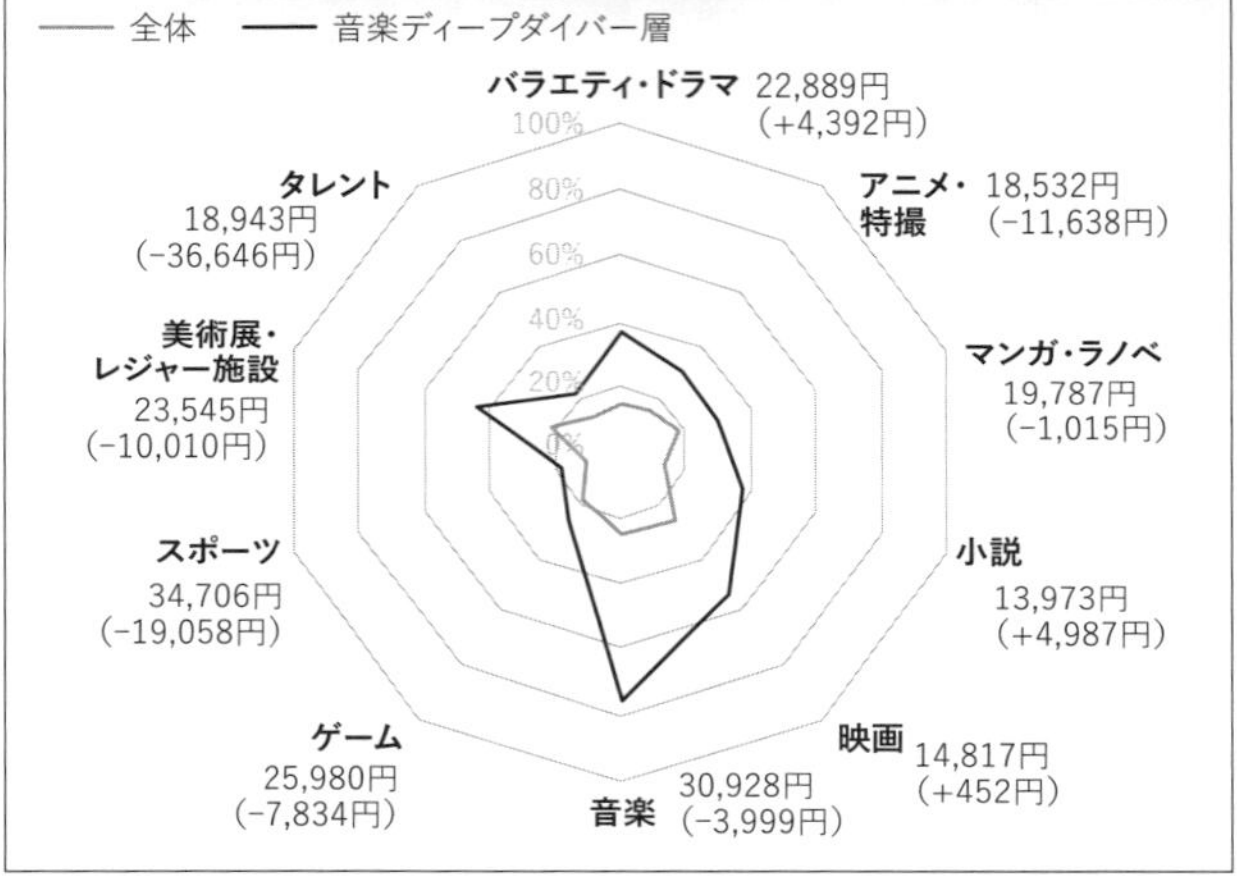

コンテンツの情報探索行動 差分TOP5

AIに指示して画像や文章などを制作する	+9.6pt
音声読み上げサービスを利用する（Audibleなど）	+8.9pt
ARグラスを利用する	+8.8pt
SNSで流行っているコンテンツを真似して投稿する	+7.6pt
動画サービスを観ながらテキストチャットをする	+3.9pt

コンテンツとの関わり方 差分TOP5

作品を選ぶ際に、人種/環境/ハラスメント問題などへの取り組みや配慮を意識する	+12.4pt
配信など割安で入手できてもCDやDVDなどの割高なパッケージの方を購入する	+11.6pt
ファンであることを示すグッズを自ら作成したことがある	+10.3pt
コンテンツ購入は手近なところでよく購入する	+9.3pt
そこまで売れていないものの方に面白いと感じるものが多い	+9.1pt

利用アーティスト 差分TOP10

中島みゆき	+5.9pt
竹内まりや	+4.7pt
小田和正	+4.6pt
HKT48	+4.5pt
SKE48	+4.2pt
AKB48	+3.7pt
ASIAN KUNG-FU GENERATION	+3.4pt
ザ・ローリング・ストーンズ	+3.4pt
乃木坂46	+3.0pt
山下達郎	+2.9pt

好きな音楽ジャンル 差分TOP5

歌謡曲	+8.5pt
クラシック	+8.1pt
シティポップ	+6.3pt
洋楽ロック	+5.1pt
演歌	+4.9pt

音楽重視点 差分TOP5

作曲家	+7.6pt
音楽プロデューサー	+7.4pt
編曲家・アレンジャー	+7.0pt
レーベル	+5.9pt
音響スタッフ	+4.5pt

図 2-10

音楽ディープダイバー層
推計177万人(n数:217)

**音楽を
専門的にも楽しみ
自らも広めたい**

作曲家や音楽プロデューサーなどの制作側にも目を向けるコアな音楽好き層。ラジオ・新聞・雑誌・テレビといったマスメディア中心に情報を収集。歌謡曲やシティポップなど昭和に流行した音楽を好む。

年齢	性別	年間平均支出金額
50〜60代多め (平均46.3歳)	男性多め (60.4%) 男 6：4 女 (39.6%)	30,928円 (−3,999円)

ライフステージ	個人年収	音楽情報源平均個数
既婚子あり (+6.8 pt)	633万 (+56万)	3.3個

音楽に関する参考情報源

ラジオ番組・広告	+48.2pt
新聞記事・広告	+29.8pt
音楽専門誌	+24.6pt
テレビCM	+9.6pt
テレビ番組	+8.1pt
雑誌記事・広告	+7.1pt
交通広告	+6.8pt
屋外看板・街頭ビジョン・宣伝カー	+3.6pt
その他定額制動画配信サービス	+0.5pt
ストリーミングサービス内のポッドキャスト	+0.5pt

音楽支出項目 数値＝差分上位10%

放送	+11.5pt	5,970円(−1,466円)
雑誌・書籍	+8.4pt	1,980円(−1,234円)
リアルイベント	+7.2pt	21,241円(−9,559円)
パッケージ	+5.9pt	10,552円(−3,714円)
マルチデバイス	+3.4pt	6,449円(−1,227円)
関連グッズ	+3.3pt	4,818円(−9,194円)
レンタル	−0.4pt	14,100円(+7,794円)
ファンクラブ	−5.2pt	4,187円(−3,269円)

コンテンツジャンルごとの支出率・支出金額

数値 =差分上位10%

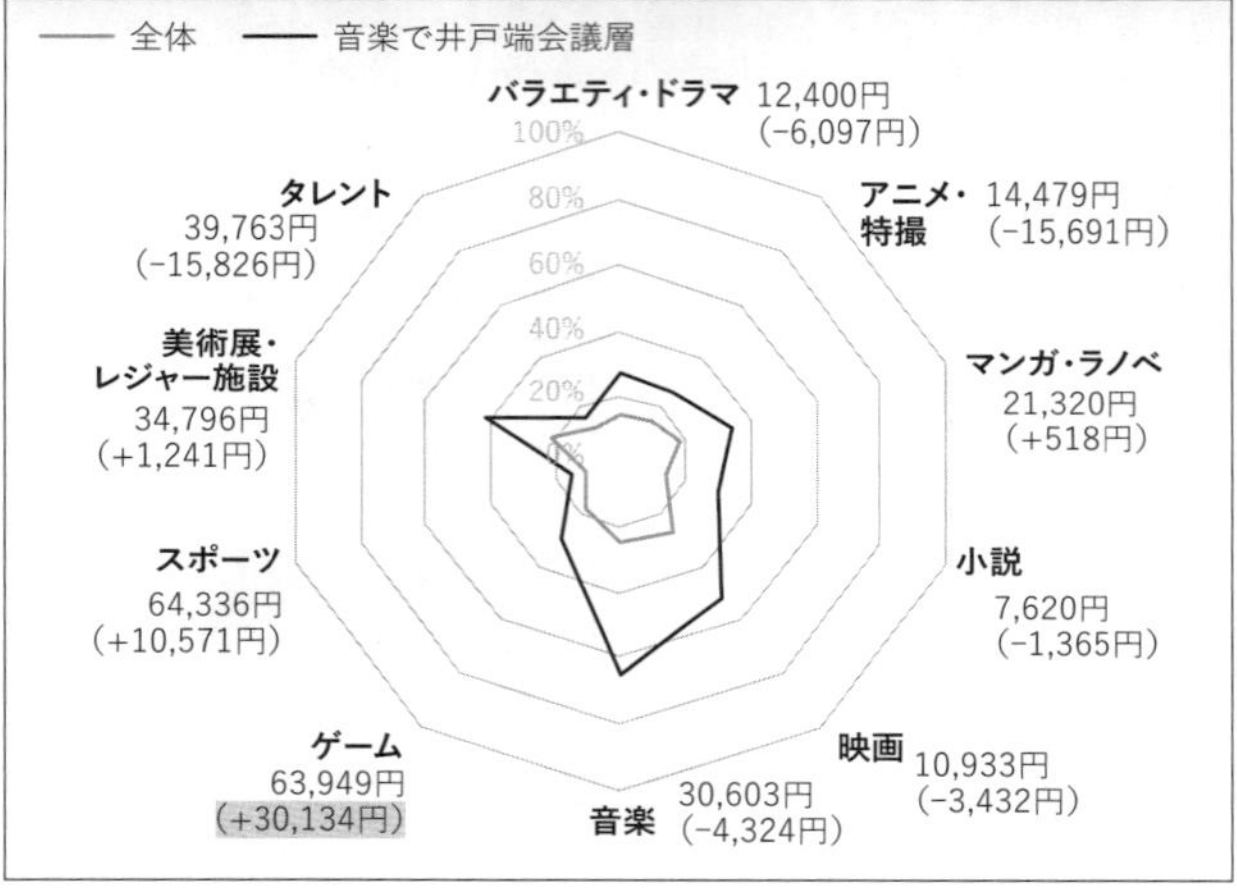

コンテンツの情報探索行動 差分TOP5

スマホで画像検索や翻訳をする	+1.0pt
家庭用プロジェクターで、ネット動画・配信動画を観る	+0.2pt
ゲームセンターなどの施設で、VRコンテンツを利用する	+0.0pt
コンテンツの見どころを切り抜いた動画や音声、文章を楽しむ	−1.0pt
自宅で、VRコンテンツを利用する	−1.1pt

コンテンツとの関わり方 差分TOP5

新しいコンテンツの情報は、知り合いから教わることが多い	+13.3pt
友人などと作品の感想で盛り上がるのが好きだ	+11.9pt
クーポン券や割引券を利用	+9.7pt
コンテンツは、無料で楽しめる分だけで十分だと思う	+6.9pt
ある特定のコンテンツのファンになったことはない	+6.5pt

利用アーティスト 差分TOP10

back number	+7.3pt
米津玄師	+6.7pt
あいみょん	+6.4pt
ポルノグラフィティ	+6.4pt
Mrs. GREEN APPLE	+5.8pt
Mr.Children	+5.6pt
スピッツ	+5.5pt
SEKAI NO OWARI	+5.5pt
中島みゆき	+5.2pt
MISIA	+5.0pt

好きな音楽ジャンル 差分TOP5

クラシック	+4.9pt
歌謡曲	+4.7pt
邦楽ロック	+4.1pt
ジャズ	+3.2pt
ボカロ系	+2.9pt

音楽重視点 差分TOP5

友人・知人・家族の評価	+16.2pt
メロディ	+8.5pt
歌唱力	+8.1pt
歌詞	+6.6pt
演奏力	+3.4pt

図 2-11

音楽で井戸端会議層

推計293万人(n数:358)

身近な人と音楽の話題で盛り上がりたい

すでに売れているマスヒットアーティストを押さえる層。友人や家族の評価を重視しており、音楽の情報源も友人や家族。また、コンテンツについて友人と感想を語り合うことも多い。

年齢	性別	年間平均支出金額
40〜50代多め (平均43.3歳)	女性多め (40.5%) 男 4:6 女 (59.5%)	30,603円 (−4,324円)

ライフステージ	個人年収	音楽情報源平均個数
既婚子なし女性 (+3.8 pt) 既婚子あり女性 (+3.1 pt)	646万 (+69万)	3.5個

音楽に関する参考情報源	
友人・家族の口コミ	+75.8pt
友人・家族とのカラオケ	+24.9pt
スマートフォンの情報アプリ	+1.5pt
テレビ番組	+1.3pt
その他、店舗・店頭	+1.2pt
TSUTAYAなどのレンタル店	+0.7pt
新聞記事・広告	+0.4pt
オリコンランキング	+0.3pt
CD・DVD販売している音楽専門店	+0.2pt
iTunes Store ランキング	+0.2pt

音楽支出項目	数値 =差分上位10%	
レンタル	+0.0pt	9,403円(+3,097円)
リアルイベント	−3.2pt	33,130円(+2,329円)
ファンクラブ	−5.4pt	6,538円(−918円)
雑誌・書籍	−5.5pt	3,148円(−66円)
放送	−6.0pt	10,421円(+2,985円)
関連グッズ	−6.2pt	13,176円(−835円)
パッケージ	−8.4pt	9,747円(−4,518円)
マルチデバイス	−12.9pt	6,255円(−1,420円)

④音楽ディープダイバー層【図2-10】

音楽を専門的にも楽しみ自らも広めたい

押さえる音楽ジャンルの幅広さに加えて、制作への関心など、音楽をディープダイブして楽しんでいる層が音楽ディープダイバー層だ。

この層は、「ラジオ番組・広告（+48.2pt）」や「新聞記事・広告（+29.8pt）」など、マス向けの情報源を参考に音楽を楽しんでいる。

男性60代がボリュームゾーン（平均年齢46・3歳）であり、他クラスターと比して年齢層は上の層で、中島《なかじま》みゆきや竹内《たけうち》まりや、小田和正といった、日本を代表する歌謡曲からJポップアイドル、洋楽の王道ロックと幅広いジャンルの音楽を利用する。

音楽を利用する際には、「作曲家（+7.6pt）」や「音楽プロデューサー（+7.4pt）」「編曲家・アレンジャー（+7.0pt）」などを重視する傾向にあり、ただ聴くだけではなく、制作にまつわる情報などの一歩踏み込んだ専門性や知識欲も相まった楽しみ方をする。

音楽支出項目に目を向けると、「放送（+11.5pt）」や「雑誌・書籍（+8.4pt）」、そして「リアルイベント（+7.2pt）」への支出率が高いが、金額規模は控えめで平均を下回り、お金をかけずに幅広く音楽を楽しむ層である。

⑤音楽で井戸端会議層【図2-11】

身近な人と音楽の話題で盛り上がりたい

デジタル接点よりも、リアルの友人や家族といった「身近な存在からのリアルな口コミ」を参考に音楽を楽しむ層が音楽で井戸端会議層だ。

「友人・家族の口コミ（+75.8pt）」や、「友人・家族とのカラオケ（+24.9pt）」が音楽を知るきっかけの層であり、メロディや歌唱力以上に、「友人・知人・家族の評価（+16.2 pt）」を重視する傾向も見られ、一貫して、リアルでの身近な誰かとのコミュニケーションの中で音楽を知り、楽しんでいる。

年間平均利用金額に目を向けると、音楽利用層全体の平均より下回り、音楽コンテンツにお金はかけずに楽しんでいる。身近な人とのコミュニケーションを通して、幅広く無理せずに音楽を楽しんでいる層と言えるだろう。

コンテンツジャンルごとの支出率・支出金額

数値 =差分上位10%

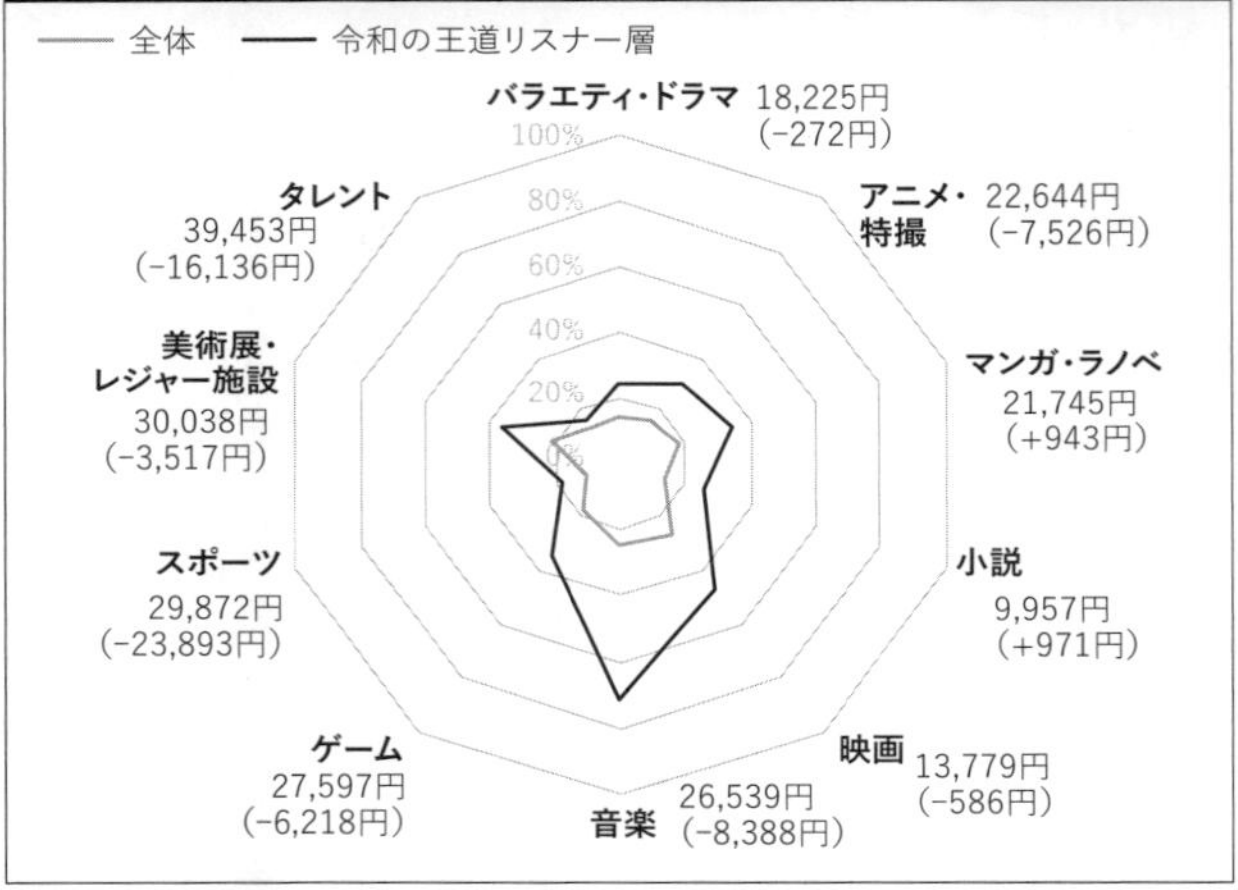

コンテンツの情報探索行動 差分TOP5

スマホで画像検索や翻訳をする	+4.3pt
PCやスマートフォンで、音声入力を使う	+2.7pt
複数のデバイスを使って、複数のコンテンツやサービスを同時に利用する	+1.4pt
AIに指示して画像や文章などを制作する	+0.0pt
ゲームセンターなどの施設で、VRコンテンツを利用する	−0.1pt

コンテンツとの関わり方 差分TOP5

もっと認められるべき作品がある	+6.2pt
無料利用できれば広告は気にならない	+5.7pt
劇場やコンサートに1人で行くことには抵抗がある	+5.5pt
自分の好みでコンテンツを利用	+4.9pt
気に入った作品中に実在する商品などがあるとそちらにも興味を持つ	+4.4pt

利用アーティスト 差分TOP10

YOASOBI	+8.2pt
Ado	+7.3pt
新しい学校のリーダーズ	+6.5pt
King Gnu	+5.5pt
米津玄師	+5.2pt
Mrs. GREEN APPLE	+5.0pt
Official髭男dism	+4.3pt
緑黄色社会	+4.3pt
あいみょん	+4.0pt
サザンオールスターズ	+3.9pt

好きな音楽ジャンル 差分TOP5

洋楽ロック	+6.0pt
アニメソング	+4.2pt
シティポップ	+3.7pt
R&B(リズム&ブルース)	+3.6pt
ミクスチャーロック	+3.3pt

音楽重視点 差分TOP5

メロディ	+9.1pt
歌唱力	+8.1pt
音楽性	+7.3pt
ジャンル	+7.1pt
声質	+6.1pt

図2-12

令和の王道リスナー層

推計624万人(n数:763)

今のトレンドを逃さず聴きたい

トレンドのアーティストは押さえつつ、以前から好きなアーティストも聴き続けるマジョリティ層。YouTubeやWEBニュースの他、SpotifyやAmazon Musicなどの配信サービスからテレビ番組まで幅広く情報を収集。メロディや歌唱力など〝聴くこと〟を重視したリスナーが多い。

年齢	性別	年間平均支出金額
40〜60代多め (平均44.2歳)	やや男性多め (54.7%) 男 5:5 女 (45.3%)	26,539円 (−8,388円)

ライフステージ	個人年収	音楽情報源平均個数
独身男性やや多め (+4.0 pt)	573万 (−4万)	4.4個 WEBニュース

音楽に関する参考情報源

音楽に関する参考情報源	
YouTube	+19.0pt
その他のWebニュース、ニュースサイト	+14.4pt
Spotify/Spotify Premium	+11.7pt
Amazon Music Prime	+8.2pt
その他のWebサイト	+8.1pt
その他のWebポータルサイト	+6.7pt
YouTube Music/YouTube Music Premium	+6.4pt
テレビ番組	+6.1pt
Yahoo! JAPAN	+6.1pt
Amazon Prime Video	+4.2pt

音楽支出項目 数値 =差分上位10%

音楽支出項目		
レンタル	+1.8pt	4,969円(−1,337円)
マルチデバイス	−0.4pt	7,072円(−603円)
放送	−1.8pt	8,271円(+835円)
雑誌・書籍	−2.7pt	2,586円(−629円)
パッケージ	−4.7pt	12,734円(−1,531円)
関連グッズ	−5.6pt	12,425円(−1,586円)
ファンクラブ	−5.8pt	7,819円(+363円)
リアルイベント	−6.2pt	28,054円(−2,746円)

コンテンツジャンルごとの支出率・支出金額

数値 =差分上位10%

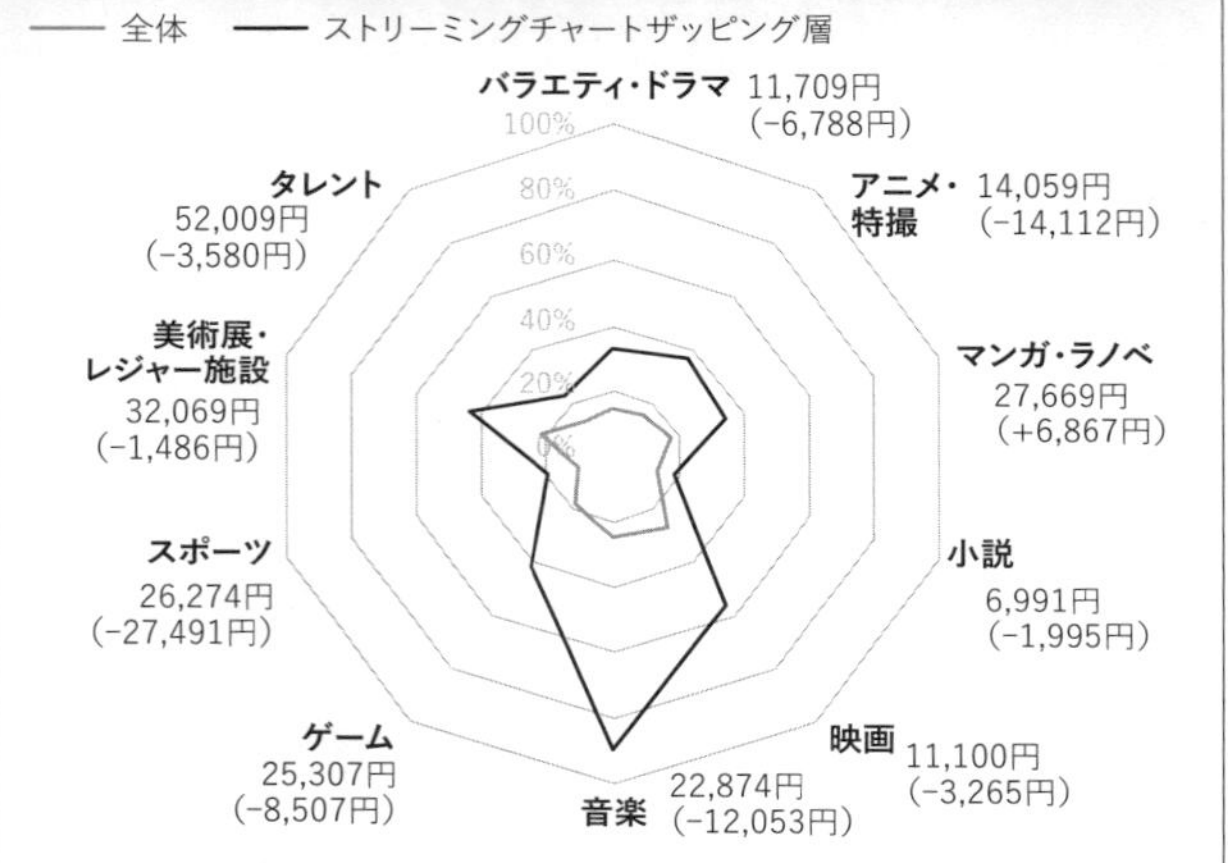

コンテンツの情報探索行動 差分TOP5

SNS内で、ハッシュタグ(#)で検索を行う	+18.3pt
SNS内で、ハッシュタグ(#)を付けて投稿をする	+13.9pt
SNSや動画配信サービスで、おすすめされるコンテンツを利用する	+8.8pt
動画サービスを観ながらテキストチャットをする	+7.8pt
コンテンツの見どころを切り抜いた動画や音声、文章を楽しむ	+4.9pt

コンテンツとの関わり方 差分TOP5

気に入った作品は有料でも繰り返し利用することがある	+19.3pt
動画コンテンツを見て欲しくなったものを購入したことがある	+15.8pt
1ヵ月あたりのコンテンツに使う金額を気にしている	+12.9pt
動画コンテンツを見て、急に欲しいと思うようになることがある	+12.4pt
どのコンテンツを利用するかは、配偶者や恋人、子どもや孫の好みで決めることが多い	+11.8pt

利用アーティスト 差分TOP10

Official髭男dism	+21.7pt
Creepy Nuts	+18.8pt
King Gnu	+16.1pt
Ado	+12.4pt
幾田りら	+11.9pt
マカロニえんぴつ	+11.2pt
Vaundy	+10.0pt
Stray Kids	+9.9pt
Novelbright	+9.8pt
back number	+9.1pt

好きな音楽ジャンル 差分TOP5

K-POP	+12.4pt
J-POP	+10.3pt
アイドル	+3.5pt
HIPHOP	+2.7pt
ゲーム音楽	+0.9pt

音楽重視点 差分TOP5

歌詞	+8.0pt
世界観・コンセプト	+4.6pt
メロディ	+4.2pt
音楽性	+3.2pt
新人アーティスト	+1.8pt

図 2-13

ストリーミングチャートザッピング層

推計96万人(n数:117)

時間をかけずに幅広いアーティストを押さえたい

Apple Musicで流れてくる人気のあるKポップやJポップを聴く層。歌詞や世界観を重視しており、Official髭男dismやCreepy Nutsなどのアーティストを好む。コンテンツに使う金額を気にしているため、音楽ストリーミングサービスへの支出が多い。

年齢	性別	年間平均支出金額
20〜30代多め (平均33.6歳)	女性多め (41.9%) 男 4 : 6 女 (58.1%)	22,874円 (−12,053円)

ライフステージ	個人年収	音楽情報源平均個数
独身女性 (+13.1 pt)	613万 (+36万)	2.5個

音楽に関する参考情報源	
Apple Music	+91.3pt
iTunes Store	+8.4pt
Netflix	+0.8pt
レコチョク　ランキング	+0.3pt
billboard JAPAN	+0.1pt
ストリーミングサービス内のプレイリスト	−0.1pt
cluster	−0.2pt
ROBLOX	−0.2pt
iTunes Store ランキング	−0.3pt
Fortnite	−0.3pt

音楽支出項目　数値 =差分上位10%

音楽支出項目		
マルチデバイス	+36.9pt	7,720円(+45円)
レンタル	+11.0pt	4,789円(−1,517円)
リアルイベント	+3.6pt	15,665円(−15,135円)
ファンクラブ	−5.5pt	4,603円(−2,853円)
雑誌・書籍	−6.3pt	684円(−2,531円)
関連グッズ	−6.3pt	4,769円(−9,242円)
放送	−6.7pt	1,251円(−6,186円)
パッケージ	−10.2pt	20,993円(+6,728円)

⑥令和の王道リスナー層【図2-12】

今のトレンドを逃さず聴きたい

デジタルからマスまで幅広いメディアを使いこなし、ヒットアーティストを楽しむのが令和の王道リスナー層である。

この層は、「YouTube（+19.0pt）」や「Spotify（+11.7pt）」、「Amazon Music（+8.2pt）」から「ニュースサイト（+14.4pt）」「テレビ番組（+6.1pt）」と幅広い情報源を活用する。40～60代男性がメインボリューム（平均年齢44・2歳）であり、9つの生活者クラスターのうち最も推計人口が多いマジョリティである。

YOASOBI、Ado、新しい学校のリーダーズと、チャートトップ入りの常連、NHK紅白歌合戦出場経験があるなど、国内でヒットしているアーティストの利用が目立つ。

音楽を聴く際、メロディや歌唱力など、楽曲そのものの良さを重視し、コンテンツへの共感があると広く認知されることを望む。

一方、年間平均支出金額は全体平均以下で、支出は控えめである。

⑦ストリーミングチャートザッピング層【図2-13】

時間をかけずに幅広いアーティストを押さえたい

「歌詞（+8.0pt）」や「世界観・コンセプト（+4.6pt）」を重視して利用しながら、とくに気に入った作品はお金を気にしつつもリピートするのがストリーミングチャートザッピング層である。

推計人口は最も少なく約96万人。ボリュームゾーンは20～30代で、独身女性が比較的多い層である。全層の中でInstagramとLINEの週1利用率が最も多く、SNS上でのニュースフィードやタイムラインで得た情報をきっかけにコンテンツや関連商品を購入したことがある人が多い傾向で、SNSのタイムラインをベースに情報収集活動を行っている層と言える。「Apple Music（+91.3pt）」を中心に活用して、邦楽ロックや女性ボーカルのみならず、Kポップアーティストまで幅広いアーティストを押さえている。

音楽の支出項目に目を向けると、インターネットでの音楽ダウンロードや定額配信サービスの利用といったマルチデバイス関連やカラオケ利用（図2-13の音楽支出項目のレンタルに含まれる）に関する支出率は高いが、支出額自体は控えめな傾向だ。

コンテンツジャンルごとの支出率・支出金額

数値 ＝差分上位10%

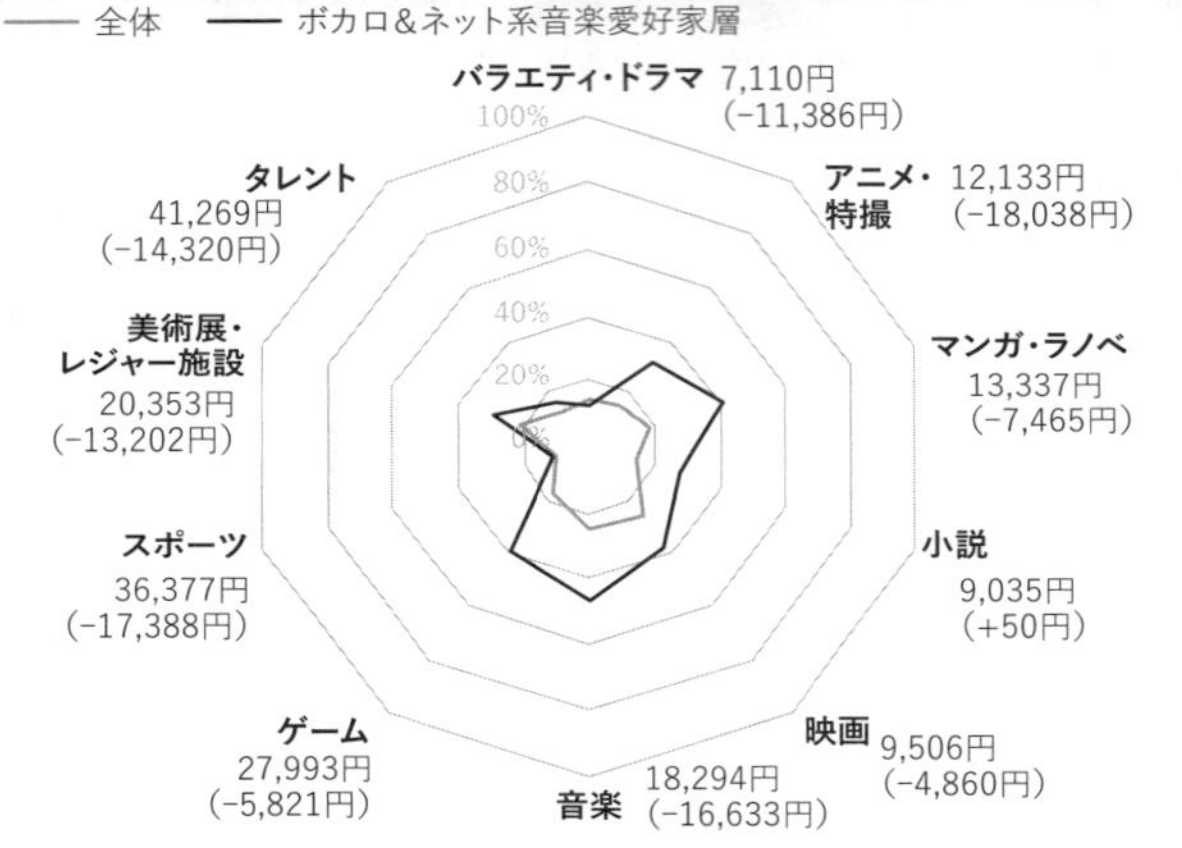

コンテンツの情報探索行動 差分TOP5

コンテンツの見どころを切り抜いた動画や音声、文章を楽しむ	+11.1pt
複数のデバイスを使って、複数のコンテンツやサービスを同時に利用する	+3.5pt
動画を早送り再生する(倍速再生など)	+3.1pt
SNSや動画配信サービスで、おすすめされてくるコンテンツを利用する	+1.1pt
コンテンツの展開を要約した動画や音声、文章を楽しむ	+0.2pt

コンテンツとの関わり方 差分TOP5

二次創作を購入したり、ネットで見たりする	+10.6pt
コンテンツは、無料で楽しめる分だけで十分だと思う	+7.2pt
1ヵ月あたりのコンテンツに使う金額を気にしている	+7.2pt
好きな作品がリメイクなどで展開されると知ると不安になる	+7.0pt
レコメンドやおすすめのコンテンツを利用することが多い	+6.2pt

利用アーティスト 差分TOP10

ボーカロイド(初音ミクなど)	+6.1pt
VTuber(星街すいせいなど)	+4.3pt
その他ボカロP(DECO*27など)	+3.5pt
ニコニコ動画・YouTube出身の「歌い手」(まふまふなど)	+3.5pt
Eve	+3.4pt
aespa	+1.8pt
ずっと真夜中でいいのに。	+1.7pt
LE SSERAFIM	+1.5pt
ITZY	+1.3pt
Chinozo	+1.3pt

好きな音楽ジャンル 差分TOP5

ボカロ系	+10.9pt
アニメソング	+9.3pt
ゲーム音楽	+6.2pt
R&B(リズム&ブルース)	+1.1pt
2.5次元	+0.6pt

音楽重視点 差分TOP5

衣装	+0.3pt
友人や有名人などの使用しているハッシュタグ	+0.0pt
作曲家	+0.0pt
使用楽器	−0.1pt
プロモーションムービー	−0.3pt

図2-14

ボカロ&ネット系音楽愛好家層

推計145万人(n数:177)

インターネット発の才能をこよなく愛する

YouTubeで、ボカロやVTuber、歌い手などを中心に音楽を聴く層。ボカロの他、アニソンやゲーム音楽を好む。音楽関連の支出項目は非常に少なく、1ヵ月あたりのコンテンツに使う金額を気にしている。

年齢	性別	年間平均支出金額
10〜20代多め (平均39.0歳)	やや男性多め (53.7%) 男 5:5 女 (46.3%)	18,294円 (−16,633円)

ライフステージ	個人年収	音楽情報源平均個数
学生男性 学生女性 (+5.1 pt) (+5.0 pt)	517万 (−60万)	1.1個

音楽に関する参考情報源	
YouTube	+64.5pt
ニコニコ動画	+0.7pt
ROBLOX	−0.2pt
cluster	−0.2pt
dヒッツ	−0.2pt
pixiv	−0.3pt
Fortnite	−0.3pt
Deezer HiFi	−0.3pt
その他音楽DL配信サービス	−0.3pt
VRChat	−0.4pt

音楽支出項目		数値=差分上位10%
放送	−8.5pt	21,340円(+13,904円)
ファンクラブ	−9.6pt	3,995円(−3,462円)
雑誌・書籍	−9.7pt	19,759円(+16,545円)
関連グッズ	−11.7pt	4,658円(−9,353円)
レンタル	−13.7pt	5,318円(−988円)
パッケージ	−20.0pt	8,573円(−5,692円)
リアルイベント	−20.9pt	30,590円(−210円)
マルチデバイス	−21.1pt	9,975円(+2,300円)

⑧ボカロ&ネット系音楽愛好家層【図2-14】

インターネット発の才能をこよなく愛する

初音ミクや星街《ほしまち》すいせいなどのVtuber、ニコニコ動画出身の歌い手など、00年代前半以降のネット発のボカロ文化やその系譜を愛好する層が、ボカロ&ネット系音楽愛好家層である。

YouTubeのみを音楽の参考情報として、一貫して、ボカロ系やアニソン、ゲーム音楽を愛好する。

9クラスターの中でも、年間平均支出金額は、昭和音楽愛好家層に次いで低い。10~20代の学生が比較的多い層であることから、コンテンツに費やせる可処分所得が少ないこともあってか、音楽に限らずに、コンテンツに使う1ヵ月あたりのお金を気にしながら消費している層である。

他コンテンツの利用については、「アニメ・特撮」「マンガ・ラノベ」の利用率がコンテンツ利用層全体と比較すると約30pt高い傾向にあり、2次元コンテンツを中心に楽しんでいる。

ボカロPと言えば、ヤマハの音声合成ソフトウェア「VOCALOID」などを使って楽曲をリリースする制作者やプロデューサーのことを指すが、近年、米津玄師やYOASOBIのAyaseなどボカロP出身アーティストの活躍もあり、徐々に存在感が増してきている。

ボカロ&ネット系音楽愛好家層の参考情報源が、YouTubeやニコニコ動画に特化していることが示すように、ボカロ文化と動画配信プラットフォームとの親和性も高い。

YouTubeが毎年開催するYouTube Music Weekendの2023年の開催時には、デジタルネイティブ・アーティストとして、ずっと真夜中でいいのに。、Eve、ピノキオピー、ヨルシカ、星街すいせい、YOASOBIといったアーティストが出演した。年々、リスナーがより一般に広がっている領域ではないかと考えられる。

ボカロPの才能がマスヒットにつながるケースも見られる中で、ボカロ&ネット系音楽愛好家層が楽しむアーティストの中には、マスを動かす次世代の才能がまだまだ眠っている可能性があることは念頭に置くべきであろう。

コンテンツジャンルごとの支出率・支出金額

数値 ＝差分上位10%

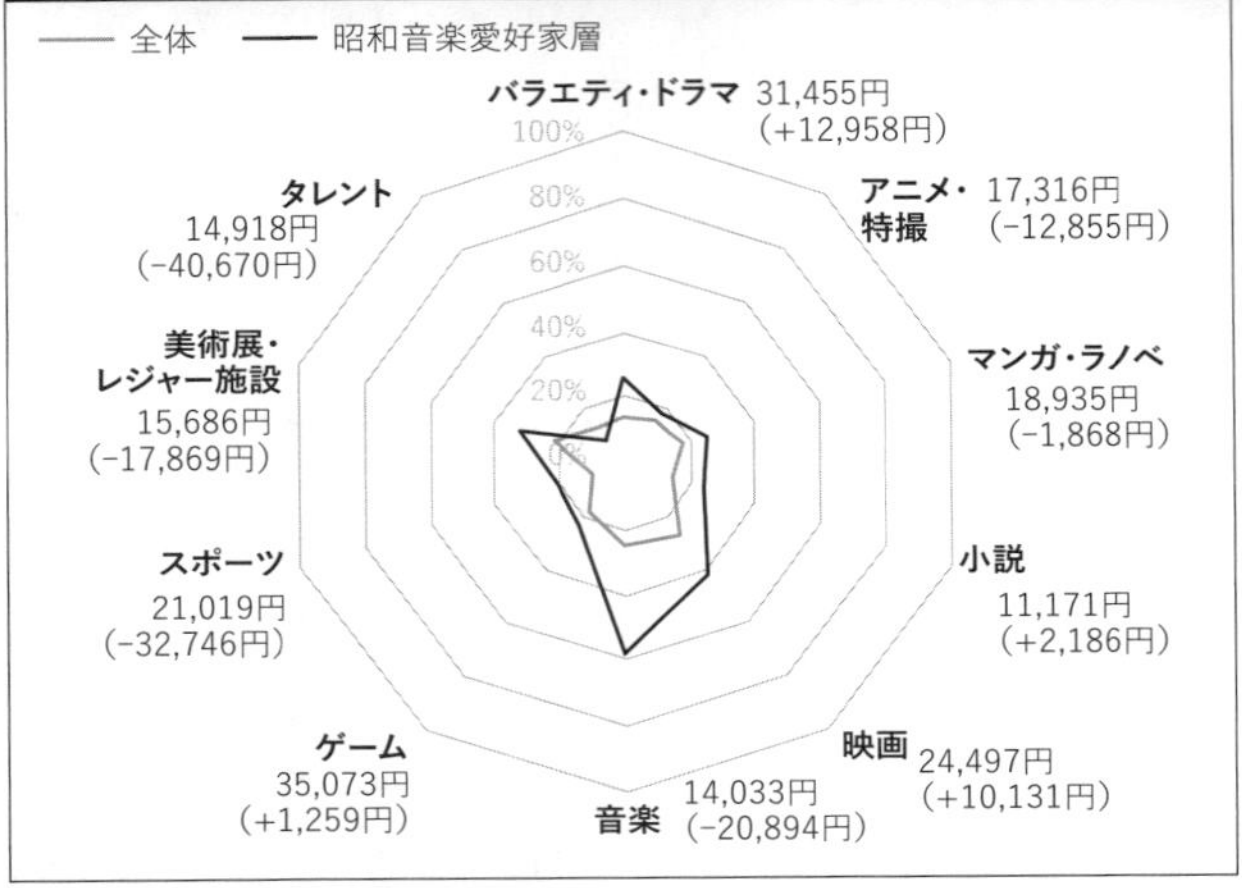

コンテンツの情報探索行動 差分TOP5

PCやスマートフォンで、音声入力を使う	+5.6pt
自宅で、VRコンテンツを利用する	+2.0pt
家庭用プロジェクターで、ネット動画・配信動画を観る	+1.1pt
動画を早送り再生する（倍速再生など）	+0.3pt
ゲームセンターなどの施設で、VRコンテンツを利用する	+0.2pt

コンテンツとの関わり方 差分TOP5

できるだけ、話題になっているコンテンツだけを効率よく利用したい	+5.6pt
コンテンツは、無料で楽しめる分だけで十分だと思う	+5.1pt
劇場やコンサートに1人で行くことには抵抗がある	+4.9pt
よく海外のサイトなどを通して無料でコンテンツを利用する	+3.2pt
コンテンツを効率よく鑑賞するために、倍速視聴を行う	+3.1pt

利用アーティスト 差分TOP10

サザンオールスターズ	+6.3pt
山下達郎	+5.0pt
QUEEN	+5.0pt
JUJU	+4.7pt
ポール・マッカートニー	+4.5pt
ザ・ローリング・ストーンズ	+4.2pt
小田和正	+4.0pt
あいみょん	+3.8pt
布袋寅泰	+3.7pt
松任谷由実	+3.7pt

好きな音楽ジャンル 差分TOP5

洋楽ロック	+11.7pt
ハードロック	+5.1pt
シティポップ	+3.5pt
ジャズ	+3.2pt
Jポップ	+2.8pt

音楽重視点 差分TOP5

ジャンル	+4.6pt
メディアで話題になっている	+4.6pt
キャラクター・キャラ設定	+3.5pt
音楽性	+2.8pt
テレビ番組での紹介	+2.5pt

図 2-15

昭和音楽愛好家層

推計105万人(n数:128)

青春時代のあの頃の音楽がやっぱり良い

平均年齢が最も高く、昔から好きなアーティストを聴き続けており、洋楽を好んで聴く層。WEBメディアはYahoo! JAPAN、その他マスメディアは主にテレビから情報を収集。音楽への支出は最も低い。

年齢
40〜60代多め
(平均49.6歳)

性別
男性多め
(66.4%) 男 7 : 3 女 (33.6%)

年間平均支出金額
14,033円
(−20,894円)

ライフステージ
既婚子なし男性
(+9.1 pt)
既婚子あり男性
(+8.0pt)

個人年収
625万
(+48万)

音楽情報源平均個数
2.9個
Y! CM 番組

音楽に関する参考情報源

Yahoo! JAPAN	+81.3pt
テレビCM	+15.5pt
テレビ番組	+8.8pt
その他のWebポータルサイト	+2.1pt
Amazon	+0.8pt
オリコンランキング	+0.8pt
LINE VOOM	+0.8pt
その他インターネット通販	+0.7pt
LINE MUSIC	+0.5pt
Fortnite	+0.5pt

音楽支出項目 数値 = 差分上位10%

放送	+2.3pt	4,729円(-2,707円)
雑誌・書籍	−5.9pt	1,972円(-1,242円)
パッケージ	−9.1pt	6,266円(-7,999円)
レンタル	−9.5pt	4,363円(-1,943円)
ファンクラブ	−9.5pt	4,813円(-2,644円)
関連グッズ	−9.6pt	3,301円(-10,710円)
リアルイベント	−15.7pt	19,659円(-11,142円)
マルチデバイス	−16.7pt	4,702円(-2,973円)

⑨昭和音楽愛好家層【図2-15】

青春時代のあの頃の音楽がやっぱり良い

「Yahoo!JAPAN（+81.3pt）」といったWEBや、「テレビCM（+15.5pt）」「テレビ番組（+8.8pt）」などのマスメディアで話題になっていることに重きを置いて音楽を利用しているのが、昭和音楽愛好家層だ。

9クラスターの中で、平均年齢が49・6歳と最も高く、サザンオールスターズ、山下《やました》達郎《たつろう》、QUEENなどの昭和〜平成のヒットアーティストを好む。また、歌謡曲や洋楽ロック、シティポップなどのジャンルを中心に聴いており、昭和の音楽を愛好する層である。年間平均支出金額が9クラスター中で最も低く、こちらもまたお金を使わない層である。

音楽以外も含めたコンテンツとの関わり方の意識については、9クラスターの中で、唯一、「できるだけ、話題になっているコンテンツだけを効率よく利用したい（+5.6pt）」との意識が見られ、昭和〜令和のヒットを特集する特番や、昭和〜平成のヒット曲を使用した懐かしさを感じさせるCMなどを中心に、みんなが知っている話題の音楽を楽しむ層と言えよう。

推し活行動が活発な4層の推し活実態とは？

前節までで、利用メディア・サービスの違いにより、音楽コンテンツへの消費傾向にはグラデーションがあることや、国内の音楽利用層の音楽嗜好性が分散していることがおわかりになったかと思う。

ここからは、音楽ヒットを捉える上で欠かせない行動のひとつである「推し活」に目を向ける。コンテンツビジネスラボでは、推しの情報やコンテンツを楽しむといっただけではなく、よりのめり込んで、強く応援することや、推す対象がもっと多くの人に知られたり、推しの目標を実現する夢をかなえることに「貢献したい」という思いを持って行動することを「推し活」としている。

コンテンツ調査では、「自分は『推し活』をしている」と回答している人々を推し活層と定義し、分析をしている。

コロナ禍以前は、そこまでメジャーではなかった推し活であるが、コロナ渦での可処分時間の変化も相まって、一気に、市民権を得た消費行動となった。

単なる応援や所有の体験にとどまらず、自らのアイデンティティや個性を表現する方法としている方や、推し活を通じて、推しとの紐帯《ちゅうたい》感を得て生活の活力とする層もいるなど、消費行動に深さが生まれている。単に好きではなく、推すことの背景に、どのようなきっかけがあり、推しのためにどのような行動をするのか？

これまで見てきた9つの生活者クラスターのうち、音楽ディープダイバー層、Jポップアイドル推し層、令和トレンドセッター層、そして強火令和アイドル推し層の約3割以上が推し活をしている。そこにフォーカスをして、「コンテンツ調査」データに加えて、コンテンツビジネスラボが独自に実施した推し活層へのデプスインタビュー[※1]の結果も交えながら、その実態をより詳しく見ていきたい。

編集力や企画力を駆使して推しを布教する「音楽ディープダイバー層」【図2-16】

音楽ディープダイバー層は、これまで見てきたように、音楽コンテンツに対して、専門性や知識欲を発揮しながら楽しむ層である。

この層の推し活行動は、推しに関しての深い知識をフル活用して、「推しのコンテンツを、周囲の友人・知人にすすめて実際に利用してもらう（+8.5pt）」ほか、自らが推進者となって「推しに関するイベントを企画、主催する（+7.7pt）」「応援広告や駅広告を出す（+7.4pt）」

※1　2022年12月実施 全国10―20代男女に対するオンラインのフォーカスグループインタビュー（4名×6グループ・120分）

図 2-16 音楽ディープダイバー層の推し活実態

音楽ディープダイバー層
推計177万人(n数:217)

編集力や企画力を駆使して推しを布教する

作曲家や音楽プロデューサーなどの制作側にも目を向けるコアな音楽好き層。
ラジオ・新聞・雑誌・テレビといったマスメディア中心に情報を収集。
歌謡曲やシティポップなど昭和に流行した音楽を好む。

推し活比率

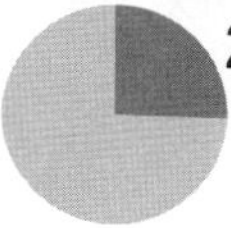

推し活:平均利用金額

7,472円
(−27,747円)

オンラインサービス平均支出額(差分TOP8)		数値=差分上位10%
バーチャルPFでのファン交流イベント	7,477円	(+3,704円)
アバターや3Dアイテムのカスタマイズ	4,528円	(+2,571円)
NFT商品の入手	4,733円	(+2,381円)
デジタルグッズの入手	3,009円	(+1,321円)
ファンクラブへの参加	7,483円	(+1,116円)
ファン同士のオンラインコミュニケーション	3,441円	(+1,031円)
クラウドファンディング	3,671円	(+911円)
バーチャルPFでの交流	2,025円	(+310円)

あなたが好きなコンテンツにのめり込む瞬間(差分TOP5)	
コンテンツやアーティスト、タレントが起用されている、企業のイベントや商品を購入するとき	+3.5pt
コンテンツやアーティスト、タレントについて、好きな人同士(ファン同士)でのイベント(生誕祭や即売会、カラオケイベント等)に参加したとき	+2.8pt
写真撮影やグッズ購入などを通して、自分しか持っていない表情の写真や、サイン入りのポスター、非常に珍しいイラストなどを手に入れたとき	+2.4pt
コンテンツやアーティスト、タレントの実施するライブや作品に、自分自身が小さな部分だったとしても、参加できたとき	+2.3pt
コンテンツやアーティスト、タレントのライブや交流会などを通して、コンテンツ、アーティスト、タレントが確かに存在しているんだと実感したとき	+2.1pt

推しのための行動(差分TOP5)	
推しのコンテンツを、周囲の友人・知人にすすめて実際に利用してもらう	+8.5pt
推しが出場するオーディションや投票企画等で投票にいそしむ	+7.8pt
推しに関するイベントを企画、主催する	+7.7pt
応援広告や駅広告を出す	+7.4pt
推しの魅力をまとめた資料を作成してSNSで投稿する	+5.3pt

「推しの魅力をまとめた資料を作成してSNSで投稿する（+5.3pt）」といったものだ。

「推し活」と聞いて、一般的に思い浮かべるグッズ購入やストリーミング再生などの手軽な消費や応援と比べて、お金はかけずに、「編集力や企画力を必要とする応援行動」をしている。

こうした編集力や企画力の原動力となるのが、もちろん推しの存在だが、では、どのような瞬間に推しにのめり込んでいるのだろう。

こちらも「コンテンツ調査」からその実態を見てみると、「コンテンツやアーティスト、タレントが起用されている、企業のイベントや商品を購入するとき（+3.5pt）」が、差分のトップとなっている。

音楽ディープダイバー層は、音楽専門誌以外に、広告が音楽の参考情報源になっている点が、他の層とは異なる特性であるというのは先述の通りだ。こちらのデータからも、企業のコミュニケーションとの親和性が比較的高めな層であると言えるだろう。

少し話題は変わるが、企業のコミュニケーションという視点に立った際に、念頭に置いておきたいのが、推し活層にとって「〝推しが商売道具〟として使われているように感じるとマイナスの印象になる」ことである。

企業は推しの理解者であることや、推しの新たな一面を見せる提案者であること、推し活層の推しに対する夢や希望を叶える代弁者であることなどの視点が重要になってくるだろう。

デプスインタビューでも企業タイアップに対して、「アイドルの人気にあやかって商品を売るためだけのコラボにはあまり惹かれない」「推しの魅力があまり引き出されていないときは残念だと思う」などの発言があった。

そうした点からも、タイアップでは、商品の魅力以外にも起用するアーティストの推し活層の気持ちとの掛け算が必須となってくることは強調しておきたい。

推しとのつながりを現場で深めて特別感を得たい「Jポップアイドル推し層」【図2-17】

Jポップアイドル推し層は、SNSの情報は積極的に活用しないが、Yahoo!JAPANや音楽専門誌などを中心に音楽情報源を収集している層だ。

この層は、アーティストやレコード会社・レーベルの公式サイトなどでの「推しからの全ての供給をウォッチする（+5.8pt）」ことで、推しの存在に喜びを実感している。そういった中で、さらにのめり込むのは、「コンテンツやタレントが、作品や制作に込めた気持ちや思いを知ったとき（+7.5pt）」だと言い、それによってさらなる応援消費をしていく。

加えて、公開情報のみならず、「推しのファンクラブやファンコミュニティに課金して所属する（+7.7pt）」ことで、ファンしか知らない特別な情報や、他のファンとの推しの良さを分かち合い、共同体でともに推すことにも楽しみを感じているようだ。デプスインタビューでも、その精神性が言動から垣間見られた。

たとえば、「日々つらいことを頑張るモチベーション」「生きる希望。人生のすべて。なくてはならない」など、推しが精神的な拠《よ》り所にまでなっている様子が見られた。

では、お金の使い方はどうだろうか。直近1年でのオンラインサービスに対する平均支出金額を見ると、「イベントの参加（+1万1681円）」「二次創作活動（+1万35円）」「有識者や評論家の情報取得（+5671円）」となっている。

イベント参加については、対面で推しを知ることができるため、そこにお金を払うことは厭《いと》わない姿勢が見られる。

また、二次創作活動により、一次創作の価値を伝播させることやコミュニティ内で自らが見つけた推しポイントを積極的に共有したいとの気持ちが見られる。有識者や評論家の情報取得については、より深い背景や楽曲の考察など専門的な視点での情報を得ること

図2-17 Jポップアイドル推し層の推し活実態

Jポップアイドル推し層
推計168万人(n数:206)

推しとのつながりを現場で深めて特別感を得たい

Jポップやアイドルを好み、特に坂道グループを推す層。アーティストやレコード会社の公式サイトをチェックしつつ、Yahoo! JAPANや音楽専門誌など自ら積極的に情報を取得。限定版を事前予約したりライブを楽しんだり消費も積極的。

推し活比率

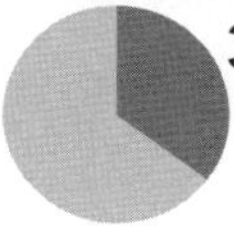

35.4%
+15.7pt

推し活:平均利用金額

35,775円
(+556円)

オンラインサービス平均支出額(差分TOP8) 数値=差分上位10%

イベントの参加	20,155円	(+11,681円)
二次創作活動	13,885円	(+10,035円)
有識者や評論家の情報取得	8,884円	(+5,671円)
クラウドファンディング	6,852円	(+4,093円)
イベントやライブの限定グッズ	14,809円	(+3,668円)
作品やチームのカフェやテーマパーク	5,827円	(+2,244円)
バーチャルPFでのイベント体験	4,635円	(+1,305円)
ファンクラブへの参加	7,370円	(+1,002円)

あなたが好きなコンテンツにのめり込む瞬間(差分TOP5)

コンテンツやタレントが、作品や制作にこめた気持ちや思いを知ったとき	+7.5pt
コンテンツやタレントの出演情報を調べているとき	+4.0pt
写真撮影やグッズ購入などを通して、自分しか持っていない表情の写真や、サイン入りのポスター、非常に珍しいイラストなどを手に入れたとき	+3.7pt
コンテンツやタレントの実施するライブや作品に、自分自身が小さな部分だったとしても、参加できたとき	+3.6pt
コンテンツやタレントについて、ファン同士でのイベントに参加したとき	+3.5pt

推しのための行動(差分TOP5)

推しのファンクラブやファンコミュニティに課金して所属する	+7.7pt
推しからのすべての供給(SNS、YouTube、CD、DVD、ラジオなど)をウォッチする	+5.8pt
推しへの貢献や応援を目的として、推しのグッズをたくさん購入する	+4.7pt
推しのランキングなどへの貢献を目的として、推しのweb上のコンテンツをたくさん再生する	+3.9pt
推しのランキングや評価などへの貢献を目的として、推しの出演するリアルイベントに参加する	+2.6pt

で、推しへの理解を深め、活動を充実させていく姿が想像できよう。

このように、Ｊポップアイドル推し層は、情報を深く掘り下げることで推しに対する愛情を深め、推しを精神的な支えとしている。

また、ファンクラブやイベント参加などに積極的にお金を投じることで、現場で特別感とともに推しとの結びつきを強固なものにし、共同体としての楽しみも大切にしている層である。

推しへの愛情表現と発信を通じて推しの魅力を自ら伝えたい「令和トレンドセッター層」【図2-18】

令和トレンドセッター層の推し活行動で特徴的なのは、推し活の中で、自らが手を動かして、推しの発信のためのコンテンツを作り広めることに喜びを感じている点だ。

「コンテンツ調査」では、「推し活をする際の振る舞いの特徴や、推し活を通じて喜びを感じた瞬間」に関しても聴取している。

この層は、「友人や知人、ネット上でのつながりがある相手などに推しの魅力を広め、結果的にファンが増えたり、誰かとつながりが生まれたりすること（+6.4pt）」や、「推しのイラストやグッズを自作したり、推しの魅力を詰め込んだ切り抜き動画をつくったりす

図 2-18　令和トレンドセッター層の推し活実態

令和トレンドセッター層

推計140万人(n数:171)

推しへの愛情表現と発信を通じて推しの魅力を自ら伝えたい

X や Instagram など SNS をメインに情報を収集し、SNS で話題になっているかを重視して音楽に触れる層。オタクであり推し活をしていることを自認している。デジタルメディアを中心にいち早く、新しい音楽をキャッチし、お金も使いながら楽しむ。

推し活比率

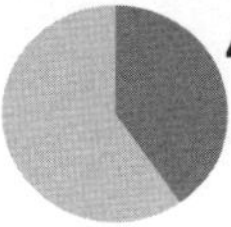

40.4%
+20.7pt

推し活:平均利用金額

74,165円
(+38,944円)

オンラインサービス平均支出額(差分TOP8)　数値=差分上位10%

タレントやコンテンツへの投げ銭	15,501円	(+11,705円)
イベントやライブの限定グッズ	20,153円	(+9,012円)
NFT商品の入手	10,000円	(+7,648円)
ゆかりの場所・聖地の巡礼	13,833円	(+3,519円)
ウェビナー、交流会	5,000円	(+1,009円)
ファンクラブへの参加	6,888円	(+521円)
作品やチームのカフェやテーマパーク	3,869円	(+286円)
作品や公演などのアーカイブ配信	4,408円	(-243円)

あなたが好きなコンテンツにのめり込む瞬間(差分TOP5)

コンテンツやタレントが、作品や制作にこめた気持ちや思いを知ったとき	+6.8pt
コンテンツやタレントによって、自分自身がかなりの時間楽しませてもらっているなと感じたとき	+5.3pt
コンテンツやタレントについて、ファン同士で語り合っているとき	+4.0pt
コンテンツやタレントが、自分自身を認識してくれたとき	+3.8pt
コンテンツやタレントの背景・これまでの経歴・過去の作品を知ったとき	+3.2pt

推しのための行動(差分TOP5)

推しからのすべての供給(SNS、YouTube、CD、DVD、ラジオなど)をウォッチする	+6.0pt
推しへの貢献や応援を目的として、推しのグッズをたくさん購入する	+5.9pt
推しのランキングなどへの貢献を目的として、推しのWEB上のコンテンツ(動画、音声など)をたくさん再生する	+5.1pt
推しのランキングなどへの貢献を目的として、推しの作品をたくさん購入する	+3.8pt
推しをイメージしたグッズをオリジナルで作成し、身にまとう	+3.6pt

ること（+5.2pt）」そのものに喜びを感じている傾向にあることがわかった。

創作したものが推しや他のファンに評価されることなど、自らが推しのために作ったものをファンと分かち合えた瞬間に、とくに喜びを実感している。自分自身が汗をかいて推しを表現することで、推しへの貢献の実感と充実感を抱いているようだ。

また、推しへの貢献活動として、「推しのグッズをたくさん購入する（+5.9pt）」だけでなく、ランキングを上げるために「推しのＷＥＢ上のコンテンツ（動画、音声など）をたくさん再生する（+5.1pt）」ことから、推しが世間的に認知される仕組みやその方法にも明るい層であることがわかる。そうした応援活動により成長していく推しの姿が自己投影され、自分自身の達成の１つとして充足感を感じていると言えよう。

Ｊポップアイドル層と変わらずに、「コンテンツやタレントが、作品や制作にこめた気持ちや思いを知ったとき（+6.8pt）」、推し活を通じて「自分自身がかなりの時間楽しませてもらっているなと感じたとき（+5.3pt）」に喜びを実感している。これは、ただ単に推しのことを知る以上に、感情的なつながりや、その先に推しの存在が生活に深く溶け込んでいると言える。

直近１年でのオンラインサービスに対する平均支出金額を見ると、「タレントやコンテンツへの投げ銭（＋１万１７０５円）」「イベントやライブの限定グッズ（＋９０１２円）」「ＮＦＴ商品の入手（＋７６４８円）」が、支出のトップ３となっている。

推しに対して、お金を払うという直接的な行動を通じて、貢献や感謝を伝えたいという欲求や、グッズやＮＦＴ（Non-Fungible Token の略で、ブロックチェーン技術を使用して作成されたデジタル資産の一種）商品の希少性を求めて、他のファンとの熱量の違いの主張や特別感を得たいという欲求が、令和トレンドセッター層の消費行動から読み取れる。

このように、令和トレンドセッター層は、推し活において創造的な参加を重視している。自作のイラストや動画を通じて推しの魅力を広め、他のファンや推しに評価されることに大きな喜びと充実感を得ている。

彼らはグッズ購入やＷＥＢコンテンツのリピート再生を行い、推しのランキング向上に努め、推しの認知度向上に対する意識が高い。

また、オンラインサービスへの支出も積極的で、タレントへの投げ銭、限定グッズの購入、ＮＦＴ商品の入手といった形で推しに直接的に貢献し、特別感を追求していると言える。これらの行動は、推し活を単なる応援を超えて、ライフスタイルの一部としていると言えるだろう。

推しまみれの生活が自らのエネルギーとなる「強火令和アイドル推し層」【図2-19】

アクティブ消費な3クラスターのうち、最も推し活をしている人の割合が多いのが、強火令和アイドル推し層である。

学生が中心であることから可処分所得に限界はあると想定されるが、推し活への年間平均利用金額は、全体平均を+4723円上回る結果となっている。推しのための行動の多くが音楽利用層全体に比べて、プラスに振れており、生活を推しで彩りたい。推しまみれ生活を楽しんでいる層だ。

お金の使い方について、より詳しく見ていくと、推しのランキングアップに貢献するためには、CDやグッズ購入には惜しまずにお金をかける。多少高額なファンクラブでも推しの世間での地位の向上や自身の推し活が充実するなら、出費を惜しまない人が多い。

オンラインサービスについては、「ウェビナー、交流会への参加(+1万8089円)」や「作品制作やチームの裏側の配信(+1万4242円)」などの支出が全体と比較して高い。

推しをただ応援や貢献するだけではなく、自らが司令塔としてより推しを世に発信していくために、その方法を深いところまで知りたい、実践したいといったプロデューサーやアンバサダーの気質があると言っても過言ではないだろう。

図 2-19　強火令和アイドル推し層の推し活実態

強火令和アイドル推し層

推計490万人（n数：599）

応援にとどまらない推しまみれの生活が自らのエネルギーとなる

K ポップ系のアイドルや J ポップアイドルを推している層。アーティストの公式情報やSNS など幅広く情報を収集。フェスやライブのようなリアルイベントや CD・DVD・BD といったパッケージなど支出先も多く、その金額は他クラスターと比してトップ。

推し活比率

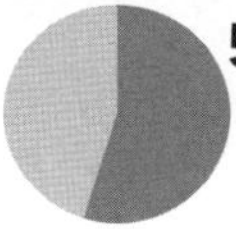

54.8%
+35.1pt

推し活：平均利用金額

39,942円
（+4,723円）

オンラインサービス平均支出額（差分TOP8）　数値＝差分上位10%

ウェビナー、交流会	22,080円	（+18,089円）
イベントの参加	24,669円	（+16,196円）
作品制作やチームの裏側の配信	19,886円	（+14,242円）
有識者や評論家の情報取得	14,928円	（+11,715円）
オンラインサロン	13,454円	（+10,180円）
ゆかりの場所・聖地の巡礼	19,594円	（+9,280円）
ライブコマースでの商品購入	11,315円	（+7,688円）
クラウドファンディング	9,388円	（+6,628円）

あなたが好きなコンテンツにのめり込む瞬間（差分TOP5）

コンテンツやタレントによって、自分自身がかなりの時間楽しませてもらっているなと感じたとき	+21.3pt
コンテンツやアーティスト、タレントの素に近い様子や人となりを知ったとき	+18.5pt
コンテンツやアーティスト、タレントが、作品や制作にこめた気持ちや思いを知ったとき	+16.4pt
コンテンツやアーティスト、タレントの背景・これまでの経歴・過去の作品を知ったとき	+16.3pt
コンテンツやアーティスト、タレントを知った、出会ったとき	+16.0pt

推しのための行動（差分TOP5）

推しからのすべての供給（SNS、YouTube、CD、DVD、ラジオなど）をウォッチする	+24.6pt
推しのファンクラブやファンコミュニティに課金して所属する	+17.8pt
推しが持っているものや好きなものを、自分でも買ったり視聴したりする	+14.7pt
推しに関する情報は何でも把握したくて検索する（公式サイト、まとめサイト、関連する人物のSNSなど）	+14.6pt
推しへの貢献や応援を目的として、推しのグッズをたくさん購入する	+12.9pt

このように積極的に消費をする層だが、どんな瞬間に推しにのめり込んでいったのかと言うと、Ｊポップアイドル推し層や令和トレンドセッター層の推し活層と共通するのが、推しをより知ったときや、自身が楽しい時間を過ごせているという充足感を得たときだということ。さらに、「推しが自分自身の価値観と合っていると感じたとき（+14.4pt）」や「自分の境遇を応援してくれる、癒やしてくれているように感じたとき（+13.2pt）」も特徴として表れている。

「推しも頑張るから自分も頑張って貢献する」といった応援や貢献の心理以外に、紐帯といった推しとの精神的な共鳴や感情の合致など、深い共感状態を得られていると言えよう。

推し活が日々つらいことを頑張るモチベーションであり、推しが頑張っているから自分も頑張るといった、自身のエネルギーにもつながっていることがわかる。

まとめると、強火令和アイドル推し層は、学生が中心でありながら推し活に対して平均以上の金額を投じ、推しのランキング向上や活動の充実のためにＣＤやグッズの購入、高額なファンクラブへの加入を惜しまないことから、彼らの推しに対する献身的な姿勢は明らかである。

推しとの精神的な共鳴や感情の合致を感じる瞬間にとくにのめり込み、これが彼らにとって大きな生活のモチベーションとなり、日々のエネルギー源として機能していると言えそうだ。

推し活は、この層にとっては単なる趣味を超え、生活の一部であり、精神的支えとして不可欠な存在となっていると言えるだろう。

第2章まとめ

このように、9つのクラスターが分散しており、それぞれ重視する情報源や使用する音楽サービス、音楽の楽しみ方が異なることがわかる。

企業が音楽コンテンツを活用してコミュニケーションを仕掛ける際や、アーティストサイドが新規リスナーを獲得していくためには、それぞれのクラスターの音楽の嗜好に合わせてプランニングをしていく必要がある。

昭和の時代は、主に、マスメディアやフィジカルの購入が音楽と出会う大きな接点のひとつとなっていたが、ここまで見てきた通り、現在はYouTubeや音楽ストリーミングサービス、ショート動画など、さまざまなプラットフォームによって、無料で音楽を聴く環境が整っている。

そのため、レーベルや音楽業界の力を借りずとも、生活者に対して、新しいアーティストに出会うチャンスが平等に提供されていると言えよう。一方で、音楽コンテンツの情報接点が多様化する中で、どのように音楽が広まっていくのか、捉えづらい構造になっていることも事実であり、音楽コンテンツを扱うマーケッターにとっては、頭を悩ませる状況とも言えよう。

こうした問題意識を念頭に、次章では、ストリーミングやショート動画が普及した音楽環境において各クラスターがどのように新しい音楽を発見し広げていくのか、そのメカニズムを口コミの拡散という視点から考えていきたい。

第3章

フィードコンテンツとヒットの方程式

「作品そのものではない情報」がヒットを生み出す可能性

「恋ダンス」でヒットした「逃げ恥」と《恋》

コンテンツビジネスラボでは、音楽ストリーミングサービスが普及し始めた2016年頃から大ヒットと呼ばれるような映画、ドラマ、音楽、ゲームのヒット現象が起きる際に次のような仮説を提唱した。

「コンテンツの作品そのものではない情報が、コンテンツ消費のきっかけになる機会を作っているのではないか」

ここで言う「作品そのものではない情報」とは、たとえば、作品周辺の小ネタ（裏話や出演者のエピソード、制作秘話など）やエンディング映像・WEBニュースや作品、有識者による作品の批評や周辺情報を指す。生活者自身が作品の評価や作品自体に関連するネタ投稿を行うUGC、自分が見た作品やコンテンツに関して自分なりの感想をインターネットやSNS等でシェアされる口コミ情報なども含まれる。

我々はそうしたコンテンツの付帯情報を「フィードコンテンツ」と名付けた。「フィード」とは、直訳すると「餌《えさ》・食べ物」で、ここでは〝思わず生活者が食いついてしまうような情報〟をイメージしている。

このような「フィードコンテンツ」が、コンテンツ消費のきっかけとなり、大ヒットにつながった事例として、２０１６年のＴＢＳドラマ『逃げるは恥だが役に立つ』、略して「逃《に》げ恥《はじ》」で起きた現象について少し解説をしたい。

「逃げ恥」と「恋ダンス」と呼ばれる「踊ってみた動画」がフィードコンテンツとして「逃げ恥」のヒット、並びに主題歌である《恋》のヒットに大きく貢献した。２０１６年10月13日、エンディングで披露されている恋ダンス映像のフルバージョンがＴＢＳのYouTube公式チャンネルにて期間限定で公開され、恋ダンスと第２話予告を合わせた動画の公開終了時（10月18日23:59）に再生回数約６０９万回を記録した。

この再生回数は、ＴＢＳ公式YouTubeチャンネル上で当時、過去最高の再生回数となった。ＴＢＳの発表によると、２０１６年11月29日時点でYouTubeにおける累計動画再生回数は５０００万回を超え、「逃げ恥」自体を知ってもらうことに大きく貢献した。

また、恋ダンス自体はYouTube、Twitter、InstagramといったＳＮＳ上を中心に恋ダンスを真似して踊る「踊ってみた」動画が話題となった。

モデルプレスは、2016年10月27日17時時点でInstagram上にて「#恋ダンス」と検索すると4000件以上のユーザー投稿が見つかるブームになっていると報じ、芸能人の踊ってみた動画がYoutubeやSNSで大量に拡散され、一般の人が「逃げ恥」のドラマや《恋》に興味を持つきっかけとなった。

ワイズワークスプロジェクトが2016年11月14日〜12月13日の期間で行った調査によると、YouTube上で「恋ダンス」+「踊ってみた」のキーワードの組み合わせによる上位100位の動画合計視聴回数は約8000万回だった。いわゆる恋ダンスの「踊ってみた動画」がフィードコンテンツとしてヒットに大きく寄与した。

図3-1は「逃げ恥」の視聴率推移だが、初回10・2%からみるみる視聴率が上がり続け、最終回には20・8%にまで上昇しており、視聴率への影響は大きかった。

《恋》はBillboard Japan Hot 100総合シングルチャートで7週連続、通算11週にわたり週間1位を獲得。2017年のBillboard Japan Hot 100年間総合ソングチャートは第1位となり、星野源の代表曲となった。

図 3-1

『逃げるは恥だが役に立つ』の視聴率推移

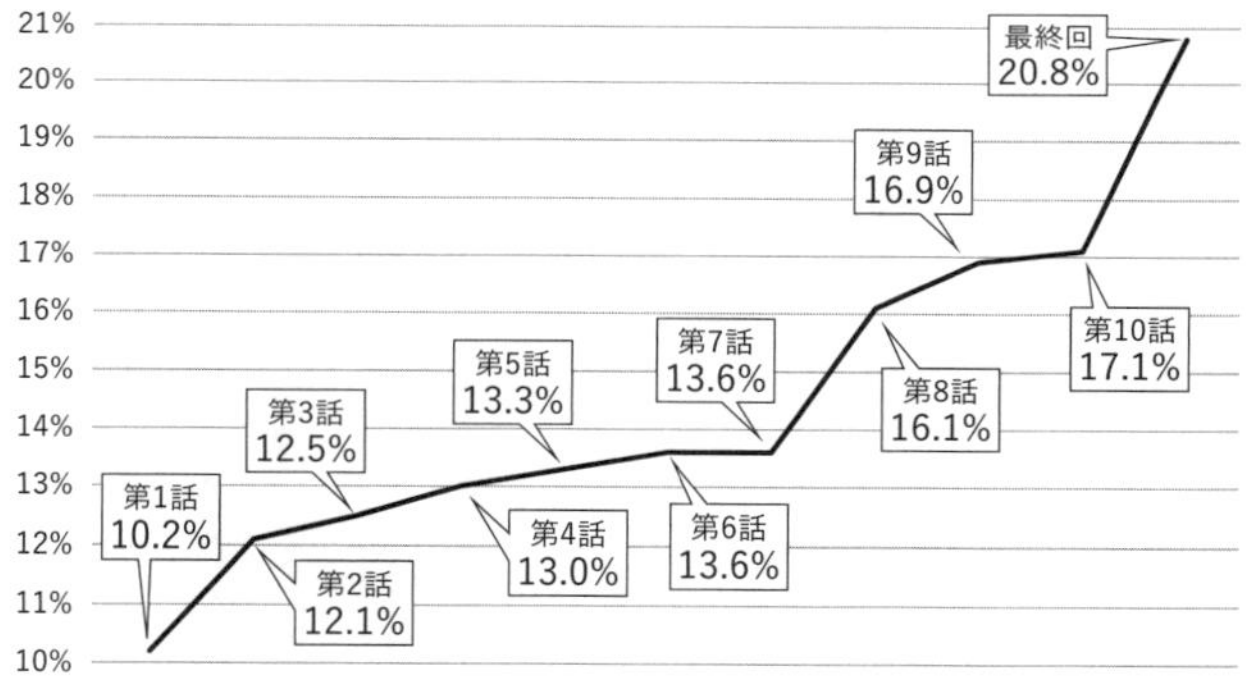

ショート動画プラットフォームの登場

第1章でも触れた通り、TikTokが日本に上陸したことによって、ショート動画プラットフォームでフィードコンテンツを手軽に生成できるようになった。その後YouTube、Instagram、Facebookなどでもショート動画に対応し、ショート動画を立ち上げると、流行りの音楽を使った「踊ってみた」「歌ってみた」「演奏してみた」動画は毎日のように見ることができるようになった。Adoの《うっせぇわ》、SEKAI NO OWARIの《Habit》、新しい学校のリーダーズの《オトナブルー》は、TikTok上で踊ってみた動画が量産されたり、楽曲を使ったおもしろ動画＝フィードコンテンツが溢れ、ミーム現象（動画や画像がネット空間で拡散される現象）でヒットしたのはみなさんもご存知だろう。ショート動画プラットフォームでは、ユーザー全員が簡単にクリエイターになることができる。プロと遜色のないクオリティで作られる動画は、良質なフィードコンテンツとしてアーティストの音楽ヒットに大きく影響しているとも言えるだろう。

そういった動画をきっかけにプロのアーティストになった例も出てきており、ユーザーがフィードコンテンツを創作・投稿するモチベーションも今後どんどん高まっていくだろう。

ここからは、第2章で紹介したクラスターにおけるフィードコンテンツに対する意識やどういったフィードコンテンツを創作するのか、またクラスターを通じてフィードコンテンツを受容し、周囲に新たな口コミとして広げていく行動の違いやヒットとの関係性について調査データを通じて考察していく。

推し活層の熱量が良質なフィードコンテンツを生み出す

「コンテンツ調査」では、フィードコンテンツを生み出す生活者に関する行動をいくつか聴取している。図3－2はその行動をまとめた表だ。

「画像／動画を編集し動画サイトに投稿」好きなコンテンツの画像や動画を自ら編集してSNSやYouTubeなどの動画サイトにアップしたことがある（13・4％）

「好きなコンテンツの画像／動画をSNSに投稿」自分が好きな作品に関する画像や写真、動画をソーシャルメディアに投稿したことがある（17・9％）

「SNSで#ハッシュタグ投稿」SNS内で、ハッシュタグ（#）を付けて投稿をする（18・4％）

「流行っているコンテンツを真似して投稿」SNSで流行っているコンテンツを真似して投稿する（10・9％）

このような行動は全体ベースで見ると1～2割程度だが、第2章で紹介した推し活を行っている比率の高い強火令和アイドル推し層、Ｊポップアイドル推し層、令和トレンドセッター層、音楽ディープダイバー層でフィードを生み出す行動を積極的に行っていることがわかる。

この結果から、推し活を行っているクラスターは、アーティストの活動（楽曲リリース、ライブ、ファンイベント）を体験し、その喜怒哀楽を自身の得意なメディアやプラットフォームで表現するフィードを積極的に生成していると言えそうだ。

コンテンツに対して時間的、心理的、金銭的労力を惜しまず、アーティストの魅力を動画や画像を加工・編集し、自分が生息するＳＮＳやサービスプラットフォームで投稿する。音楽ファンの気持ちやアーティスト、楽曲のいいところを代弁してくれる人々で、ヒットを生み出すうえで重要な存在と言えるだろう。

ここからは、各クラスターのプロファイルを確認しながら、クラスターごとにフィードを作りたくなる動機と行動、どんなフィードコンテンツをどのようなメディアやプラットフォームで共有していくかについて考察していく。

図3-2

フィードコンテンツ生成行動

		推し活比率（19.7%）	画像/動画を編集し動画サイトに投稿（13.4%）	好きなコンテンツの画像/動画をSNSに投稿（17.9%）	SNSで#ハッシュタグ投稿（18.4%）	流行っているコンテンツを真似して投稿（10.9%）
推し活層	強火令和アイドル推し層（約490万人）	54.8%（+35.1pt）	21.4%（+8.0pt）	35.2%（+17.3pt）	39.2%（+20.8pt）	13.9%（+3.0pt）
推し活層	Jポップアイドル推し層（約168万人）	35.4%（+15.7pt）	18.4%（+5.0pt）	20.9%（+3.0pt）	26.7%（+8.3pt）	11.2%（+0.3pt）
推し活層	令和トレンドセッター層（約140万人）	40.4%（+20.7pt）	24.6%（+11.2pt）	35.1%（+17.2pt）	35.1%（+16.7pt）	15.2%（+4.3pt）
推し活層	音楽ディープダイバー層（約177万人）	25.8%（+6.1pt）	24.9%（+11.5pt）	26.3%（+8.4pt）	20.7%（+2.3pt）	18.4%（+7.5pt）
口コミ推奨層	音楽で井戸端会議層（約293万人）	20.7%（+1.0pt）	11.7%（-1.7pt）	14.8%（-3.1pt）	19.0%（+0.6pt）	7.5%（-3.4pt）
口コミ推奨層	令和の王道リスナー層（約624万人）	20.4%（+0.7pt）	12.6%（-0.8pt）	16.4%（-1.5pt）	18.9%（+0.5pt）	7.6%（-3.3pt）
口コミ推奨層	ストリーミングチャートザッピング層（約96万人）	31.6%（+11.9pt）	17.1%（+3.7pt）	29.1%（+11.2pt）	37.6%（+19.2pt）	13.7%（+2.8pt）
口コミ推奨層	ボカロ&ネット系音楽愛好家層（約145万人）	20.9%（+1.2pt）	13.0%（-0.4pt）	17.5%（-0.4pt）	19.2%（+0.8pt）	6.2%（-4.7pt）
口コミ推奨層	昭和音楽愛好家層（約105万人）	12.5%（-7.2pt）	10.2%（-3.2pt）	14.1%（-3.8pt）	14.1%（-4.3pt）	4.7%（-6.2pt）

①音楽ディープダイバー層のフィードコンテンツ

〈駆り立てられる衝動と行動〉昭和カルチャーの良さを若い人に知ってもらいたい！

まず、昭和を代表する推し活層である音楽ディープダイバー層について考察する。この層は、推しているアーティストの音楽専門誌やＷＥＢメディアでの取材、番組出演でのトークを常に追いかけている。そして、アーティストの音楽を通じて伝わる社会や生活者の感情に共感し、その魅力をコアファンとして世の中に伝えたいという強い思いを抱いている。改めて、「歌謡曲」の定義を見てみると、『日本国語大辞典』（小学館）では、「大衆に広く親しまれることを目的に、西洋音楽の技法を取り入れて作詞・作曲され、主にレコード、ラジオ、テレビ等のマスメディアを通じて伝えられていく歌」とされている。

この音楽ディープダイバー層は、マスメディアの限られた時間では伝えきれない楽曲の思いや背景を、自らの時間と労力を惜しまずに語りたいと考えるタイプである。

〈フィードコンテンツ〉大作とも言える文章で思いを綴り、トークライブで思いを表現

音楽専門誌やマスメディアを読み漁ることに労力を惜しまない音楽ディープダイバー

層は、推しの魅力をまとめた資料を作成してSNSで投稿する（+5.3p）傾向が強く、音楽ライターと同じ熱量でブログやnoteに思いを長文で綴《つづ》り、SNSでも思いを伝える目的で投稿する。これらは2時間映画クラスの非常に濃密でクオリティの高い感動巨編となっており、プロ顔負けのものが多い。また推しに関するイベントを企画、開催する（+7.7pt）こともあり、YouTubeライブなどで配信したり、少人数規模のイベントを主催する。

ただ、音楽ディープダイバー層のフィードコンテンツは、タイパや効率性を重視する令和世代にとっては少々長すぎる内容になっているのが玉にキズで、本人の熱い思いを他の層が等身大で受け取るには少し重たい。

しかし、プラットフォーム側からも優良なフィードコンテンツと評価されていることが多く、他の層が気になるアーティストを検索するとランクの上位に上がってきたりする。他の層が、興味を持ったときに参考となる情報を提供していることは確かであり、Wikipediaと併せて有益な情報源となっている。

②Jポップアイドル推し層のフィードコンテンツ

〈駆り立てられる衝動と行動〉限定イベントで推しへの愛情をアピールしたい！

次に取り上げるのは、アイドル総選挙で推しのＣＤを大量に購入するなど、積極的に推し活を楽しんできたＪポップアイドル推し層である。

この層は、推しのアイドルに関する情報をマスメディア、ＷＥＢサイト、ＳＮＳ公式アカウントなど、あらゆる手段を駆使して集め、推しへの理解と想像力を深めていく。とくに限定モノ・限定ライブに弱く、一度きりのライブや特別な瞬間を目《ま》の当たりにすることに強い情熱を抱き、過去一度も体験したことがないパフォーマンスや、推しの魅力に出会えることを生きがいとしている。

〈フィードコンテンツ〉ハッシュタグを使い、写真や文章でエモーショナルに愛情を表現

Ｊポップアイドル推し層は、推しが作品や楽曲に込めた思いに対して独自の解釈や共感ポイントを持ち、ライブやイベントに臨む。そして、ライブや対面イベントで推しに対して愛情を表現し、ライブ後には記念撮影を行う。その思い出や感情をフィードコンテンツとして、ハッシュタグを活用してSNSに投稿することが多い。さらに、自分の推しをアピールするアイテムを身につけ、推しを応援する姿を示し、それもSNSで共有する。

しかし、これらの投稿は、推しのパーソナリティや過去のキャリアを深く理解していないと、一般の人にはその魅力が伝わりにくいことがある。

ただし、写真、ハッシュタグ、文章の組み合わせが、推し本人や運営側も気づいていないフォトジェニックで魅力的な奇跡の表現に化けたフィードコンテンツになっていることがあり、他の層が初めて推しを知る際に、感情を揺さぶられるきっかけとなっている。

③強火令和アイドル推し層のフィードコンテンツ

〈駆り立てられる衝動と行動〉推しの評判、売上にはどんな手段でも貢献したい！

3番目に取り上げるのは、強火令和アイドル推し層だ。この層は、自らアンバサダーのようにプロモーション活動をSNSに投稿する。推しのチャート順位の上昇や社会的評判を築くために、時間的・精神的・金銭的な貢献を惜しみなく行うのが特徴だ。この層もJポップアイドル推し層と同様に、推しからのすべての供給（SNS、YouTube、CD、DV

D、ラジオなど）をウォッチ（+24.6pt）する。
また、この層は推しのパフォーマンスや歌唱力、演技力などがグローバルで通用する存在になることを信じ、そのための活動を行っている。

彼らは「大衆に推しを知ってもらい、推しのビジネスに貢献する」ことを目指し、プロ顔負けのプロモーションを行う気力を持つ存在である。いわゆるファンダムと呼ばれるこの層は、ファンマーケティングにおいて重要な役割を担いつつあり、社会的評判や推しの存在をアピールする良質なフィードを生み出す存在である。


〈フィードコンテンツ〉プロ顔負けのプロモーションを展開

強火令和アイドル推し層は、推しのプロデューサー的存在であることを自負しており、プロと同じ目線で売上拡大や社会的評判につながる優良なフィードコンテンツを生み出す層である。デジタルリテラシーが高く、プラットフォームのアルゴリズムを理解しているため、MVの再生回数増加やストリーミングランキング上昇のために必要な編集や加工の方法論にも精通し、素早く良質なフィードを生み出せることが特徴である。

新しい楽曲がリリースされると、強火令和アイドル推し層は、公式MVから推しの魅力がグローバルレベルで伝わるポイントを見つけ出す。そして、「この楽曲が大衆に支持される理由5つ」といったサムネイルを作成し、なぜこのパフォーマンスが優れているのかをわかりやすく解説するフィードコンテンツを作成してYouTubeに投稿する（8.0pt）。

また、楽曲の中で中毒性の高いフレーズを見つけ出し、そのフレーズをハッシュタグに引用して「#（アーティスト名／楽曲名）　#エモい！　#みんなで歌おう！」と投稿（+20.8pt）したり、みんなが踊りたくなるようなダンスをピックアップして、踊ってみたショートムービーを投稿（+3.0pt）するなど、推しのために惜しみなく良質なフィードコンテンツを提供し続ける。

さらに、ウェビナーイベントやオンラインサロン、ライブコマース、クラウドファンディングといったイベントへの参加や資金提供にも積極的である。たとえば、なかなかアーティスト自身やレーベル側的にプロモートの予算が割けない推し個人のイベントだ。

そこで、推しのマスメディアでは出せない素の姿や推しのチーム内での仲の良さを見出《みいだ》し、「#○○と××のケミ最高」「#ケミ尊《とうと》い」といった長期間推しを追いかけないと作成できない奥ゆかしいフィードを作ることもある。推しにとって非常にありがたい存在である。

④令和トレンドセッター層のフィードコンテンツ

〈駆り立てられる衝動と行動〉共感ポイントを代弁し、アーティストをグローバルに届けたい

最後はSNSや動画配信サービスの「おすすめ」機能を活用（+11.1pt）し、レコメンドされることを意識しながら独自の表現方法でフィードコンテンツを作成する令和トレンドセッター層である。

推しの情報をSNSやブログで検索（+15.2pt）し、自分の共感する世界観を持つアーティストを見つける。そしてそのアーティストの世界観と自分の共感ポイントをもとに、自らの思いを交えたコンテンツを創作し、動画や画像として発信する。

この層は、独自の視点でアーティストの魅力を引き出し、視覚的・感覚的に訴える表現を通じて、その魅力を広めることに喜びを感じているのが特徴だ。

〈フィードコンテンツ〉ショート動画のアルゴリズムをハックし、アーティストの世界観に自分の思いを重ねて創作

令和トレンドセッター層は、動画編集ツールや生成ＡＩなどのフィードコンテンツを作るツールにも明るく、ショート動画のアルゴリズムに関する理解も深い。そのため、推しに関する独自の愛情・感情を表現する動画を創作し、作成者本人が持つ世界観も交えながらクリエイターのように表現しようと試みる次世代の応援活動が行える層である。

投げ銭イベントやNFTの限定グッズ制作秘話などの背景に隠されたアーティストの伝えたいポイントに共感したときは、その共感ポイントを表現する推しをイメージしたグッズを作成し、身にまとう（+3.6pt）など、創作意欲が高いのが特徴である。

ただ、令和トレンドセッター層が作るフィードは未知数のものが多く、アーティスティックな作品が多いが、一度ショート動画側のアルゴリズムにクリエイティブな作品だと評価された瞬間にグローバルレベルでおすすめに乗る可能性も今後はあるかもしれない。

気に入ったアーティストを拡散する4つの「口コミ推奨層」

これまで、推し活層の音楽への向き合い方や、得意とする情報メディアやプラットフォームで生み出されるフィードコンテンツの特徴について考察してきた。

共通しているのは、各層がアーティストに対する強い情熱を持ち、自分なりの視点で創意工夫を凝《こ》らしながらフィードを生み出している点である。

それぞれの層は、まるでミュージシャンやレーベル、メディア、ライター顔負けのコンテンツを制作している。しかし、どのフィードにも共通する課題として、推しへの熱量が強すぎるあまり、情報量が多すぎたり、音楽やアーティストに関する事前知識がないと理解しにくい場合がある。

ＳＮＳやショートムービーに慣れた世代はタイパを重視するため、解読に10分以上かかるフィードは読み飛ばされてしまうことも少なくないだろう。ただ、このようなフィードコンテンツは「恋ダンス」のようにアーティストの魅力を知るきっかけとなり、自分の友人や知人に広げるヒットの原動力につながる可能性を秘めている。

「コンテンツ調査」では、フィードに関する情報収集行動をいくつか調査している。図３－３はそちらをまとめた表だ。

「ＳＮＳやブログで検索する」作品に対する感想や意見を、ソーシャルメディアやブログなどのネット媒体でよく調べる（22・8％）

「ＳＮＳタイムラインをきっかけにコンテンツを購入」ＳＮＳ上でのニュースフィードや

図 3-3

フィードコンテンツ情報収集行動

		口コミ推奨率(22.4%)	SNSやブログで検索する(22.8%)	SNSタイムラインをきっかけにコンテンツを購入する(20.8%)	SNSで#ハッシュタグ検索(23.2%)	SNS/動画配信サービスの「おすすめ」利用(25.5%)
推し活層	強火令和アイドル推し層(約490万人)	42.7%(+20.3pt)	53.4%(+30.6pt)	39.9%(+19.1pt)	54.1%(+30.9pt)	46.4%(+20.9pt)
推し活層	Jポップアイドル推し層(約168万人)	33.0%(+10.6pt)	30.1%(+7.3pt)	27.2%(+6.4pt)	26.2%(+3.0pt)	31.6%(+6.1pt)
推し活層	令和トレンドセッター層(約140万人)	29.2%(+6.8pt)	38.0%(+15.2pt)	30.4%(+9.6pt)	54.4%(+31.2pt)	45.0%(+19.5pt)
推し活層	音楽ディープダイバー層(約177万人)	30.9%(+8.5pt)	29.5%(+6.7pt)	30.0%(+9.2pt)	24.0%(+0.8pt)	29.0%(+3.5pt)
口コミ推奨層	音楽で井戸端会議層(約293万人)	32.4%(+8.5pt)	31.6%(+8.8pt)	27.4%(+6.6pt)	31.0%(+7.8pt)	32.4%(+6.9pt)
口コミ推奨層	令和の王道リスナー層(約624万人)	29.4%(+7.0pt)	32.6%(+9.8pt)	28.6%(+7.8pt)	26.3%(+3.1pt)	32.6%(+7.1pt)
口コミ推奨層	ストリーミングチャートザッピング層(約96万人)	37.6%(+15.2pt)	39.3%(+16.5pt)	35.0%(+14.2pt)	50.4%(+27.2pt)	42.7%(+17.2pt)
口コミ推奨層	ボカロ&ネット系音楽愛好家層(約145万人)	18.6%(-3.8pt)	31.6%(+8.8pt)	28.8%(+8.0pt)	26.0%(+2.8pt)	35.0%(+9.5pt)
口コミ推奨層	昭和音楽愛好家層(約105万人)	21.1%(-1.3pt)	21.1%(-1.7pt)	18.8%(-2.0pt)	16.4%(-6.8pt)	25.8%(+0.3pt)

タイムラインで得た情報をきっかけにコンテンツや関連商品を購入したことがある（20・8％）

「SNSで#ハッシュタグ検索」SNS内で、ハッシュタグ（#）で検索を行う（23・2％）

「SNS／動画配信サービスの『おすすめ』利用」SNSや動画配信サービスで、おすすめされてくるコンテンツを利用する（25・5％）

ここで注目したいのは、音楽で井戸端会議層、令和の王道リスナー層、ストリーミングチャートザッピング層、ボカロ&ネット系音楽愛好家層の4層である。図2-6からわかるように、この4層は音楽が好きでありながら、音楽消費金額は「推し活層」よりも少ない。また、情報収集も消極的で、マスメディアに取り上げられる前の時点では、アーティストの公式アカウントやWEBを見ることがあまりない。

一方、図3-3から読み取れるのは、この4層は音楽を知る際に「SNSやブログで検索」「SNSタイムラインをきっかけにコンテンツを購入」「SNSで#ハッシュタグ検索」「SNS／動画配信の『おすすめ』利用」で情報を得ることが多く、フィードコンテンツへの情報行動が積極的であるということ。

とくに、音楽で井戸端会議層、令和の王道リスナー層、ストリーミングチャートザッピング層の3クラスターは、「自分が好きな作品を、幅広い人に薦めたい／薦めている（全体22・4％）」と答えた人の割合が大きく、「推し活層」と遜色ない。つまり、自分が気に入った・広めたいアーティストを見つけるとポジティブに周囲の人に広げてくれる、「口コミ推奨層」ともいえるのだ。フィードコンテンツを通じて音楽を知り、気に入ったアーティストを周囲に拡散する「アンプ機能」を持っているのである。この点で、彼・彼女らは国民的ヒットを生む上で重要なクラスターと考えるべきだろう。

これから、この4層がどのようにフィードコンテンツに出会い、どのような方法でお気に入りの音楽を周囲に広げていくのかを明らかにし、ヒットのきっかけとなる情報伝播について考察したい。

①音楽で井戸端会議層

〈フィード入手経路〉リアル口コミ／ネット検索／SNSタイムライン

既婚40〜50代が多く、リアル口コミを情報源に昭和からの歌謡曲やランキング上位のJポップを楽しむのが音楽で井戸端会議層だ。

音楽利用層に占めるボリュームも10％程度あり、音楽への消費金額も全体平均よりやや低いものの5番目に高いため、ビジネス上無視できないクラスターだ。

この層の特徴は「友人や知人、家族と一緒に、作品に対する感想で盛り上がるのが好きだ（+24.8pt）」という点であり、友人と井戸端会議やカラオケで盛り上がれそうなアーティストについて、ネットでフィードコンテンツを検索（+8.8pt）したり、SNSのタイムラインで流れてきた友人・知人のフィードコンテンツをきっかけに音楽を消費する（+6.6pt）のも特徴だ。

〈フィード&アンプ機能〉友人・家族で盛り上がったエピソードを周囲に拡散

音楽で井戸端会議層は、自分の友人・知人との井戸端会議やカラオケなどを通じて、親しみやすくポジティブな口コミを交えて、周囲に「このアーティストの歌は本当に上手い！」「メロディが耳に残る」「歌詞が心に響《ひび》く」「カラオケで絶対盛り上がるよ！」といった感想を、具体的なエピソードとともに共有することが得意だ。

たとえば、「友達とカラオケに行ったとき、この曲を歌ったら大盛り上がりだった！」「家族でドライブ中にこの曲を流したら、みんなが大声で絶叫して楽しかった」など、リアルな体験を交えて感想を伝える。

さらに、LINEを使って親しい友人や家族に「このアーティストいいよ！」「この曲を聴いてみて」とメッセージを送り、エピソードを交えて共有する。また、「この曲を聴いて泣いた」「懐かしい気持ちになった」「このアーティストのライブに行きたい！」といった共感を伴うコメントを残すことも多い。

このように自分の感情や経験を交えた具体的で共感しやすい口コミを通じて、音楽の魅力を周囲に伝えることが得意だが、そのフィードコンテンツはリアルな場や限定されたネットワーク内での拡散にとどまるため、不特定多数がアクセスできない点に留意したい。

②令和の王道リスナー層

〈フィード入手経路〉ネット検索／SNSタイムライン

続いては、男性40～60代の比率が高く、音楽利用層のうち全体の22%を占め、音楽利用層の最大勢力のひとつである令和の王道リスナー層を見てみよう。

この層は、YouTubeやYouTube Music、Spotifyなどの動画・ストリーミングサービスを使いこなし、テレビ番組での流行もチェックしつつ、令和のビルボードヒットチャート上位のアーティストを押さえたい層だ。音楽の楽しみ方としては、メロディ、歌唱力、音楽性といった昭和・平成のスタイルを踏襲しているのが特徴である。

テレビ番組やYouTubeチャートランキングで知ったアーティストの作品に対する感想や意見について、「ソーシャルメディアやブログなどのネット媒体でよく調べる（+9.8pt）」「スマホで画像検索や翻訳をする（+4.3p）」などと情報収集を行う。

また、「世の中にもっと認められるべき作品があると思う（+22.5pt）」という意識が強く、自分が気に入った周囲に知られていないアーティストを発掘したいという欲求も持っている。

〈フィード&アンプ機能〉推し活層のフィードを使って自分の共感ポイントをSNSに拡散

自分が気になるアーティストを見つけた令和の王道リスナー層は、推し活層が創作したフィードコンテンツを検索し、「このアーティストのメロディは素晴らしい」「歌唱力が抜群で聴き応えがある」「音楽性が深く感動する」といった、メロディ、歌唱力、音楽性をライトに評論することが多い。

また、「もっと多くの人にこのアーティストを知ってほしい」「この曲は本当に素晴らしいので、ぜひ聴いてほしい」といった自分の共感ポイントを含んだフィードコンテンツを利用して、親しい友人や家族と話題にしたり（+10.4pt）、ＳＮＳで「このアーティストの新曲を聴いてみて！」とメッセージを投稿し、音楽の魅力を広める。

令和の王道リスナー層は、詳細な評価や分析を伴う口コミを通じて、音楽の魅力を伝えるアンプ機能の役割を果たす重要なクラスターである。

③ストリーミングチャートザッピング層

〈フィード入手経路〉ネット検索／SNSタイムライン／ハッシュタグ検索／SNSおすすめ

続いて、20～30代が多く、Apple Musicを中心に最新のヒットチャートをチェックするストリーミングチャートザッピング層を考察する。

この層は、「ランキングの上位層のものをよく購入する（+7.6pt）」傾向があり、ヒットチャート上位のアーティストの中から自分の好きな歌詞や世界観に合った楽曲を見つけるのが特徴である。

また、「気に入った作品は有料でも繰り返し利用する（+29.0pt）」という特徴を持ち、音楽への支出は控えめながらも、気に入ったアーティストがいればその楽曲をヘビーローテーションで楽しみ、推し活を行う人（+11.9pt）も一定数存在する。

さらに、InstagramとLINEの週1利用率がナンバーワンであり、TikTokの利用率も口コミ推奨層の中ではトップである。最新のSNSプラットフォームやショート動画を使いこなす層であるため、「SNSやブログで検索（+16.5pt）」「SNSタイムラインをきっかけにコンテンツを購入する（+14.2pt）」「SNSでハッシュタグ検索（+27.2pt）」「SNS

／動画配信サービスのおすすめを利用する（+17.2pt）」と、フィードコンテンツに対する情報収集意欲が口コミ推奨層の中で最も高い。ストリーミングランキング上昇中のアーティストやショート動画で人気になっているコンテンツをさらにブーストしてくれる層だ。

〈フィード&アンプ機能〉ハッシュタグやショート動画でライトなフィードを拡散

ストリーミングチャートザッピング層は、Apple MusicやSNSを駆使して最新の音楽トレンドを追い、自分の感情や共感を込めたフィードコンテンツをショート動画やハッシュタグ投稿で発信する層である。

推し活層が作成したディープで本格的なフィードコンテンツをハッシュタグ検索やタイムライン上のフィードを通じて探り、アーティストの魅力を掘り起こす。気に入ったアーティストにハマっていくとApple Musicでプレイリストを作成し、友人に共有する。

また、アーティストの画像や動画をInstagram、LINE、TikTokに投稿し、「#今聴いてる曲」「#お気に入りアーティスト」などのハッシュタグを使って拡散する。

さらに、「#この曲の歌詞が本当に心に響いた」「#アーティストの世界観が素晴らしい」「#この曲を聴くと元気が出る」「#この曲のメロディが素敵」「#歌唱力が圧倒的」

といった共感を強調する口コミをSNSで書き込むことも多い。

とくにTikTokでは、楽曲を使ったダンス動画や歌ってみた動画を投稿するなど、口コミ推奨層の中でも新たなフィードコンテンツを拡散することが期待できる層と言える。

④ボカロ&ネット系音楽愛好家層

〈フィード入手経路〉YouTubeショートムービー

ボカロ&ネット系音楽愛好家層は男女10~20代が多く、YouTubeを主な活動場所としてボカロやアニメ、ゲームソングをヘビーローテーションで楽しむ層である。

音楽に対する支出は低いが、オンラインライブへの参加や、自ら動画配信を行うなど、今どきの若者らしい特徴を持っている。音楽ビジネスサイドが、この層のメディア行動と音楽消費意識に十分対応できていない可能性があるため、ここで少し考察したい。

この層は、「コンテンツの見どころを抜き出した・切り抜いた動画や音声、文章を楽しむ（+16.5pt）」という傾向が全層で2番目に高く、YouTubeのショートムービーで知る音楽を楽しむ。また、動画を倍速で見ており（+5.6pt）、タイパを重視してYouTube動画を消費する。

さらに、「コンテンツやタレントの活動や作品が自分の考えや価値観に合っていると感じたとき（+9.3pt）」や「コンテンツやタレントの素に近い様子や人となりを知ったとき（+7.2pt）」といったポイントで共感を得ることが多く、タレントやアーティストの作品やパーソナリティに共感できるかどうかを重視している。

令和トレンドセッター層は、ストリーミングチャートザッピング層が投稿した「歌ってみた」「踊ってみた」ショート動画やゲーム実況のときに使われている音楽をきっかけに新たな音楽を知る。

自分の視聴態度や、いいね／フォローを押して意識的にアルゴリズムに学習させており、自分好みにレコメンドされたおすすめコンテンツを効率的に収集したいタイプである。

そして、「#この曲の世界観が本当に好き」「#このアーティストのメッセージに共感する」「#歌詞が心に響いた」といった、ボカロ系アーティストや楽曲の世界観やメッセージを調べる。

また、「#この曲を聴きながら勉強している」「#このアニメソングが最高」「#このゲームのＢＧＭが大好き」など、日常の視聴体験に関連した接点をリサーチする。

さらに、YouTubeやSNSで見つけたお気に入りのショートムービーやクリップを共有し、「この部分が最高」「ここが一番好き」といったコメントを添えることもある。自分の好みをアルゴリズムに伝えるために、いいねやフォローを積極的に行い、「この曲をもっと聴きたい」「このアーティストの新曲が楽しみ」といったフィードバックをする。

このように、ボカロ&ネット系音楽愛好家層は、YouTubeを中心に音楽を効率的に消費し、SNSを通じてアーティストや楽曲の世界観に共感するが、SNSでの共有やコメントは現状控えめの層ではある。

フィードコンテンツが導く令和版ヒットの方程式

ここまで、8つのクラスター別に音楽への関わり方や楽しみ方の違いを考察してきた。その中で、生み出されるフィードのタイプやフィードを情報収集する行動の違いについて論じてきた。図3-4はその結果を一覧でまとめたもの。各クラスターの「デモグラ特性」「音楽への年間平均支出金額」「利用情報源」「好きなジャンル」「推し活比率」「口コミ推奨率」「特徴的なフィードコンテンツの行動」「好みのフィードコンテンツ」「音楽ヒット関連行動」について整理した。

表を見れば、各クラスターで利用する情報源が異なり、その情報源によって重視するフィードや音楽消費行動が異なっていることがわかる。そのため、それぞれの層の音楽に対する意識の違いを考え、各層が活用している音楽プラットフォーム別にプロモーション活動や適した情報を提供していく必要がありそうだ。

マーケティング予算や時間が限られている中、すべての推し活層、口コミ推奨層ごとにプロモーションを仕掛けていくのは至難の業かもしれない。しかし、アーティストがどのクラスタータイプと相性が良さそうなのか、どのようなプロモーションを実施するとよいか、どのような音楽ヒット行動を狙っていけばいいのかなどを検討する際の材料として活用していただきたい。

この俯瞰図自体は情報量も多く、データもたくさん紹介していることもあるが、データを眺めいろいろな考察をしていく中で、クラスター間で同じプラットフォームを使っていたり、共通の情報行動をとっていることがわかる。その共通項を意識しながら、アーティストの魅力を引き出すようなフィードコンテンツを提供していくことで、それぞれの層が自発的にコンテンツを作り、アーティストの魅力が全体に広がっていく要素を見つけるこ

タイプ

好きなジャンルtop3	推し活比率	口コミ推奨率	特徴的なフィードコンテンツの行動	好みのフィードコンテンツ	音楽ヒット関連行動
アイドル (12pt) 邦ロック (12pt) Kポップ (9pt)	54.8% (+35.1pt)	42.7% (+20.3pt)	SNS #	売上拡大/社会的評判につながる"プロ顔負け"の「プロモーションコンテンツ」をYoutubeやSNSでアピール	CD 公式アカウントフォロー YouTube ストリーミング ショートムービー
Jポップ (4pt) アイドル (4pt) インスト (1pt)	35.4% (+15.7pt)	33.0% (+10.6pt)	#	推しへの愛情表現をハッシュタグを使い写真や文章でエモーショナルに表現	CD 公式アカウントフォロー
HIPPOP (6pt) ゲーム音楽 (5pt) ロック (4pt)	40.4% (+20.7pt)	29.2% (+6.8pt)	SNS #	ショートムービーのアルゴリズムをハックし、アーティストに関する世界観に自分の思いを重ねて創作する	YouTube ストリーミング ショートムービー
歌謡曲 (9pt) クラシック (8pt) シティポップ (6pt)	25.8% (+6.1pt)	30.9% (+8.5pt)	SNS	大作とも言える文章で思いを綴りトークライブで思いを表現	CD YouTube
クラシック (5pt) 歌謡曲 (5pt) 邦ロック (4pt)	20.7% (+1.0pt)	32.4% (+10.0pt)		友人・家族で盛り上がったエピソードを周囲に拡散	カラオケ
洋ロック (6pt) アニソン (4pt) シティポップ (4pt)	20.4% (+0.7pt)	29.4% (+7.0pt)		推し活層のフィードを使って自分の共感ポイントを周囲に拡散	YouTube ストリーミング
Kポップ (12pt) Jポップ (10pt) アイドル (4pt)	31.6% (+11.9pt)	37.6% (+15.2pt)	SNS #	ハッシュタグやショートムービーを用いてライトなフィードを拡散	YouTube ストリーミング ショートムービー
ボカロ系 (11pt) アニソン (9pt) ゲーム音楽 (6pt)	20.9% (+1.2pt)	18.6% (-3.8pt)		「歌ってみた」「踊ってみた」ショート動画やゲーム実況のときに使われている音楽	YouTube ストリーミング ショートムービー
洋ロック (12pt) ロック (5pt) シティポップ (4pt)	12.5% (-7.2pt)	21.1% (-1.3pt)	SNS #		

図 3-4

各層のフィードコンテンツ関連行動と好みのフィード

区分	層		デモグラ	音楽への年間平均支出金額	利用情報源
推し活層	強火令和アイドル推し層（約490万人）		10〜20代多め（平均 39.3 歳） 女性多め（31.4%）男 3:7 女（68.6%） 学生・独身女性	63,567円（+28,640円）	公式アカウント 公式サイト 平均9.2個
推し活層	Jポップアイドル推し層（約168万人）		40〜60代多め（平均 45.2 歳） やや女性多め（44.7%）男 4:6 女（55.3%） 独身・既婚子あり女性	44,847円（+9,920円）	公式サイト 平均3.6個
推し活層	令和トレンドセッター層（約140万人）		10〜20代多め（平均 33.6 歳） 男女半数ずつ（50.3%）男 5:5 女（49.7%） 学生・独身女性	43,770円（+8,843円）	平均2.8個
推し活層	音楽ディープダイバー層（約177万人）		50〜60代多め（平均 46.3 歳） 男性多め（60.4%）男 6:4 女（39.6%） 既婚子あり男性	30,928円（-3,999円）	平均3.3個
口コミ推奨層	音楽で井戸端会議層（約293万人）		40〜50代多め（平均 43.3 歳） 女性多め（40.5%）男 4:6 女（59.5%） 既婚女性	30,603円（-4,324円）	カラオケ APP 平均3.5個
口コミ推奨層	令和の王道リスナー層（約624万人）		40〜60代多め（平均 44.2 歳） やや男性多め（54.7%）男 5:5 女（45.3%） 独身男性	26,539円（-8,388円）	WEBニュース 平均4.4個
口コミ推奨層	ストリーミングチャートザッピング層（約96万人）		20〜30代多め（平均 33.6 歳） 女性多め（41.9%）男 4:6 女（58.1%） 独身女性	22,874円（-12,053円）	平均2.5個
口コミ推奨層	ボカロ&ネット系音楽愛好家層（約145万人）		10〜20代多め（平均 39.0 歳） やや男性多め（53.7%）男 5:5 女（46.3%） 学生・独身男性	18,294円（-16,633円）	平均1.1個
口コミ推奨層	昭和音楽愛好家層（約105万人）		40〜60代多め（平均 49.6 歳） 男性多め（66.4%）男 7:3 女（33.6%） 既婚男性	14,033円（-20,895円）	CM 番組 平均2.9個

とができる。

ここからは、さまざまなフィードコンテンツが音楽ファンのどのような心理に影響し、音楽ヒットに結びついていくのかについての考察をまとめた「令和版音楽ヒットの公式」を提唱していきたい。

「アーティストの魅力」×「ファンの感情を動かすフィードコンテンツ」=ヒット行動

図3-5はフィードコンテンツがヒットに与える影響を公式で表したものだ。

まず、「アーティストの魅力」を引き出す「情報素材」について考えてみよう。

ヒットを生み出すうえで、まず最初に、音楽ファンに知ってもらいたいアーティストが持つクリエイティビティ(「音楽性」「歌唱力」「歌詞」「演奏力」「パフォーマンス」「パーソナリティ」「世界観」「メロディ」)をアーティスト本人、レーベル、プロデューサーなどの送り手側が吟味する必要がある。

そのうえで、関係性を作りたいファンの情報行動や、該当するファンが利用するプラットフォームの特性を理解し、のちに推し活層が自発的にフィードコンテンツを作りたくな

図 3-5

ヒットを生み出す方程式

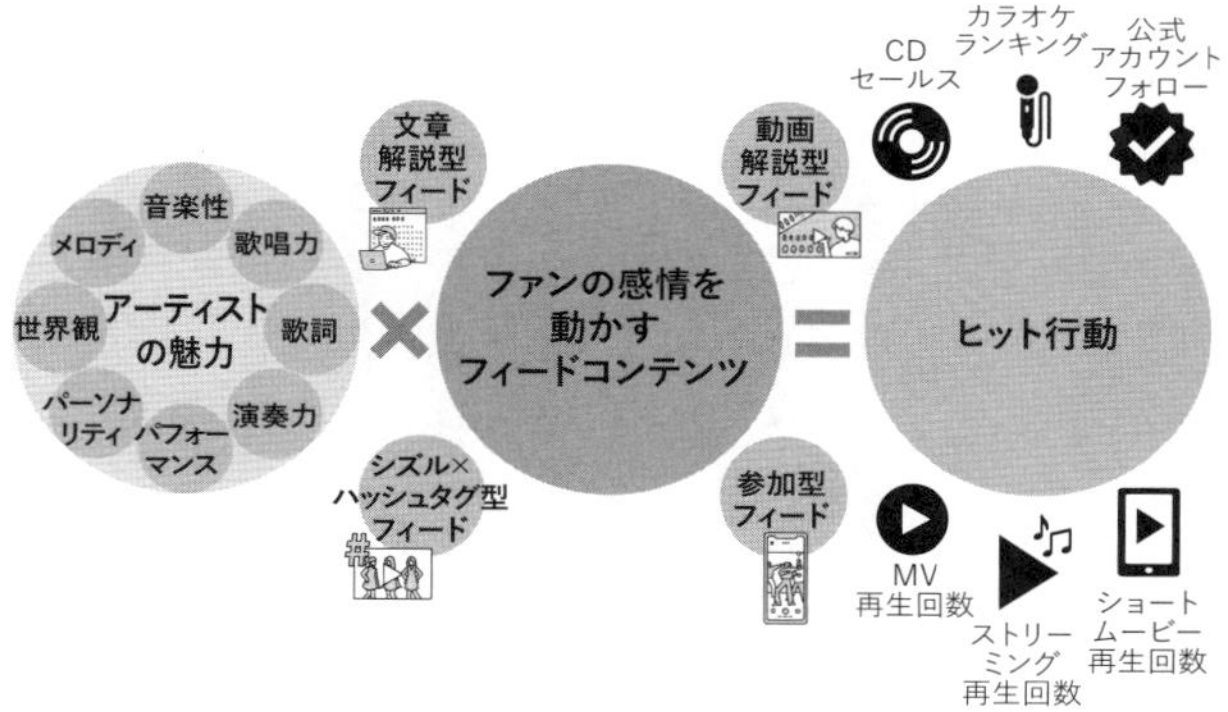

るような情報素材（楽曲に込めた思い、パフォーマンス中の写真、動画、ライブリポート、プロモーションコンテンツ……）をクラスターの趣味嗜好や口コミに対する衝動・行動を意識して、マッチしやすいものを提供できるかがポイントとなる。

そして、「ファンの感情を動かすフィードコンテンツ」を生み出し、ヒット指標に関連する行動を促す仕掛けを作る。各クラスター別のフィードコンテンツについては、すでに説明しているが、ヒットにつながるものとそうでないものの差は、そのフィードコンテンツを見たあとに「実際にCDを買ってみたくなる」「アーティストの事が気になり公式アカウントをフォローする」「MVやストリーミングやショートムービーで聴いてみたくなる」「カラオケで歌ってみたくなる」というヒット行動に関連があるファンの動機を作り出せているかがポイントとなる。

フィードコンテンツのタイプは主に次の４種類に集約される。

①文章解説型フィード

アーティストの音楽性やパーソナリティ、歌詞の言葉選び、Ａメロ、Ｂメロ、サビの展開やコード進行の裏に隠されたアーティストの伝えたいことを、ファン目線でブログやnoteなどに文章で綴っていくタイプのものである。

音楽ディープダイバー層で紹介した２時間映画クラスの感動巨編で思いを文章で綴り、トークライブで思いを表現したりするのがまさにその典型だ。良質な文章解説型のフィードであれば、GoogleやYahoo!検索を通じて上位に表示され、目に留まりやすくなる。アーティストや楽曲に関する深い情報、思いもよらぬ魅力を知ることで、曲を聴くきっかけとなるだろう。

②動画解説型フィード

アーティストの演奏シーンやダンスパフォーマンス動画、世界観をMVに編集し、その魅力を詳細に解説する5〜20分弱の横型動画フィードコンテンツである。強火令和アイドル推し層が推しのプロデューサー的存在として、売上拡大、社会的評判につながる〝プロ顔負けのプロモーションコンテンツ〟をYouTubeやSNSでアピールするのがその典型だ。

このフィードもGoogleやYahoo!検索を通じて触れることができるタイプであり、文章だけでは伝えられないビジュアルやパフォーマンスの魅力を伝える。フィードコンテンツに熱量を表現できていれば、アーティストのMVを実際に確認したり、チャンネル登録やストリーミングで実際に曲を聴くきっかけとなる。

③シズル×ハッシュタグ型フィード

アーティストの魅力をキャッチーに表現する写真とハッシュタグを組み合わせて、アーティストのパーソナリティや楽曲の魅力を「シズル効果」をもって作られるフィードコンテンツである。シズル感とはもともと食材や料理を扱った広告写真などの表現における、食欲や購買意欲を刺激するような瑞々《みずみず》しい感覚のことをいう。

Jポップアイドル推し層の場合、ハッシュタグを使って、写真や文章でエモーショナルに推しへの愛を表現する中で、このシズル感をもって伝えるタイプが典型だ。

このタイプのフィードは「ひとこと」で伝わり、詳しく調べてみたいという欲求を満たすものでないと流れていってしまうため、高度なクリエイティブワークが必要となる。難易度は高いが、「シズル感のある写真・動画」×「目を引くハッシュタグ」の組み合わせがハマり、アーティストの魅力を知るきっかけとなれば、SNSのタイムラインで流れてきたときに、フィードにあるURLの先（公式MVやストリーミング再生）につながる。

また、ストリーミング再生回数を増やすとグッズが貰える、というハッシュタグキャンペーンなども見受けられるが、ただ再生してもらうだけでは十分ではない。アーティストの楽曲で伝えたいことやコンセプトに立脚し、納得度の高いキャンペーンを設計することが、ファン以外の再生回数増加につながりやすいことに触れておきたい。

④参加型フィード

最後は縦型ショート動画をベースにした「歌ってみた」「踊ってみた」「演奏してみた」

といったアーティストのダンスパフォーマンスや、楽曲の印象的なフレーズを歌い上げる参加型のフィードである。

令和トレンドセッター層のショート動画アルゴリズムをハックし、アーティストに関する世界観に自分の思いを重ねて創作するのがその典型であり、ストリーミングチャートザッピング層もハッシュタグやショート動画を用いて参加型フィードコンテンツを作成する。アーティストがMVや公式アカウントを通じて、簡単なダンス動画を投稿すると、ファンが参加したり、別の有名アーティストが歌ってみたり踊ってみたりすることにつながる。それによって、MVの再生回数が増えたり、ストリーミング再生回数、ショート動画の再生回数は増えていく。このタイプのフィードは、歌やダンスをベースに作られるので言語の壁を超え、グローバルレベルでヒットしていくための原動力にもなるだろう。

4タイプのフィードが生まれ、大ヒットソングとなったヒゲダン《Pretender》

前述した4タイプのフィードコンテンツが生まれることで、クラスターごとにヒットに関連する行動が起こり、国民的人気につながっていく方程式を紹介した。

実際にアーティスト側もこのようなフィードコンテンツを意識した情報発信や素材提供、取材でのコメントを残しており、数タイプのフィードコンテンツが生まれるケースは増えてきている。しかし、紹介した4タイプのフィードによって流行っている曲が異なり、Jポップアイドル推し層は知っていても音楽で井戸端会議層は知らない、といったクラスター間の断絶は第2章の分析結果からも推察できる。

必ずしも全国民が知っている曲になる必要があるかという議論はさておき、国民的大ヒットにつながるためには、アーティストが想像している広がりを超えなければならない。つまり、4タイプの異なるフィードコンテンツが自発的に生まれることが、令和の情報源多様化時代には必要なのかもしれない。

実際、このヒットの方程式に当てはめて国民的大ヒット曲となったOfficial髭男dismの《Pretender》をベースに考察していきたい。

ヒゲダンが生み出したフィードコンテンツ

Official髭男dismは、ヒゲダンの愛称で呼ばれる島根県出身の4人組バンドである。2012年にボーカルの藤原《ふじはら》聡《さとし》を中心に島根大学の軽音部のメンバーで結成され、2015年にインディーズデビューし、ライブを中心に音楽活動を続けてきた。

ヒゲダンが世の中に知られるようになったきっかけは、2018年の1月21日に放送された「関ジャム 完全燃SHOW」(テレビ朝日)内の企画「売れっ子音楽プロデューサーが選ぶ2017年ベストソング10」だった。同コーナーで、音楽プロデューサーの蔦谷《つたや》好位《こうい》置《ち》氏が、《Tell Me Baby》を第2位に選出したことをきっかけにコアファン以外に知られるようになる。

同年4月11日に、放送開始したフジテレビ系月9ドラマ『コンフィデンスマンJP』主題歌《ノーダウト》でメジャーデビュー。《ノーダウト》は、Billboard Japan Hot 100にて、16週連続のチャートインを記録した。

《Pretender》は、2019年5月15日に発売されたセカンドシングルだ【図3-6】。本楽曲は、映画『コンフィデンスマンJP ロマンス編』の主題歌として書き下ろされ、オリコン週間ストリーミングランキングにて、バンド初となる1位を獲得し、あいみょんの《マリーゴールド》の連続1位記録を23週でストップさせた。9月25日には、ビルボードジャパン「ストリーミングソングス」にて、史上最速となるチャートイン23週で1億回を突破。２０２２年2月には、本楽曲の累計ストリーミング再生回数が5億回を突破した。
YOASOBI、ＢＴＳに次いで3組目となる、ストリーミング回数5億回達成となった。

もちろん、この曲の大ヒットには、ボーカル藤原のハイトーンボイスによる歌唱力の素晴らしさや、成就《じょうじゅ》しない恋愛における葛藤を上手に描写し、誰でも自分の過去の恋愛を思い出して感情移入しやすい歌詞が共感を呼んだということが大きい。

また、藤原が雑誌「Real Sound」の取材で話している通り、映画の登場人物の心理状態を描写した作品に仕上げられ、歌詞に対するさまざまな解釈が可能、かつ映画内で描かれる恋愛ストーリーとの親和性も高い楽曲となっている。

チャート推移

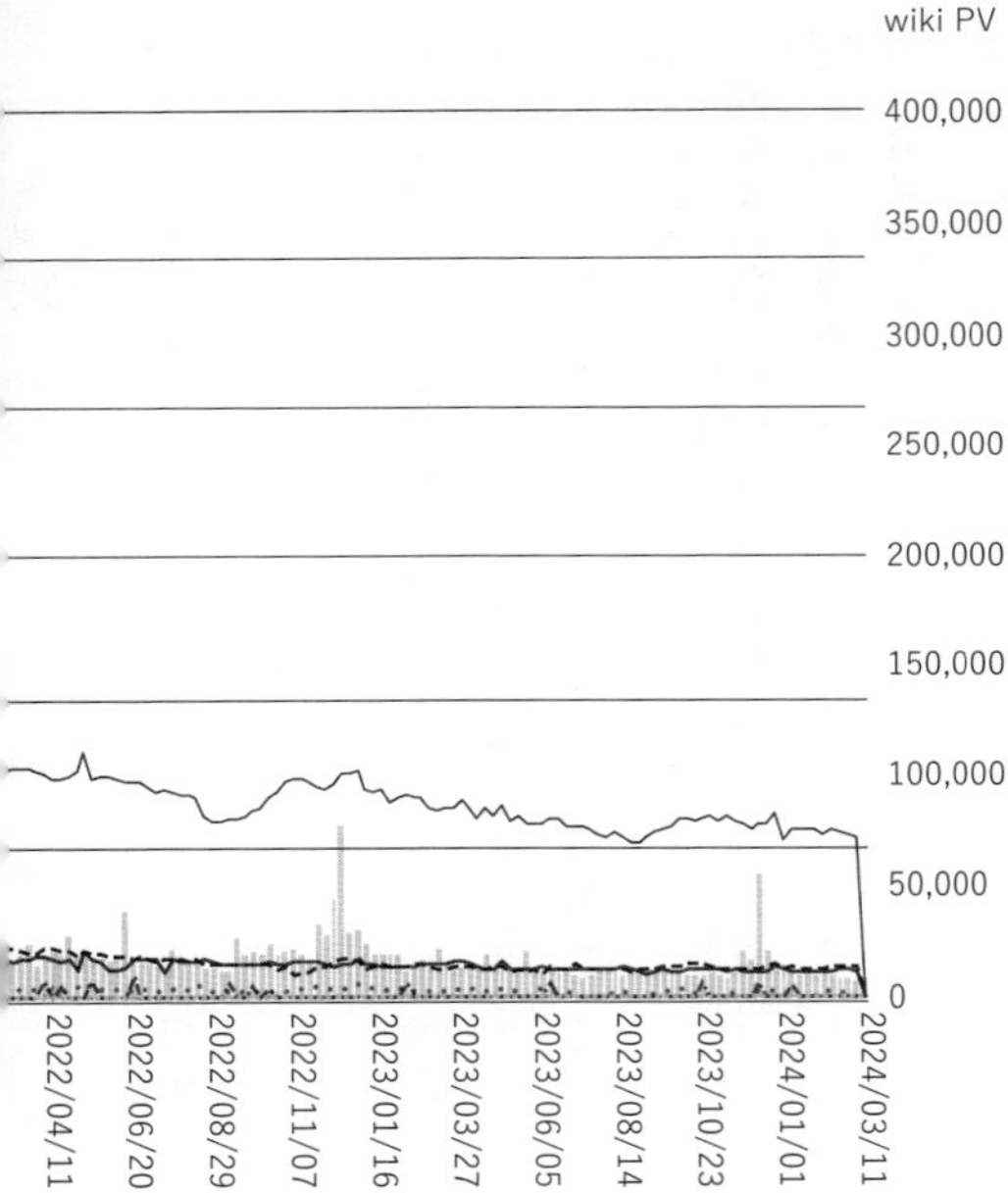

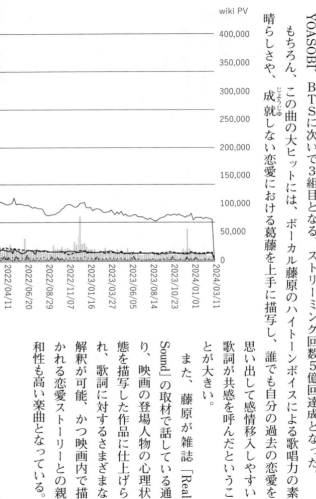

図3-6 Official髭男dism《Pretender》ビルボード

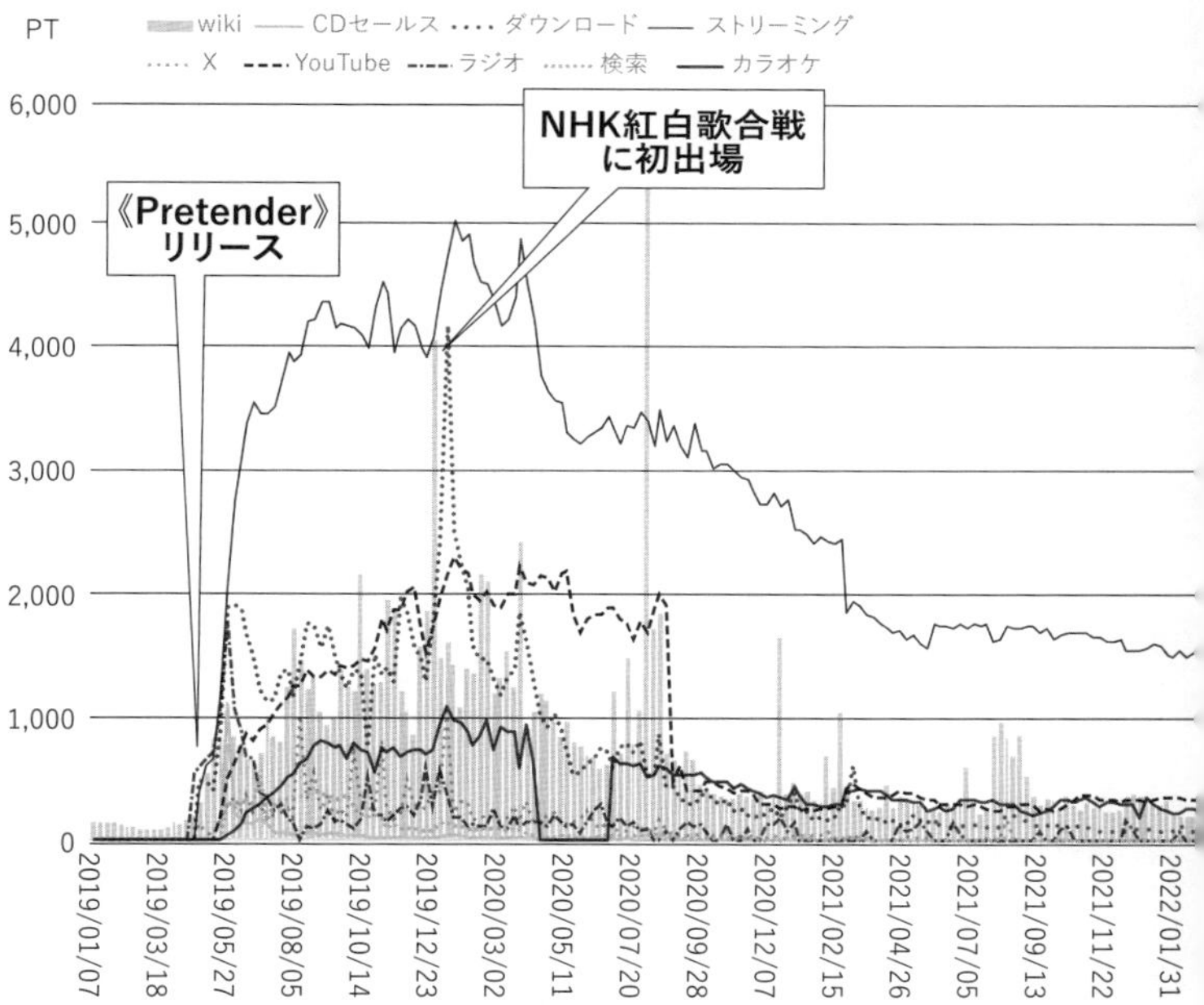

※wikipediaはOfficial髭男dismページのPV数

もちろんドラマ、映画とのタイアップとその後に「NHK紅白歌合戦」にも出場したことが国民的ヒット曲になった大きな要因のひとつなのは間違いない。しかし、この曲に込めたヒゲダン4人の創作力やプロモートの仕掛けによって、4つのタイプのフィードコンテンツが生み出され、今回紹介したクラスター全体に波及した楽曲にもなっている。

ここからはタイプ別のフィードとその波及効果について考察していく。

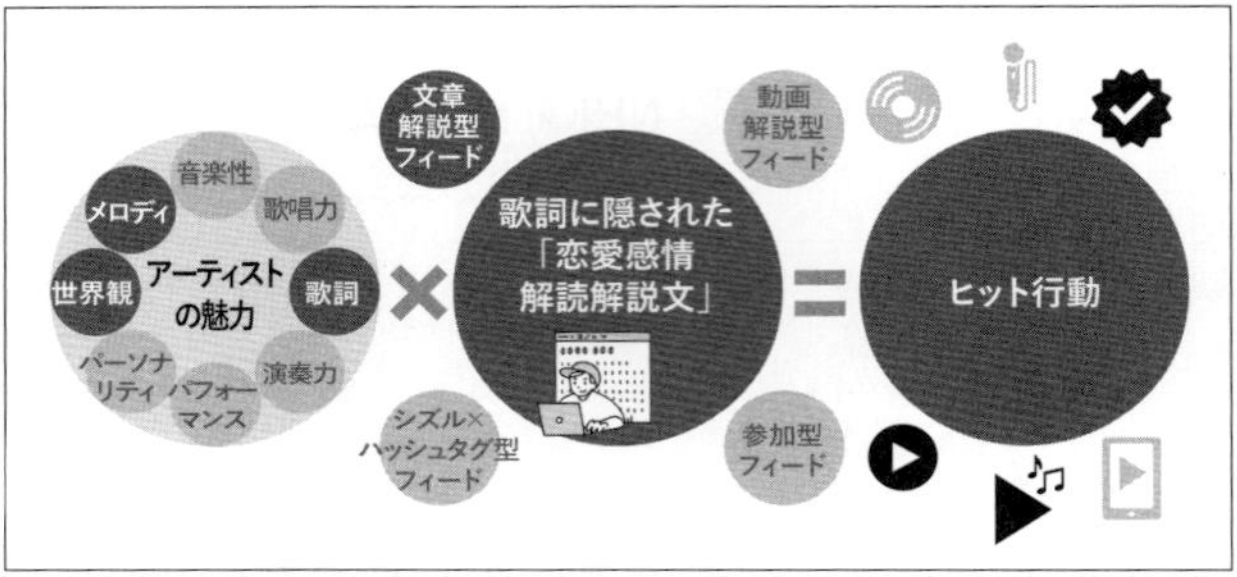
文章
解説型
フィード
動画
解説型
フィード
音楽性
メロディ
歌唱力
世界観
アーティスト
の魅力
歌詞
パーソナ
リティ
パフォー
マンス
演奏力
歌詞に隠された
「恋愛感情
解読解説文」
ヒット行動
シズル×
ハッシュタグ型
フィード
参加型
フィード

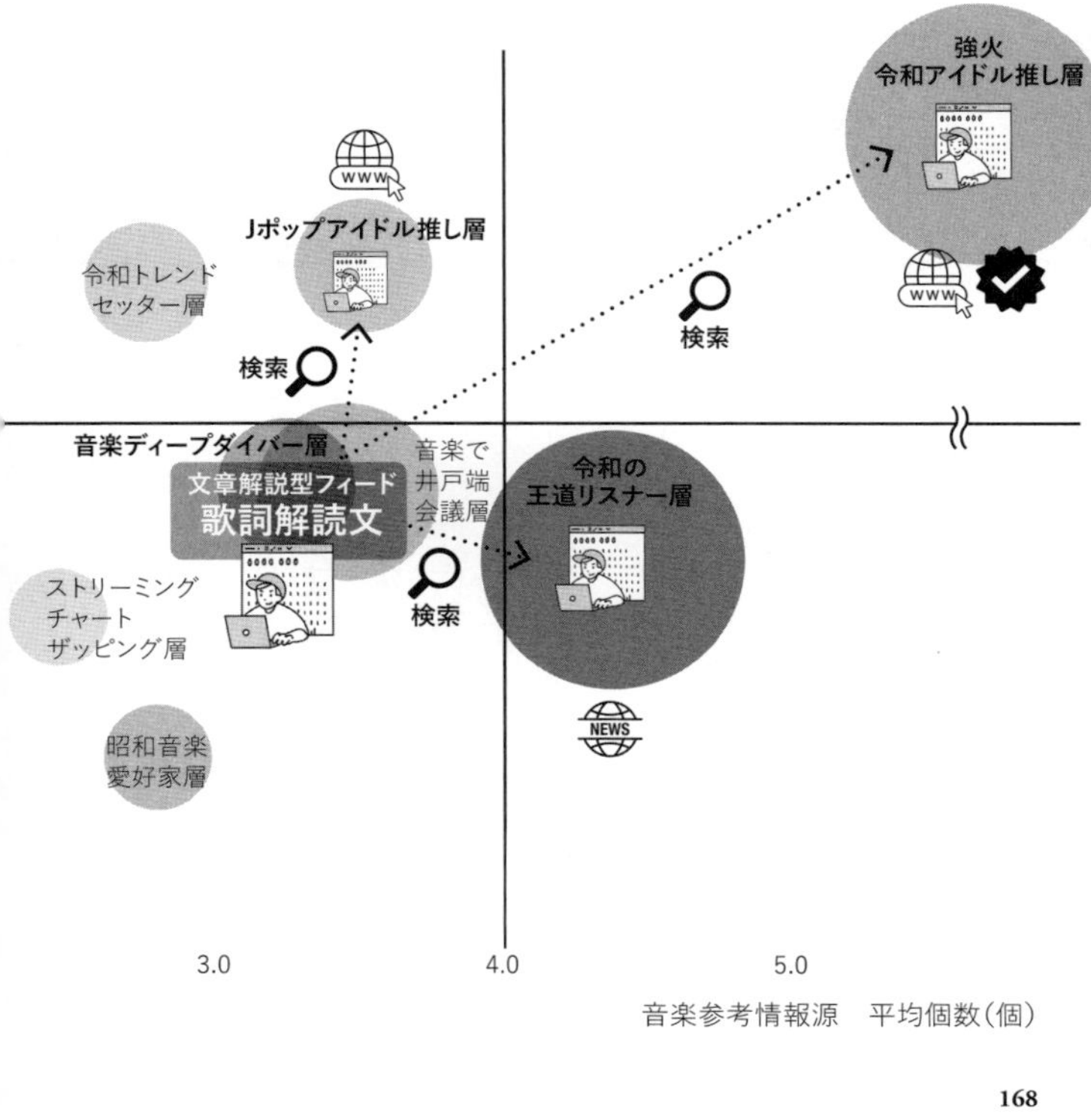
強火
令和アイドル推し層
Jポップアイドル推し層
令和トレンド
セッター層
検索
検索
音楽ディープダイバー層
文章解説型フィード
歌詞解読文
音楽で
井戸端
会議層
令和の
王道リスナー層
検索
ストリーミング
チャート
ザッピング層
NEWS
昭和音楽
愛好家層
3.0
4.0
5.0
音楽参考情報源　平均個数(個)

図3-7 文章解説型フィード

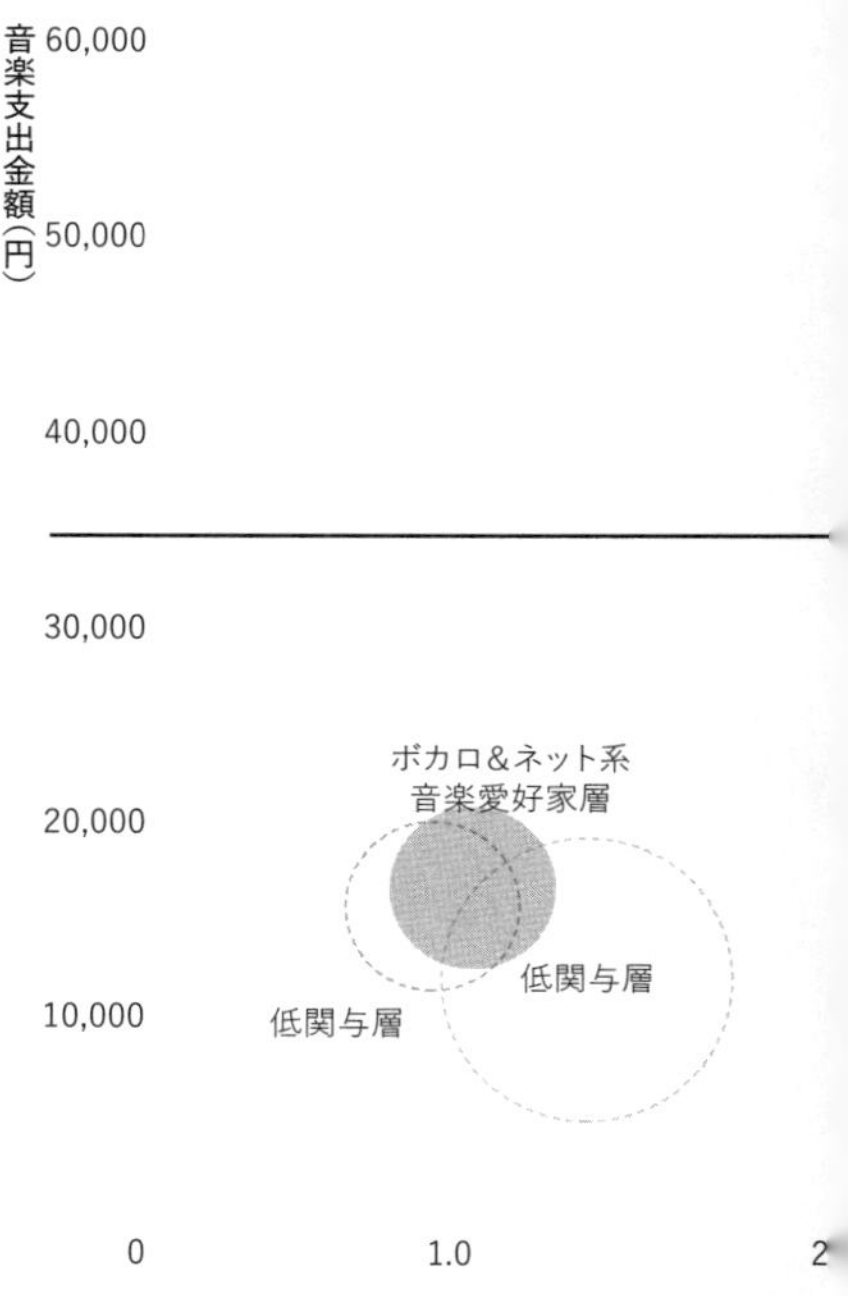

「Pretender」×「文章解説型フィード」＝歌詞に隠された「恋愛感情解読文」

まずは、「文章解説型フィード」の「恋愛感情解説文」である。

先述の通り、《Pretender》の歌詞は、聴き手の過去の恋愛をシンクロさせながら感情移入ができ、映画との関連付けについての解釈が可能だ。そのため、noteやブログ、そして各メディアで詳細な分析や解説が行われているフィードが量産されている。検索で「Pretender　歌詞　意味」と入力すると、歌詞についての解説ブログやnoteが大量に出てきており、映画に言及するものや、「じつは同性愛について書いたものではないか」「不倫の話とも通ずる」など、多様な解釈がされていることがわかる。

さらに内容を読みながら楽曲やＭＶを改めて確認したり、「コンフィデンスマンＪＰ」の映画を観てみたいと思わせる熱量の高い文章の多さを確認できる。老若男女どんな立場でも感情移入して聴けることの証明とも言えるだろう。

この「文章解説型フィード」が新たに《Pretender》を知って検索する、強火令和アイドル推し層、Ｊポップアイドル推し層、令和の王道リスナー層を中心にヒゲダンの制作意図や歌詞の素晴らしさを広げる役割を担っている【図３－７】。

「Pretender」×「動画解説型フィード」＝「メロディ×歌詞分析解説動画」「歌い方解説動画」

次は「動画解説型フィード」を紹介する。

２０２４年９月時点で、《Pretender》のＭＶ再生回数は５・２億回と爆発的な再生回数を記録しているが、「Pretender　解説　動画」と検索すると、ブログ同様、歌詞やメロディについて解説する動画が多数出てくる。

また、その再生回数も10万～数百万回となっており、楽曲をより深く知ってもらうフィードコンテンツとして機能している。内容は、有名な作詞家や作曲家、楽曲に関する解説YouTuberなど、音楽に詳しいプロが解説した説得力の高い内容が多い。

たとえば、《Pretender》のイントロとサビには、ペンタトニック・スケール（1オクターブが5つの音で構成される音階）が使われており、主に日本の民謡や演歌、アジアの民族音楽で使われる技法と紹介されている。

タイアップする映画「コンフィデンスマンＪＰ」の舞台が香港《ホンコン》であり、ＭＶの撮影場所も台湾《たいわん》であることから、「映画と楽曲の世界観が一致している」と15分ぐらいかけて解説している動画もあった。

また、かなり難易度の高い歌い方や歌詞とリンクさせた表現技法について、テロップなどを使いながらわかりやすく解説している動画も多数存在している。

このような「メロディ×歌詞分析解説動画」や「歌い方解説動画」は、アーティスト側がわざわざ説明しない（できない）内容でもある。こうした部分を専門家が説明することで、アーティストの魅力をより深く知ってもらい、ＭＶの再生回数やストリーミングの再生につながるフィードコンテンツだ。

また、「歌い方解説動画」をベースに練習し、カラオケで難しい楽曲に挑戦しようとい

音楽性
メロディ
歌唱力
世界観
アーティストの魅力
歌詞
パーソナリティ
パフォーマンス
演奏力
文章解説型フィード
「メロディ×歌詞分析解説動画」「歌い方解説動画」
シズル×ハッシュタグ型フィード
動画解説型フィード
参加型フィード
ヒット指標行動

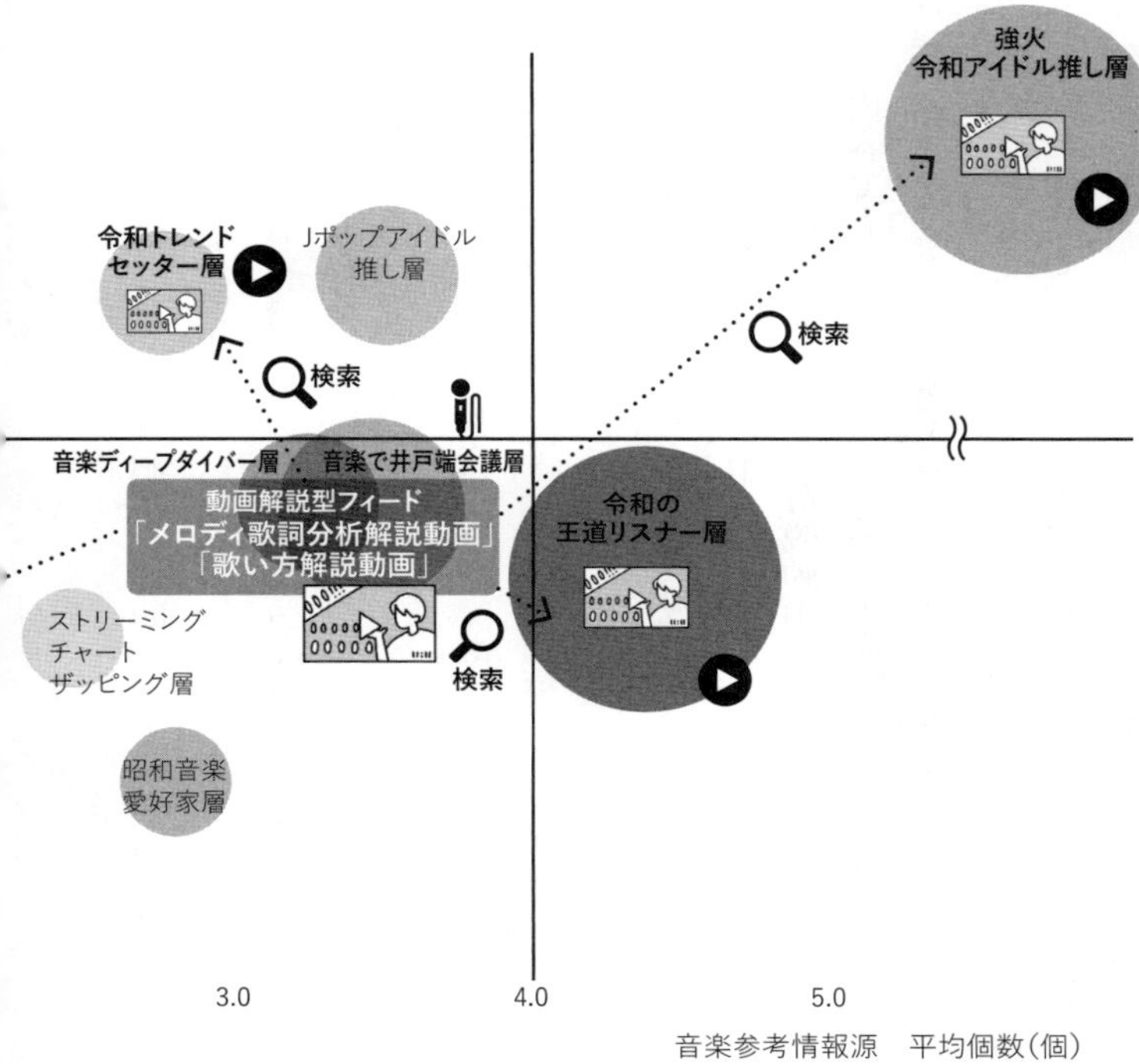
強火
令和アイドル推し層
令和トレンドセッター層
Jポップアイドル推し層
検索
検索
音楽ディープダイバー層
音楽で井戸端会議層
動画解説型フィード
「メロディ歌詞分析解説動画」
「歌い方解説動画」
令和の王道リスナー層
ストリーミングチャートザッピング層
検索
昭和音楽愛好家層
3.0
4.0
5.0
音楽参考情報源　平均個数(個)

図3-8 動画解説型フィード

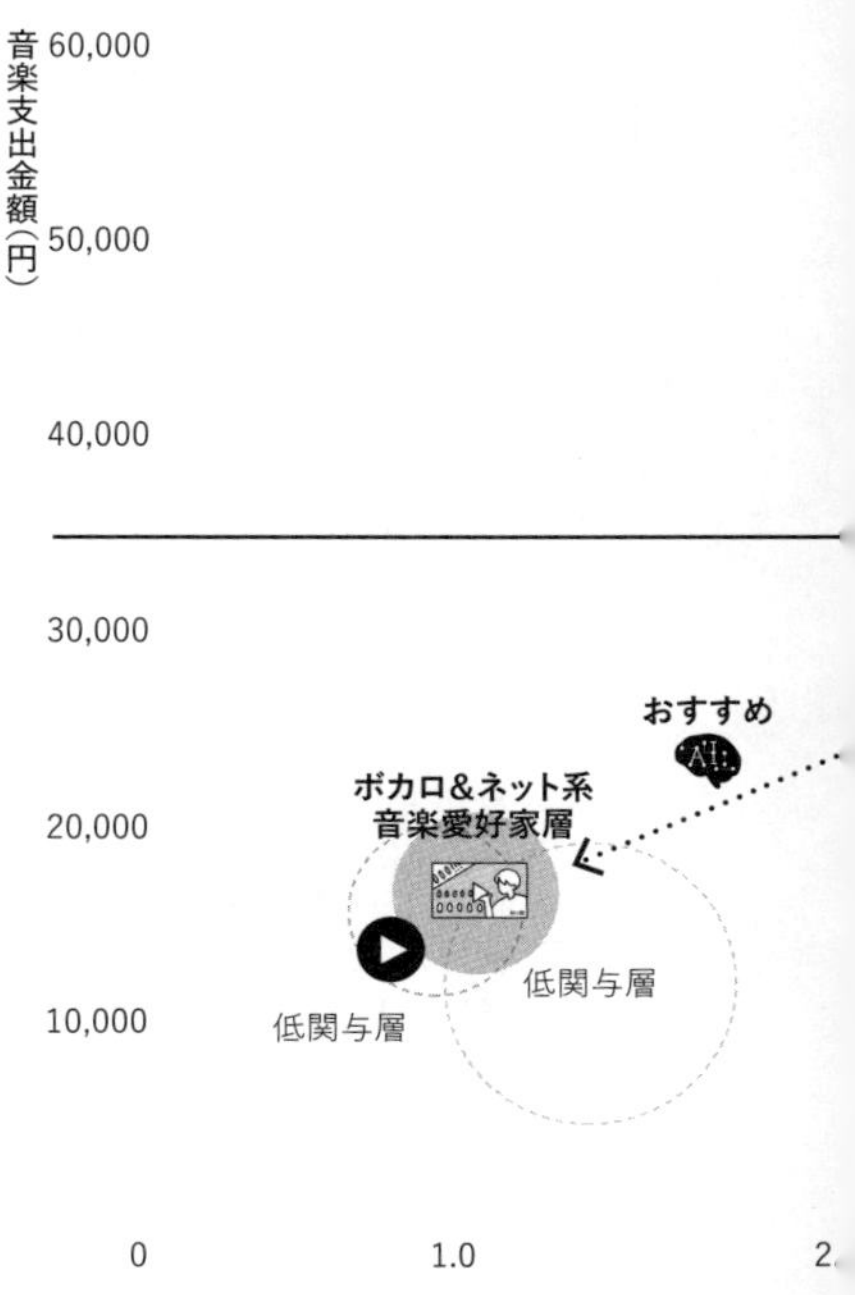

う形での影響もありそうだ。このフィードコンテンツは、YouTubeや動画検索を情報源とする強火令和アイドル推し層、令和の王道リスナー層、令和トレンドセッター層を中心に普及し、さらなるヒット行動への喚起につながっているだろう。

ＭＶ再生回数が伸びた動画については、ボカロ＆ネット系音楽愛好家層のおすすめにもされ、さらなる認知拡大につながっているのかもしれない【図３－８】。

「Pretender」×「シズル×ハッシュタグ型フィード」＝ダイバージェンスメーターのジャケット写真×#世界線

3つ目は、「シズル×ハッシュタグ型フィード」を紹介する。

《Pretender》のジャケットの表紙は、大ヒットゲーム・アニメ『STEINS;GATE《シュタインズ ゲート》』に出てくる「ダイバージェンスメーター」をモチーフにしたものと言われている。

この作品は、秋葉原《あきはばら》を舞台にしたSFアニメで、「時間」が大きなテーマとなっている。作中での「世界線」という概念は、異なる時間軸や現実を示している。過去を改変できる主人公は、特定の事件や人々の運命を変えることで、別の世界線へと移動する。その際、「ダイバージェンスメーター」は、現在の世界線がどの程度異なるかを示す指標となり、このメーターの数値が1％を超えると、元の世界線からの逸脱が大きいことを意味している。タイムトラベルによる選択と結果、そして人間関係の複雑さを描きながら進行する物語で、運命をどうにか変えようと奮闘する姿が描かれている。

Official髭男dism《Pretender［通常盤］》
画像提供：ポニーキャニオン

藤原氏は取材でも『STEINS;GATE』の大ファンだと公言しており、《Pretender》を作る際にインスピレーションを得て歌詞を書いたと公言している。さらに歌詞の中にも以下のように「世界線」を使っている。

もっと違う設定で　もっと違う関係で　出会える**世界線**　選べたら良かった

つまり、『STEINS;GATE』のようにタイムリープを行い、別の設定で出会うことができたら、この恋愛は成就したかもしれない——という映画のストーリーともリンクさせた歌詞になっているのだ。ここでは、「世界線」の持つ意味をより視聴者の感情に響くものに昇華している（とくにシュタゲファンを中心に）。

実際Xや Instagramで「#世界線」「# Pretender」とハッシュタグ検索を行うと、このダイバージェンスメーターのジャケットを添えた投稿が多数見られ、この歌詞のこのフレーズが好きというコメントもある。

また、「世界線」はパラレルワールドという意味で使われることもあり、とくにアニメ作品にパラレルワールドをテーマにした設定が多いことから、普段Jポップを聴かないア

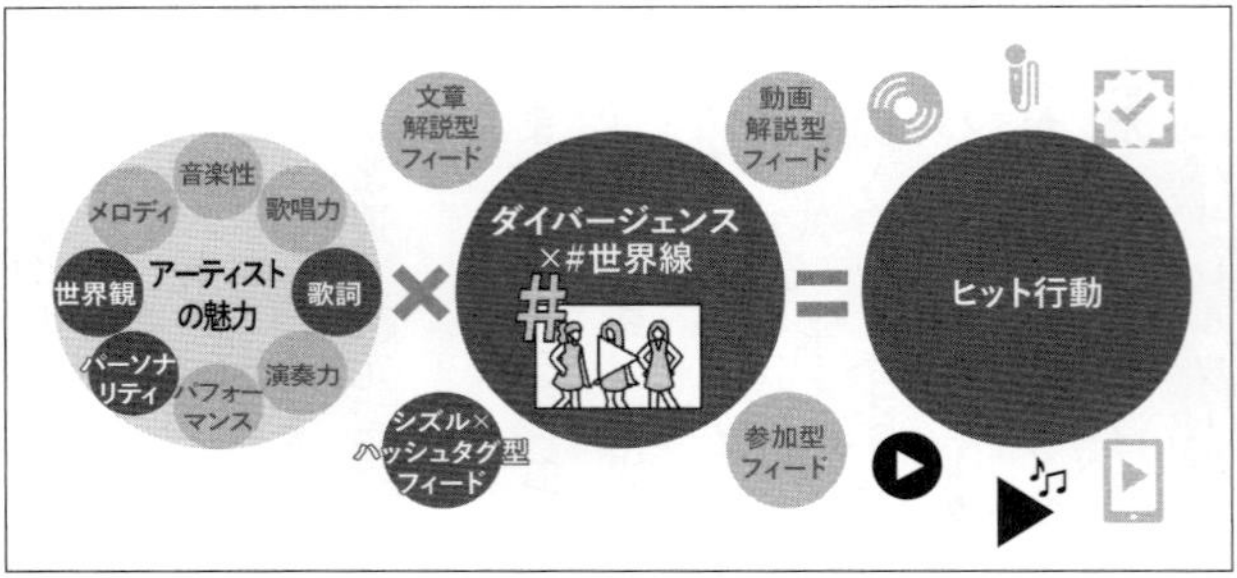
文章
解説型
フィード
動画
解説型
フィード
音楽性
メロディ
歌唱力
世界観
アーティスト
の魅力
歌詞
パーソナ
リティ
パフォー
マンス
演奏力
ダイバージェンス
×#世界線
ヒット行動
シズル×
ハッシュタグ型
フィード
参加型
フィード

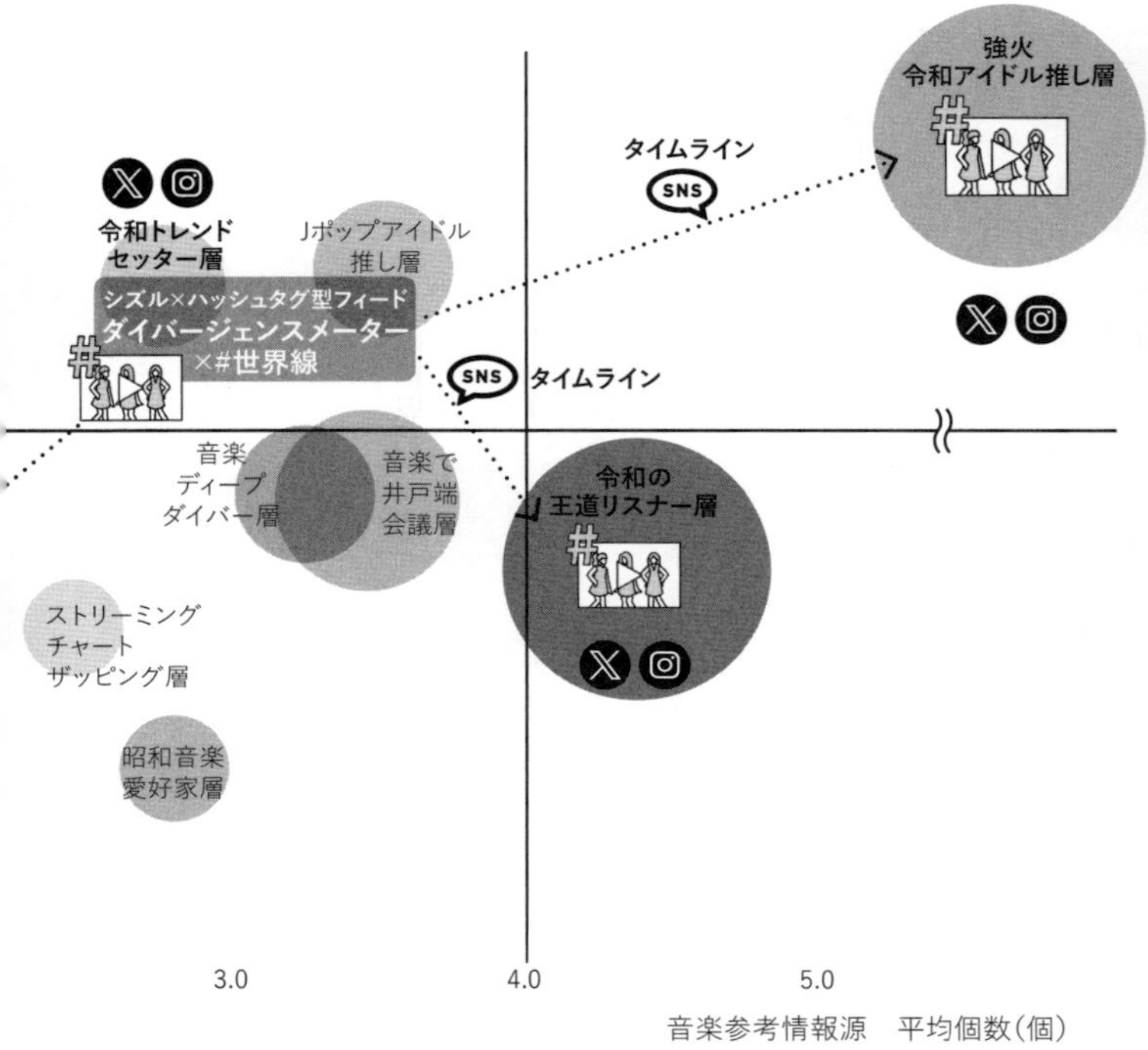
強火
令和アイドル推し層
タイムライン
SNS
令和トレンド
セッター層
Jポップアイドル
推し層
シズル×ハッシュタグ型フィード
ダイバージェンスメーター
×#世界線
SNS
タイムライン
音楽
ディープ
ダイバー層
音楽で
井戸端
会議層
令和の
王道リスナー層
ストリーミング
チャート
ザッピング層
昭和音楽
愛好家層
3.0
4.0
5.0
音楽参考情報源　平均個数(個)

ニメファンにまで音楽が波及した。まさに世界線を越えたハッシュタグワードとして機能したのかもしれない。

この「シズル×ハッシュタグ型フィード」は、写真とハッシュタグを使ったフィードにもかかわらず、アーティストのパーソナリティや楽曲に込めた思いを知るフィードとして好事例になっている。アニメ好きの令和トレンドセッター層を発信源に、強火令和アイドル推し層、令和の王道リスナー層、ボカロ&ネット系音楽愛好家層のSNSのタイムラ

図3-9 シズル×ハッシュタグ型フィード

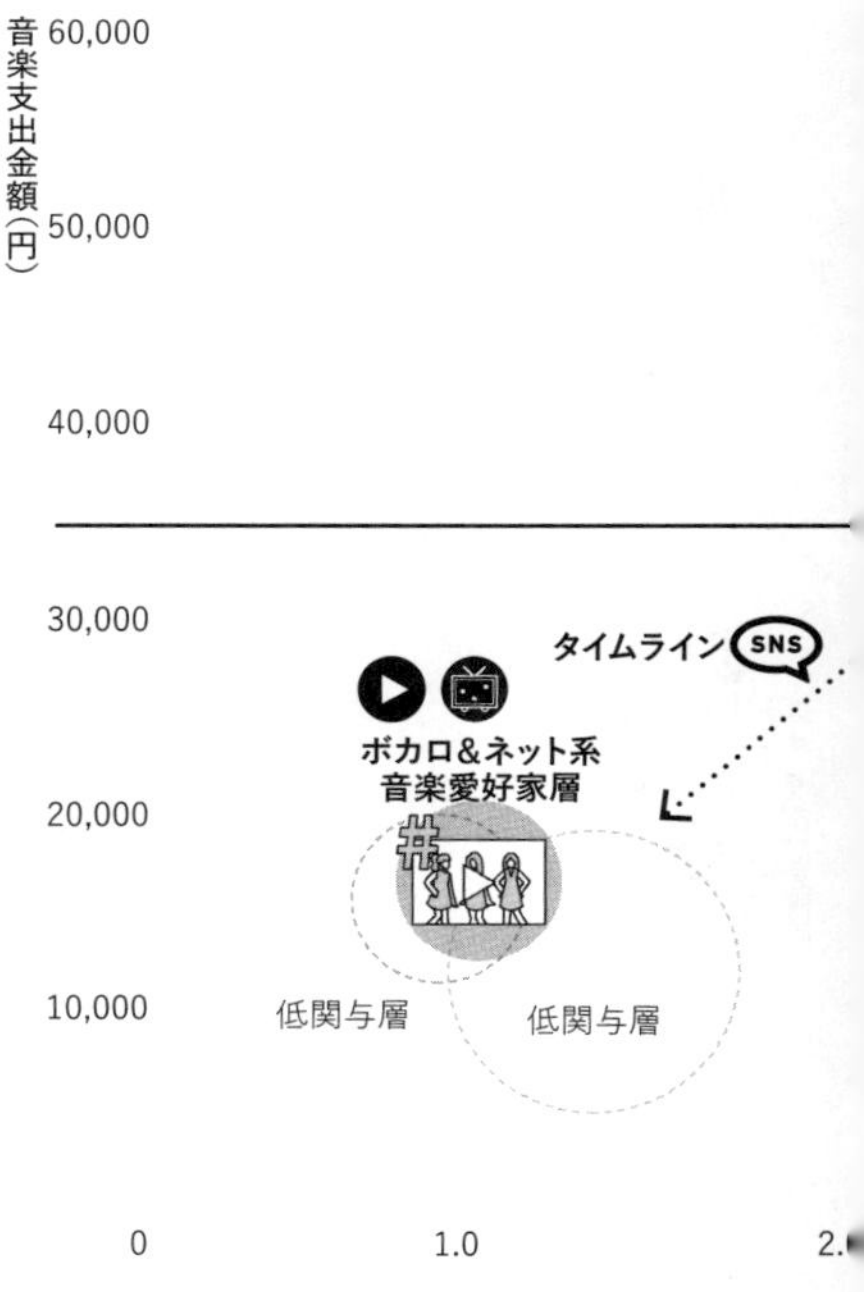

音楽性
メロディ
歌唱力
世界観
アーティストの魅力
歌詞
パーソナリティ
パフォーマンス
演奏力
文章解説型フィード
シズル×ハッシュタグ型フィード
有名ミュージシャン歌ってみた動画
動画解説型フィード
参加型フィード
ヒット行動

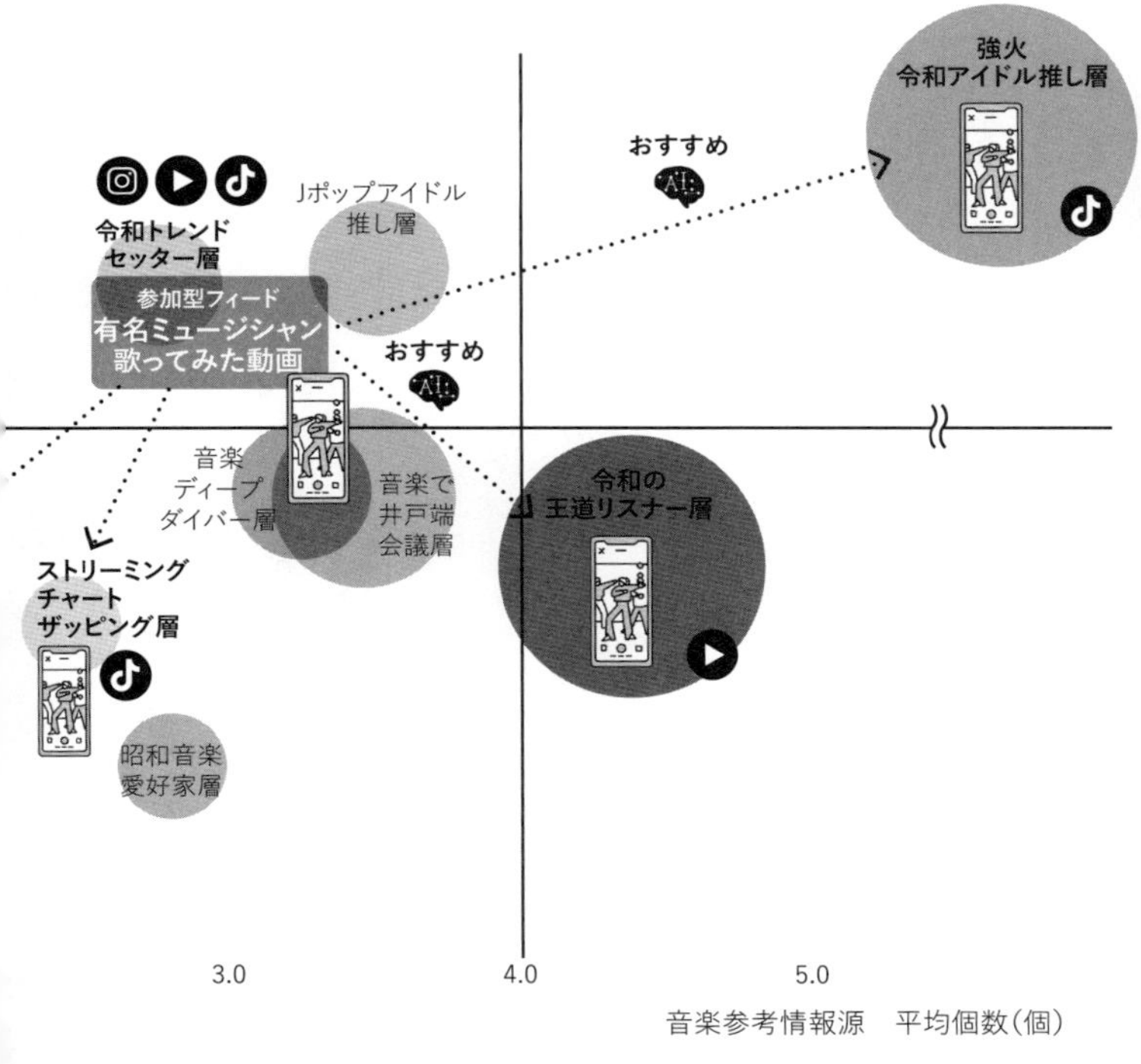

令和トレンドセッター層
Jポップアイドル推し層
参加型フィード
有名ミュージシャン歌ってみた動画
おすすめ
おすすめ
強火令和アイドル推し層
音楽ディープダイバー層
音楽で井戸端会議層
令和の王道リスナー層
ストリーミングチャートザッピング層
昭和音楽愛好家層
3.0
4.0
5.0
音楽参考情報源　平均個数(個)

図3-10 参加型フィード

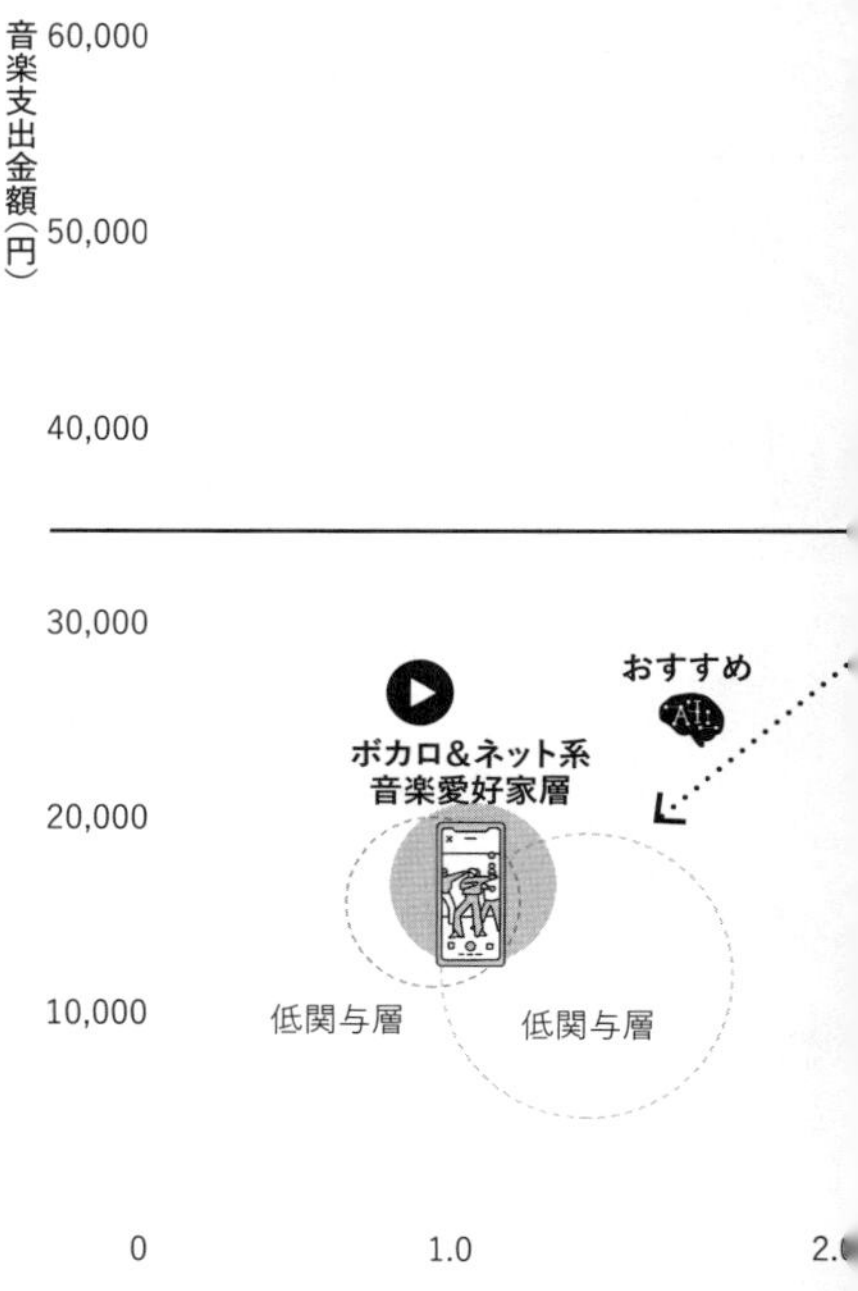

インに流れてきたときに、「このジャケットなんだろう」と思わず中身を調べたくなるフィード（餌）として機能していると言えそうだ【図3-9】。

「Pretender」×「参加型フィード」＝有名ミュージシャン歌ってみた動画

最後は、「歌ってみた」「踊ってみた」「演奏してみた」として、一般人やファンが

《Pretender》を真似る参加型フィードコンテンツである。この曲自体は、2019年に発売されたものであるため、その頃は「歌ってみた」映像が広まるほどショート動画が普及していなかった。そのため、当時の投稿映像を探すことは難しいが、今調べてみると、多くの有名アーティストが難易度の高いこの楽曲をカバーし、投稿している。

TikTokで検索してみても、「藤井風」「Novelbright」「優里《ゆうり》」「Pentatonix」「Taka」「二宮和也《にのみやかずなり》」「広瀬香美《ひろせこうみ》」と歌唱力に定評のあるアーティストが自分の世界観でアレンジしながら歌っており、いいね数を伸ばしているのが確認できる。いまだに《Pretender》はチャートランキングのトップ100に入っているが、このような参加型フィードコンテンツにより、若い世代がこの曲を知るきっかけを作っているのではないかと推察される【図3-10】。この参加型フィードコンテンツは、令和ヒットを起こすために今後重要な役割を担うはずであり、この影響は第4章で詳しく触れたい。

第3章まとめ

ここまでクラスターごとのフィードコンテンツに関連する行動や、それを起点としたヒットの方程式と、《Pretender》を事例としたヒット行動への影響について見てきた。

繰り返しになるが、もちろん大前提としては、楽曲を制作するアーティストやアーティストを支えるプロデューサーなどのチームによって表現したい世界観や音楽性が、世の中の心をつかめるかどうかが一番大事である。ただ、そのアーティストの魅力を伝えるために4つのフィードタイプとその広がり方の違いを頭に入れておくと、それぞれの楽曲がどのように広がっていくかについて考えるきっかけになる。

考察を通じて気付いたのは、《Pretender》で生まれた「世界線」のハッシュタグのように、異なる価値観を持つクラスターの壁を超えることの重要性だ。《Pretender》のヒットの過程では、楽曲、MVの象徴的なキャッチコピーや動画が、価値観の異なるクラスターを超えて伝播し、人々が日常の話題で使うようなキーワードに昇華され、社会記号化されていた。各クラスター内のトレンドを知り、複数クラスターに普及させていくことは、大ヒットにつながる重要なヒントだ。

また、グローバルヒットを考える上では、各国の文化や音楽に対する嗜好性をふまえたノンバーバルで広がるフィードコンテンツの準備が必要になるだろう。

次章では「ヒットを生み出す方程式」を用いながら今ヒットしているアーティストのヒットの要因を考察していく。

第4章
アーティスト別ヒット考察

アーティストの選定基準

本章では、第3章までの考察を踏まえ、令和の音楽シーンでヒットがどのような構造から生まれているのか、音楽シーンを席巻している5組のアーティスト事例を紹介していく。なお、本章のヒット考察で取り上げるアーティストは、次の3つの基準を満たすものから選定している。

①Billboard Japan Hot 100のトップ10に初ランクインしたのが令和以降
②グローバルチャートやグローバルでの活動実績として何らかの記録を残している
③楽曲制作・楽曲配信の手法に、アーティストならではの工夫ポイントがある

4番目に紹介するtuki.のみ②を満たしていないが、①と③に令和ならではの特徴があるために選定した。

各アーティストについては、そのアーティストの「プロフィール」「ヒットまでの道のり」「ヒットの要因」という3本立てで解説していく。

ケース1　YOASOBI

プロフィール

YOASOBIは、コンポーザーのAyase、ボーカルのikura（幾田《いくた》りら）からなる〝小説を音楽にするユニット〟だ。２０１８年頃からボカロPとして活動していたAyaseのもとに、小説投稿サイト「モノガタリードットコム」のスタッフから、「小説を音楽にするユニットを作りたい」というオファーが届いたことで、プロジェクトが始動した。当時、学生でありながらYouTubeやSNSに弾き語り動画をアップしていたikuraにもボーカリストのオファーが届き、YOASOBIの結成に至る。

２０１９年、デビュー曲《夜に駆ける》が、若者を中心に大きな反響を呼び、ストリーミングや各種チャートを席巻し、その特徴的なコンセプトへの注目も相まってマス媒体での露出も増え、認知が急拡大していった。

２０２３年には、アニメ『【推しの子】』のオープニング主題歌《アイドル》のストリーミング累計再生回数が、史上最速で４億回を突破。さまざまなグローバルチャートでJポップの歴史を塗り替える記録を次々と打ち立てる世界的ヒットとなった。

「コンテンツ調査」のデータによると、現在の国内視聴者層は約647万人で、特定の性年代に偏《かたよ》りがなく、まさに老若男女に愛されているアーティストと言える。視聴者には、YouTubeやテレビ番組、友人・家族の口コミから受動的に情報を得る人の割合が高く、このことからも音楽好きに限らない層にまで浸透していることがわかる。

このほかYOASOBI視聴者の特徴的な点で言えば、Kポップを含め海外の音楽を聴く人がとくに少ないことで、Jポップ、アニメソング、邦楽ロック、ボカロ系などを好んで聴いている人が多いというデータがある。

ヒットまでの道のり

YOASOBIが、2019年11月にYouTubeに公開した《夜に駆ける》は、公開直後から注目を集め、国内の各種配信チャートを席巻する。ビルボードジャパンが発表する2020年の年間総合ソング・チャート「2020年年間ジャパンチャート」と「ストリーミング・ソングス」ランキングで1位を獲得。その後、2023年にはストリーミングの累計再生回数が、邦楽史上初となる10億回を突破した。

２０２０年5月には、人気YouTubeチャンネル「THE FIRST TAKE」のコロナ禍を受けた企画「THE HOME TAKE」に出演。ここで《夜に駆ける》を歌ったこともYOASOBIへの注目が大きく広がったきっかけのひとつになったと考えられ、この動画の再生回数は1・4億回を超えるまでになっている（２０２４年9月末時点）。

２０２０年末には、「ＮＨＫ紅白歌合戦」にも出場し、翌年1月には1作目のＥＰ「THE BOOK」をリリースした。このミニアルバムは、「小説を音楽にする」というコンセプトを表現した〝読むＣＤ〟として注目され、オリコン「デジタルアルバムランキング」では、5週連続1位を獲得する。収録されている7曲もApple Musicのトップ15にランクインした。

同年12月には、セカンドＥＰ「THE BOOK 2」を発売。同じく12月の4、5日に日本武道館で開催した初の有観客ライブ「NICE TO MEET YOU」では、2日間で計1・4万人を動員し、Twitterで関連ハッシュタグが連日トレンド入りするなどの盛り上がりを見せた。この年末には2年連続となるＮＨＫ紅白歌合戦に出場を果たす。

そして、２０２２年2月からは直木賞作家が原作小説を書き下ろし、順次その作品にリンクした楽曲を発表していくというプロジェクト「はじめての」を始動させ、原作小説4

作が収録された書籍も発売した。

同年8月には、「ROCK IN JAPAN FESTIVAL 2022」をはじめ、各地のフェスでもライブを繰り広げ、特殊なステージ演出が話題になった。さらにこの年には10月期のテレビアニメ『機動戦士ガンダム 水星の魔女』のオープニング主題歌《祝福》もヒットし、ストリーミング1億回再生を早々に達成する。

そして、２０２３年4月にリリースされた、テレビアニメ『【推しの子】』主題歌の《アイドル》は、YouTubeでのMV公開とともに話題が猛烈な勢いで拡散する。その結果、ビルボードジャパンの総合チャート「Billboard Japan Hot 100」では、21週連続で

図4-1 YOASOBI ビルボードチャート推移

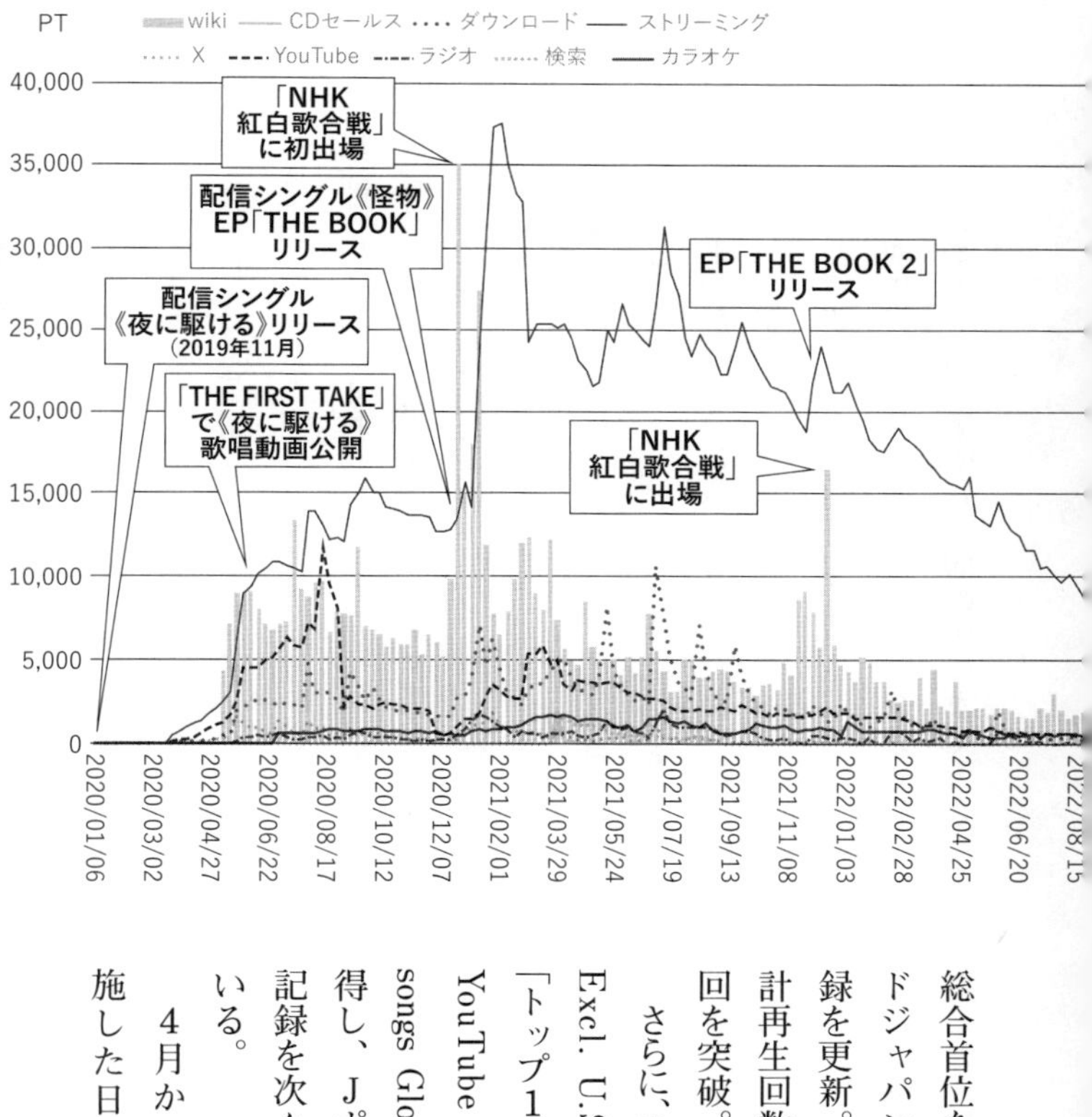

総合首位を獲得し、ビルボードジャパンの歴代連続首位記録を更新。ストリーミング累計再生回数は史上最速で4億回を突破。

さらに、米ビルボード「Global Excl. U.S.」、Apple Music「トップ100：グローバル」、YouTube Music「TOP 100 songs Global」でも首位を獲得し、Jポップ史上初となる記録を次々と打ち立て続けている。

4月から6月にかけて実施した日本での初アリーナ

ツアー「YOASOBI ARENA TOUR 2023 〝電光石火〟」では、追加公演を含めて7都市14公演で計13万人を動員した。8月には、88rising主催「HEAD IN THE CLOUDS Los Angeles」にてLAフェス出演を果たした。2024年4月12日には、アメリカ・カリフォルニア州で開催されたアメリカ最大規模の野外音楽フェス「コーチェラ・フェスティバル」に出演を果たし、4月24日には全世界配信されたTikTokライブでは累計視聴者数約63万人、同時視聴者12万人超えと、TikTokライブにおける国内アーティストの最高視聴者数を記録。話題を巻き起こしながら、現在まで活躍を続けている。

〈ヒットの要因①《夜に駆ける》コンセプトが注目され、ネットから一気にマスへ

デビュー曲《夜に駆ける》から早々に注目されたYOASOBIだが、アーティストとしての認知が高まったのは第3章で解説したようないくつかのフィードコンテンツが影響していると考えられる。

たとえば、若者間でこの楽曲が知られることになったのは、いわゆる「歌ってみた」動画などの二次創作、つまり参加型フィードコンテンツが令和トレンドセッター層から生まれ、ボカロ&ネット系音楽愛好家層の中にまで大きく広がったことが影響していると考え

図4-2 YOASOBI《夜に駆ける》 フィードコンテンツの広がり

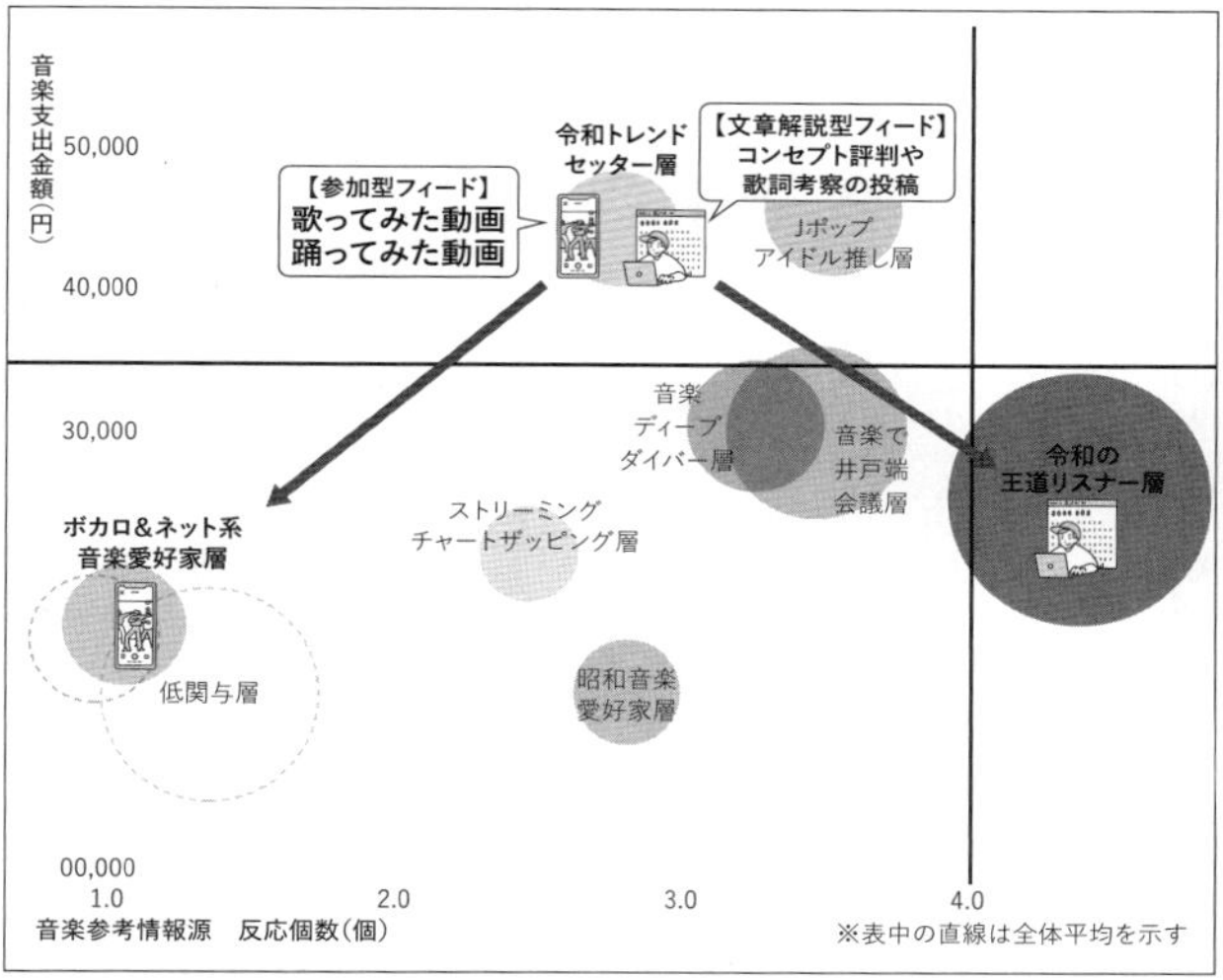

られる。

　また、若者にとどまらず、その後、幅広い層から聴かれるまでになったことには、前述した〝小説を音楽にする〟というコンセプトが大きく影響していたと考えられる。この特徴的なコンセプトと楽曲制作のスタイルによって、SNSでおすすめしたり、楽曲に対する考察を行う「コンセプト評判や歌詞考察の投稿」がフィードコンテンツとして生まれ、話題も早々に令和の王道リスナー層にまで広まっていったと考えられる【図4－2】。

　さらに、このコンセプトはテレビなどのマスからも取り上げられるポイントとなってさまざまな媒体で露出が増え、現在のような幅広い年代から聴かれる状態に至ったのだ。

〈ヒットの要因②《アイドル》アニメとエクレクティシズム的音楽がフィードコンテンツを生んだ

YOASOBIが2023年アニメ『【推しの子】』の主題歌として書き下ろした楽曲《アイドル》は、発表直後から令和トレンドセッター層を中心に音楽ファンの心を掴《つか》み、瞬《また》く間に「歌ってみた」「踊ってみた」などの二次創作が数多く生まれ、YouTubeやTikTokを通して認知が急拡大していった。その勢いは国内にとどまらず、韓国でもさまざまなアイドルがこの曲で踊ってみた動画をSNSにアップするなど、東アジアや東南アジアを中心に、アメリカでも注目されるまでに至った【図4-3】。

近年、各種動画配信サービスの普及によって、日本のアニメを楽しむ人は国内外を問わずに拡大した。その流れの中で、日本アニメの注目作に起用された楽曲がヒットするケースも増えている。もちろん、注目作に起用されただけでヒットするかというとそうではないだろう。前述のとおり《アイドル》は、放送開始前から注目されていたアニメの主題歌であったが、この楽曲がヒットした背景については単なるアニメ主題歌への起用だけでない、いくつかの要因が考えられる。

そのひとつは音楽性だ。この楽曲の目まぐるしい展開やサウンドメイクは、日本人のみならず世界中の人々に新鮮さを感じさせるものだった。冒頭からインパクトのある打音と

図 4-3 YOASOBI《アイドル》 フィードコンテンツの広がり

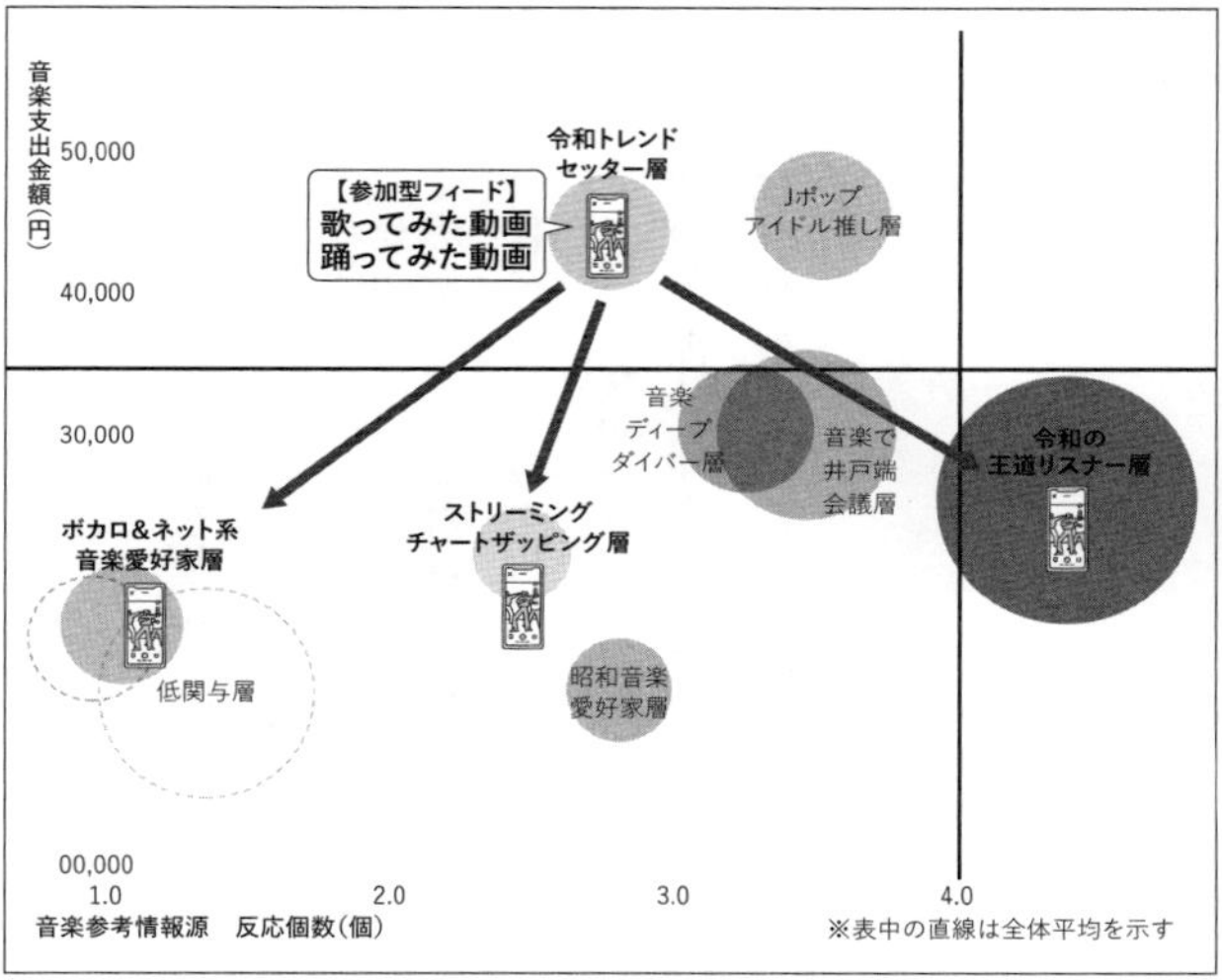

ラップ調の歌で始まり、それに荘厳なオーケストレーションが続く。

そして、サビ前には日本のアイドルソングの系譜に沿ったクラップ&コールを入れ、サビはボカロなどのネット系音楽のような進行も感じさせる。さらに曲の中盤ではビートダウンしダークになり、トラップメタル的な曲調の展開も導入されている。

こうした多くの音楽的な文脈を感じさせる目まぐるしさがありながら、巧《たく》みに一曲として成立していることが新鮮さを感じさせる理由だろう。さまざまな楽曲のいい部分を抽出して新しい体系を作り出すエクレクティシズム（折衷《せっちゅう》主義）的な楽曲の構造は、グローバルヒットにまで至った大きな要因のひとつであると考えられる。

また、YouTubeで公開したMVもヒットの要因のひとつと考えられる。YouTubeのMV再生回数は5億回を超え、多くのコメントを集めている。日本のネット発とも言えるリックビデオ（歌詞を中心に構成されたMV）の系譜も感じさせるこの映像は、公開当初からアニメのストーリーを汲《く》んだ歌詞や演出が反響を呼び、その歌詞や演出意図を探る考察も多く広がった。これは前項でも触れたとおり物語から楽曲に落とし込むYOASOBIが、アニメ作品の主題歌を担当したからこそのことであると考えられる。

このように楽曲《アイドル》はアニメ主題歌という点だけに限らず、さまざまな文脈を併せ持つ音楽性、映像の要素がフィードコンテンツを生むポイントとなり、グローバルヒットにつながっていたのだと考えられる。

ケース2　imase

プロフィール

岐阜県出身のimaseは、2000年生まれという新進気鋭のアーティストだ。音楽活動開始からわずか1年という記録的な早さでメジャーデビューを果たした。

注目すべきは、TikTokでバズり、SNSで自ら伝え、ファンと交流し、YouTubeやストリーミングサービスによって音楽を届けるという彼の独自の音楽スタイルだ。それゆえに〝TikTok発の次世代シンガーソングライター〟の1人としても知られている。

代表曲の《NIGHT DANCER》は、韓国配信サイト「Melon」でJポップ初のトップ20入りを果たし、Spotify「バイラルチャートトップ50」に31ヵ国でランクインするなど、世界各国でもバイラル中だ。「第65回 輝く！日本レコード大賞」では優秀作品賞を受賞し、韓国で開催された「MMA 2023」「CCMA 2023」に日本人アーティストとして初出演を果たすなど、国内外で活躍の場を広げ続けている。

現在の国内ファン層としては、10〜30代の女性が多い（「コンテンツ調査」より）。そして、TikTokなどのSNSをルーツとしているアーティストということもあり、ファン層も普段からSNSを巧みに使いこなし、好きなアーティストの情報を積極的に収集し、さらに「推し活」を行う層である。

また、音楽性に加えて、歌詞やタイアップなどの「話題性」も重要な基準としている層ゆえ、ジャンルのしばりはなく、Jポップ、Kポップ、アニソン、邦楽ロックなど、幅広い音楽を好むのがimaseファンの特徴だ。

ヒットまでの道のり

imaseが最初に音楽活動を始めたのはギターを手に取った2020年11月で、それまで楽器経験は一切なかった。そこから半年後にはTikTokに歌唱動画をアップロードし始め、自身のオリジナル楽曲を部分的に投稿するようになった。

本人曰《いわ》く「バズってみたい」という気持ちから始めたTikTokだったが、できた曲は友人にも好評で思いのほか再生数を稼いだという。そしてある日、そのうちの1本がヴァージン・ミュージック（現所属事務所）のマーケティング担当スタッフの目に留《と》まり、契約に至る。

その後、事務所スタッフのすすめで受けたテレビ東京の番組オーディションの一環として制作し、投稿した動画がバズったことから、立て続けにバイラルヒットを連発してTikTok全体でトレンド入りすることになる。その経過を見ていたレコード会社のスタッフは、オーディションの結果を待たずにデビューさせる決断をし、1次審査で披露した楽曲《Have a nice day》を急遽《きゅうきょ》レコーディングし、2021年12月19日に配信リリースを実現した。

ここまでスピーディに物事が進んだのは、コロナ禍の影響も大きい。コロナ禍でオンライン配信が増えたこともあり、音楽業界でもスピードがより重視されるようになったのだ。かつてはアーティストの卵に出会ったら、時間をかけて慎重に見極め、事務所との契約が決まったあともたっぷり時間をかけて育成するスタイルだった。しかし、それでは現代社会のスピードについていけない――。そんな環境下だったからこそ、事務所もimaseとの契約やデビューを異例の短期間で決断したのだろう。

その狙いが功を奏し、デビュー時点で、《Have a nice day》のTikTok総再生回数は3億回を超え、Spotifyの日本バイラルチャートでも1位を獲得するなど、すさまじい勢いで人気歌手の仲間入りを果たす【図4-4の①】。

その後も順調に新曲を出してはチャートで1位を獲得し、ポカリスエット新CMの主題歌《Pale Rain》やJTひといき習慣シリーズの新CMの主題歌《でもね、たまには》のテレビCMソングにも大抜擢された。

そして、２０２２年８月には、グローバルヒットを決定づける曲となった《NIGHT DANCER》をリリースする。

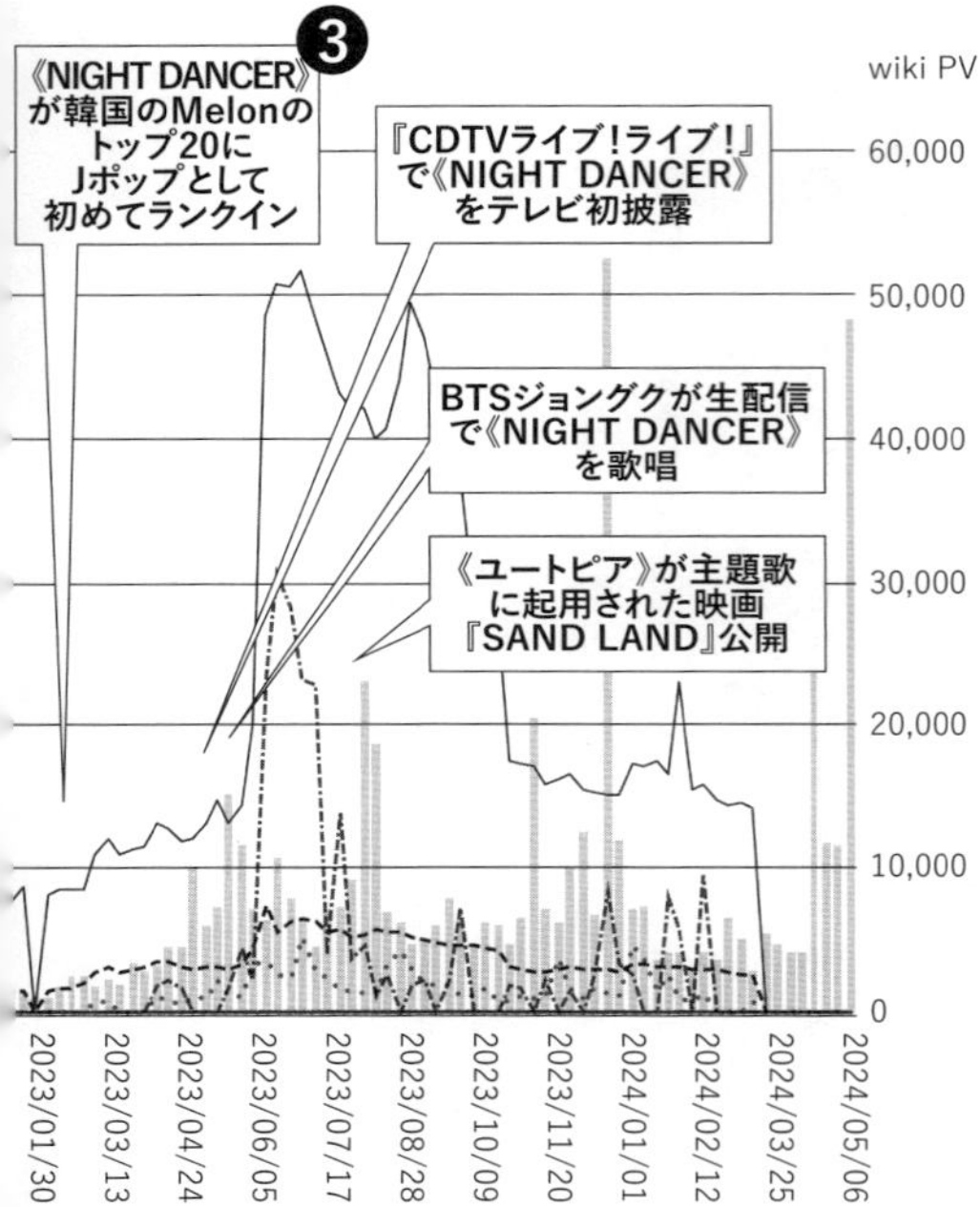

この曲に関しては面白い制作秘話がある。楽曲リリースの３ヵ月前、サビ部分のみをTikTokで先行配信したところ、その音源を活用したダンス動画が徐々に増えていった。つまり、フィードコンテンツとしてTikTokユーザーの間で投稿されるようになったのだ。その結果、《NIGHT DANCER》の関連動画はリ

図4-4 imase ビルボードチャート推移

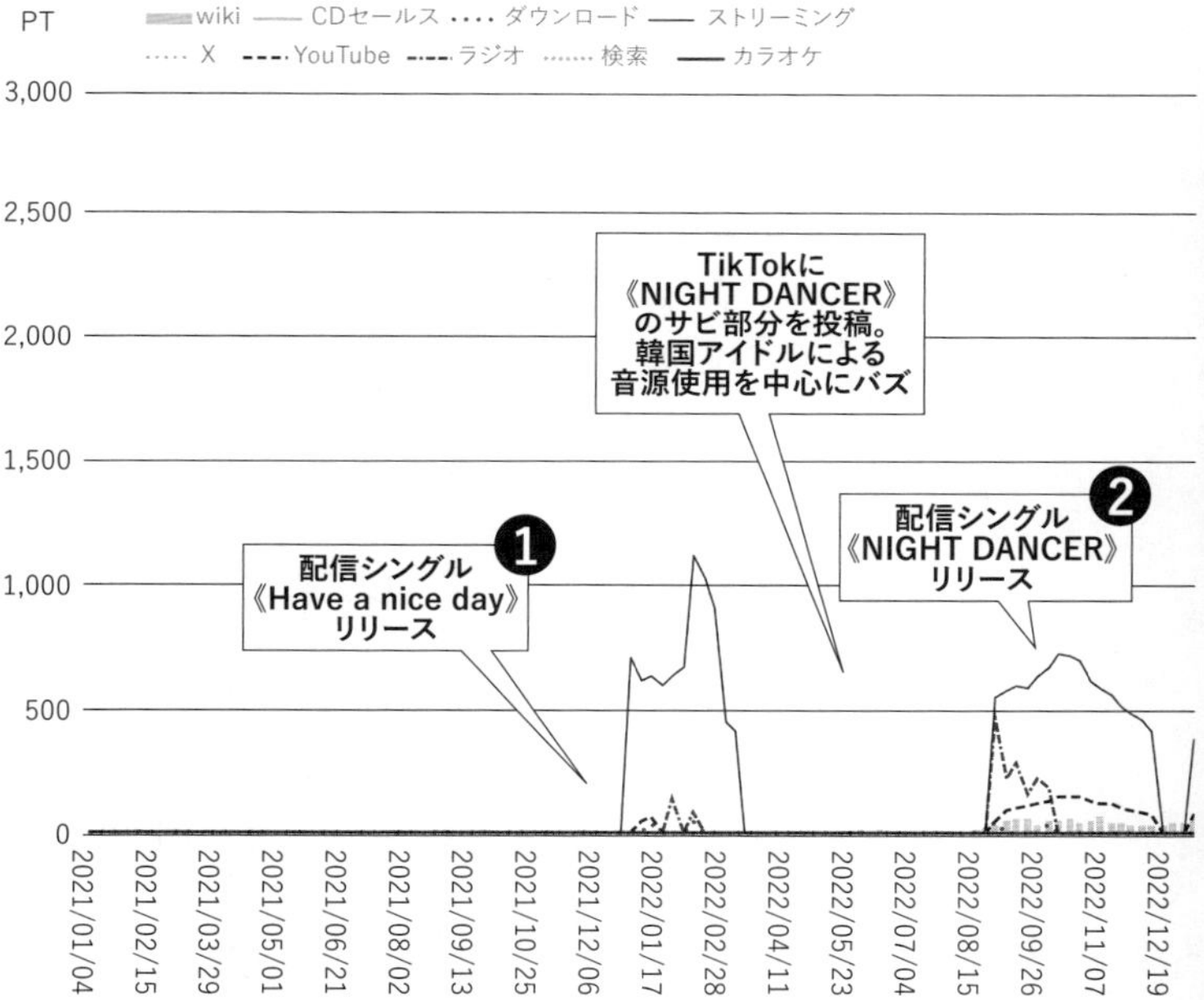

リース前の時点で1・8万本を超え、楽曲の総再生回数は1・7億回を超えていた。

そして、リリース後も、韓国の男性アイドルグループStray Kidsがダンス動画を投稿するなど勢いは衰えない。年末には2022年に流行った曲としてさまざまな動画に楽曲が使われ、YouTubeに投稿されたMVは1000万回再生を突破（2022年12月時点）した。年明けには韓国のインフルエンサーにも注目され、そこからさらにSN

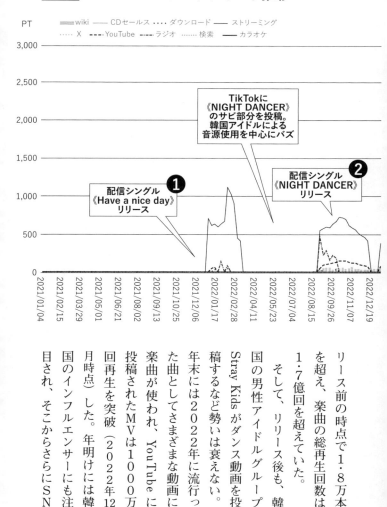

Sユーザーを中心に人気が広がっていく【図4-4の②】。まさに、フィードコンテンツ動画とその普及をきっかけに、海外にまで展開していった例だと言えるだろう。

その後、韓国の男性アイドルグループATEEZやTREASUREらがダンスを披露したことで勢いが加速し、2023年2月には、韓国最大の音楽サブスクリプションサービスであるMelonのトップ20にJポップとして初めてランクインを果たす【図4-4の③】。そして、韓国でその人気をより強固なものにすべく、4月には渡韓してショーケース（紹介イベント）まで開催した。

ここまでですでにピークなのではないかと思わせるほどの盛り上がりを見せていたが、さらに波及力を強める出来事が起こる。BTSのメンバーであるジョングクが公式ファンコミュニティサービスWeverseでの生配信で《NIGHT DANCER》を歌ってみせたのだ。

その影響力はすさまじく、《NIGHT DANCER》の知名度はさらに広がった。このときの生配信は深夜0時を回っていたが、imaseもすぐさま驚いた顔の写真とともに文章を投稿し、思いもよらぬ嬉しい出来事にリアクションした。同年10月には、imaseのInstagramでジョングクとの2ショット写真も公開されるが、この時の彼にはまだ想像もできていなかったことだろう。

このようにKポップアーティストがimaseのヒットには欠かせないキーマンとなっていたこともあり、彼の視聴層（約58万人）は音楽にかける支出、時間ともに惜しまない傾向にある。「コンテンツ調査」によると、imase視聴層の音楽への年間支出は4万9058円と、平均よりも1万4131円多く、利用インターネットサービス・サブスク個数・音楽情報参考源も、平均よりはるかに多い傾向にある。

さらに、音楽の選び方として、「SNSで話題になっていること」をより重視する傾向にあることから、SNSを介してスピーディかつ雑多に音楽情報を取り入れて楽しんでいるリスナーだとわかる。

こうしたファンの特徴に対して、imaseの音楽スタイルがもたらすスピード感が、ファンを飽きずに楽しませ続けている理由と言えるだろう。

また、《NIGHT DANCER》の発売直後からはグローバルでの売り出しに注力してきたようにも見えるが、国内でも盛んに活動していた。2022年12月には初のオンラインライブ、そして2023年3月には初のワンマン有観客ライブを実施し、5月からはテレビでのパフォーマンスを解禁している。

そして、「CDTVライブ！ライブ！」（TBS）で見せた《NIGHT DANCER》の初パフォーマンスを皮切りに、主要音楽番組にも次々と出演。その後も映画『SAND LAND』の主題歌（《ユートピア》）を手がけたり、韓国女性アイドルグループ LE SSERAFIM に楽曲提供（《ジュエリー》）したりと、多方面での活動が取り上げられ、話題が途切れることはなかった。２０２４年には、初の全国ツアーとアジアツアーを開催しており、勢いは増す一方である。

〈ヒットの要因①《NIGHT DANCER》テストマーケティング的アプローチで、ファンが増加

imase がここまでのヒットを生むことができた理由のひとつは、彼のこだわり抜いた楽曲制作スタイルにある。彼が主戦場に選んだのは TikTok で、それはショートで投稿できる気軽さがあるからだと言い、当初は1週間に1度のペースで断続的に投稿していた。

さらに、TikTok で楽曲のサビ部分から投稿するという手法を一貫して続けている。こうすることで、サビに対するファンの反応を見て、「反応の良い楽曲だけをフル尺でつくる」というテストマーケティング的な手法を実践しているのだ。そのため、新曲はリリース前の段階で「TikTok でのお墨付きがある」状態となるのだ。

imase がリスナーの反応として気にかけていたのが、フィードコンテンツの多さだ。

図 4-5 imase《NIGHT DANCER》フィードコンテンツの広がり①

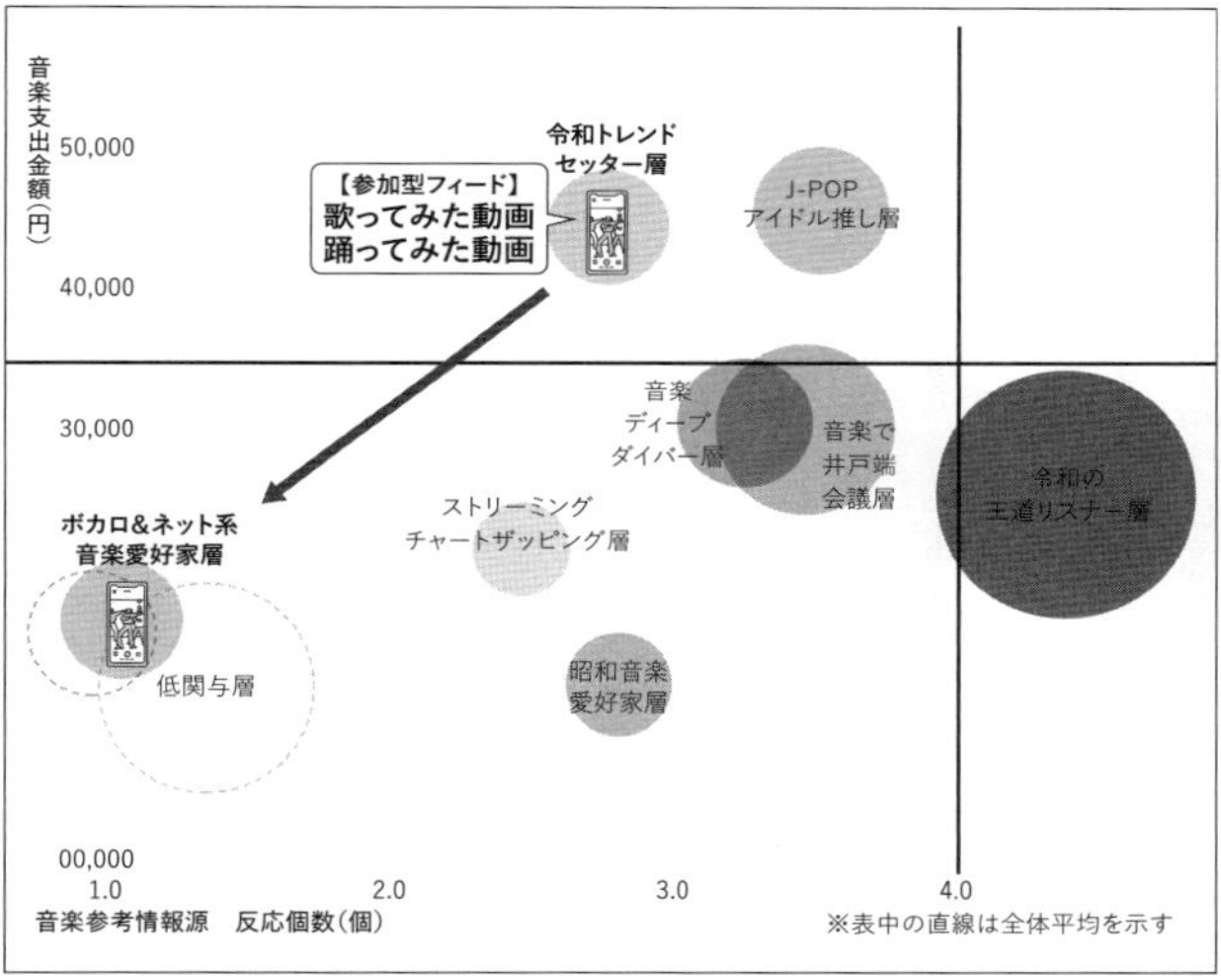

TikTok の特性上、気に入ってもらえた楽曲はそのまま他で音源として使用されることも多い。《NIGHT DANCER》がわかりやすい例だが、曲として評価されることでダンス動画に使用されるなど、フィードコンテンツが増えやすくなる傾向がある。そうした波及効果によりファンも芋づる式に広がっていき、さらにフィードコンテンツ動画数が増え、ストリーミング回数・楽曲総再生回数も伸びるという正のスパイラルが起こるのである。

imase の場合は、テストマーケティング的な手法により、TikTok ユーザーに多い令和トレンドセッター層を取り込めたことがヒットの大きなきっかけになったのだろう。

そして、フィードコンテンツ動画が増えた

ことで、レコメンド（おすすめ）で楽しむボカロ&ネット系音楽愛好家層を筆頭に多くの人に届かせることができた。

こうして、TikTokの特徴（○○してみた動画が多い・レコメンドで楽しむ人が多い）をよく理解したうえで楽曲投稿を続けていたことが、TikTokでの連続バイラルヒットや、ストリーミングの再生数増加に大きな影響を与えたと考えられる。ショート動画SNSを活用したヒットの代表例とも言えるだろう【図4-5】。

〈ヒットの要因②《NIGHT DANCER》BTSメンバーのカバーでグローバルヒット

imaseの楽曲が、韓国のアイドルやインフルエンサーの目に留まったのは幸運以外の要素もあり、先述したTikTokの巧みな使い方もその一因だろう。

とくにファンダムを持つ有名人に紹介してもらうことによる影響力は大きい。人数規模の話だけではなく、「推しの推しは推し理論」があるからだ。

これは、推しが好きなアーティストとして紹介することで、推しを介してそのアーティストも好きになってしまう現象を指す。

推しがよく食べているものを自分も食べたくなったり、推しの服と同じブランドを着て

図 4-6 imase《NIGHT DANCER》フィードコンテンツの広がり②

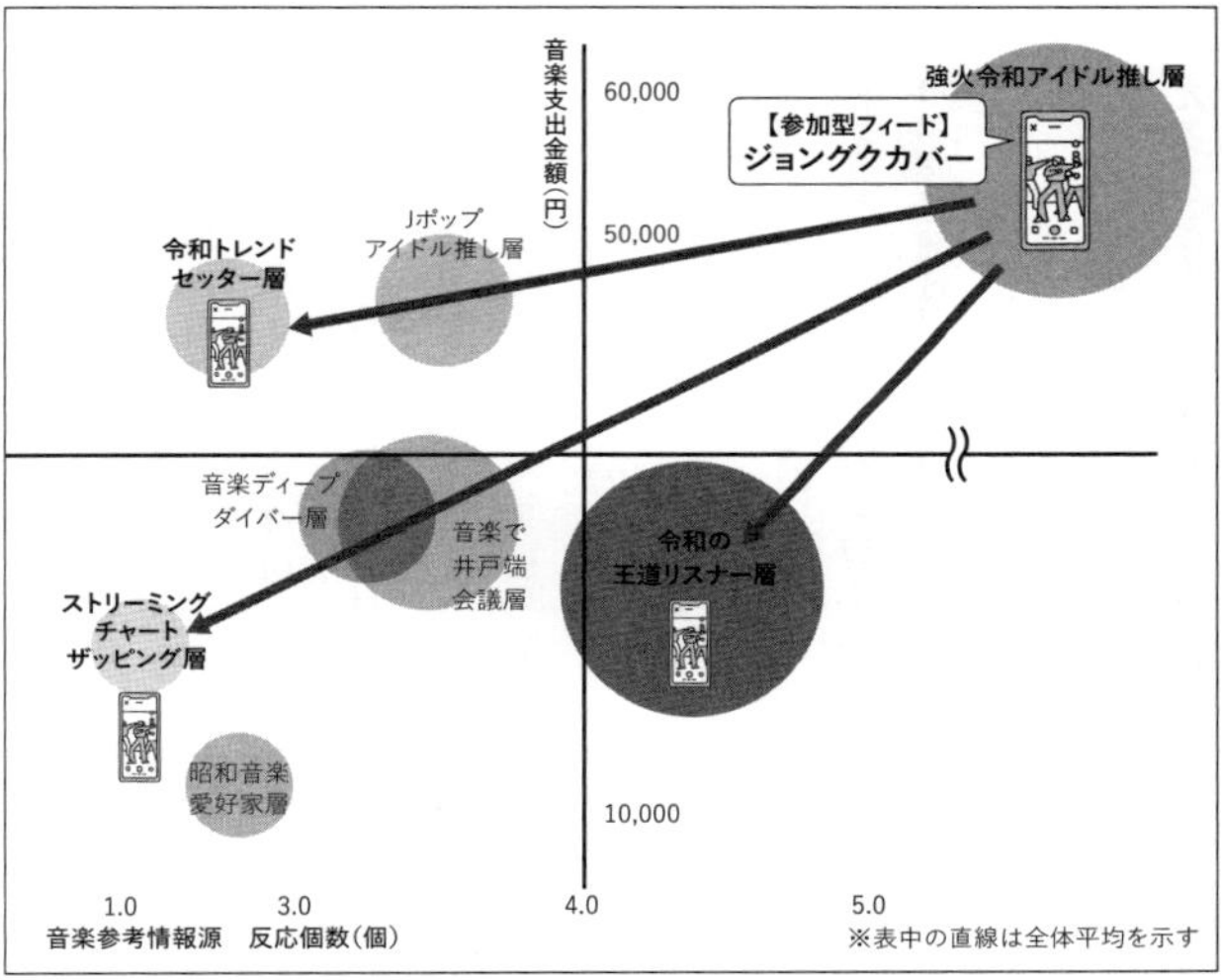

みたくなったり、「推しを身近に感じたい」という思いから、推しの嗜好にも興味・関心を持ちやすくなる。そのため、推しに紹介されると、ただ認知するというよりは、自分も好きになるということが起こりやすいのである。

その結果、巨大なファンダムを持つ有名人に紹介されることで、わざわざ楽曲を検索して再生してくれる人が増えたり、ファンとして活動を楽しみにする人が増えたりする。単なるお気に入り化にとどまらず、アーティスト自身も好きになってもらいやすいというのが、推しの推しは推し理論の強みとも言えるだろう。

また、強火令和アイドル推し層のように歌

やパフォーマンスを重視するファンなら、推しが歌っている映像の一部を切り抜いてフィードコンテンツ動画としてSNSで発信したりする。そして、本家の動画やフィードコンテンツ動画を観た令和トレンドセッター層、ストリーミングチャートザッピング層、令和王道リスナー層の人々は、その曲が誰のどんな曲なのか気になり、つい調べてしまう。こうしたループがさらなる広がりを生むのである。

その結果、これまでのようなTikTokを中心とした一部の界隈《かいわい》のみでなく、ボリュームゾーンをとらえたマスヒットへとつながったと言える【図4-6】。

実際に、BTSのジョングクが好きな曲として《NIGHT DANCER》を紹介したことで、一気にストリーミング再生数が跳ね上がったり、フォロワーが増えたりしたのもその最たる例と言える。

そして、imaseのグローバルヒットをより確固たるものに変えていったのがジョングクの配信に対する彼のリアクションだ。

深夜に行われた配信に対し、imaseはすぐさま驚きと嬉しさをInstagramの投稿で表現した。この行動はジョングクのファンに対しても、本人が反応してくれたという喜びを与えるとともに、さらなる話題を呼ぶきっかけとなった。さらに鉄は熱いうちに打てと言わんばかりに、ジョングクが《NIGHT DANCER》を披露したプラットフォームに自身もアーティスト登録して海外のファンとも交流できるようにしたり、韓国で開催されたKポップアワードに日本人アーティストとして初出演したりと、継続してグローバルファンとのパイプ作りにも努めた。

こうした努力が功を奏して、一時のグローバルヒットに終わらず、アジアツアーを実現できるほどにまで規模を広げて現在も活躍しているのである。

ケース3　藤井風

プロフィール

藤井風は、1997年生まれのシンガーソングライターである。今や海外で最も聴かれる日本人アーティストの一人で、12歳の時には実家の喫茶店で撮影したピアノカバー動画をYouTubeに投稿している。

2020年にファーストアルバム、2022年にセカンドアルバムをリリースし、ともにビルボードジャパンの総合アルバムチャート「Billboard Japan Hot Albums」にて1位を獲得。さらに、楽曲《死ぬのがいいわ》は、Spotifyのデイリーバイラルチャートにて全世界73の国と地域にランクイン、うち23の国と地域で1位を獲得。Spotify月間リスナー数1000万人を超えた初の国内アーティストとなった。

2022年には、セカンドアルバムのリリースを記念して、音楽ライブとしては史上初となるパナソニックスタジアム吹田《すいた》（大阪府吹田市）にて開催すると、2日間で7万人を動員する。さらにライブの模様はNetflixにて全世界配信もされた。

2023年6～7月にかけては、7都市11公演のアジアツアーを開催し、全公演ソールドアウト。2024年5月には自身初のアメリカツアーも開催して成功を収め、6月には《死ぬのがいいわ》が米レコード協会ゴールドディスク認定されるなど、グローバルな活躍を続けている。

国内視聴者層（約278万人）としては、幅広い年代に聴かれているが、とくに40～50代の女性が多く、また視聴音楽ジャンルには強い傾向はないが、メロディや歌唱力などを重視している人が多い。幅広い年代から聴かれていることから、音楽の情報源としてYouTubeやサブスクリプションサービス、SNSに限らず、テレビ番組を参考にしている人が多いというのも、藤井風を好んで聴いている層の特徴のひとつである（「コンテンツ調査」より）。

ヒットまでの道のり

幼少からピアノを弾き続けていた彼が、音楽を世に発信したのは12歳のとき、ピアノのカバー演奏動画をYouTubeにアップしたことに始まる。

その後音楽の道に進むことを志し、高校は岡山県内の音楽が学べる学校へ進学。高校在学中は動画の投稿を休止していたが、卒業後には地方のイベントやコンサートで弾き語りを披露する一方、動画投稿を再開する。投稿していた動画が音楽業界関係者の目にとまり、２０１８年頃には複数のレーベルから声がかかるまでになった。

現レーベルへの所属が決まったあとには東京でのライブが増え、２０１９年に岡山から上京する。ニューヨークでの短期武者修業も経て、同年の夏からは全国のイベントや大型フェスにも出演。初のワンマンライブも実施し、メジャーデビュー前にもかかわらず東京・大阪の計3日間のチケットは完売。その反響から、ラジオ番組「オールナイトニッポン０」への出演を果たした。

２０１９年11月、満《まん》を持《じ》してメジャーデビューシングル《何なんw》をリリース。すると、この曲が躍進のきっかけとなり２０２０年１月、Spotifyが躍進を期待するアーティスト「Early Noise 2020」に選出。同年５月、YouTubeが世界の新鋭アーティストを紹介する「Artist on the Rise」に、日本人アーティストとして初めて選出された。

さらに、２０２０年６月より実施予定であったライブツアーは、チケットも完売、追加公演も決定していた状況であったが、コロナ禍によって全公演が中止になった。これを受け、公式YouTubeチャンネルでのピアノ弾き語り生配信が急遽《きゆうきよ》４月に行われ、約２万人が同時視聴するなど好評を博した。

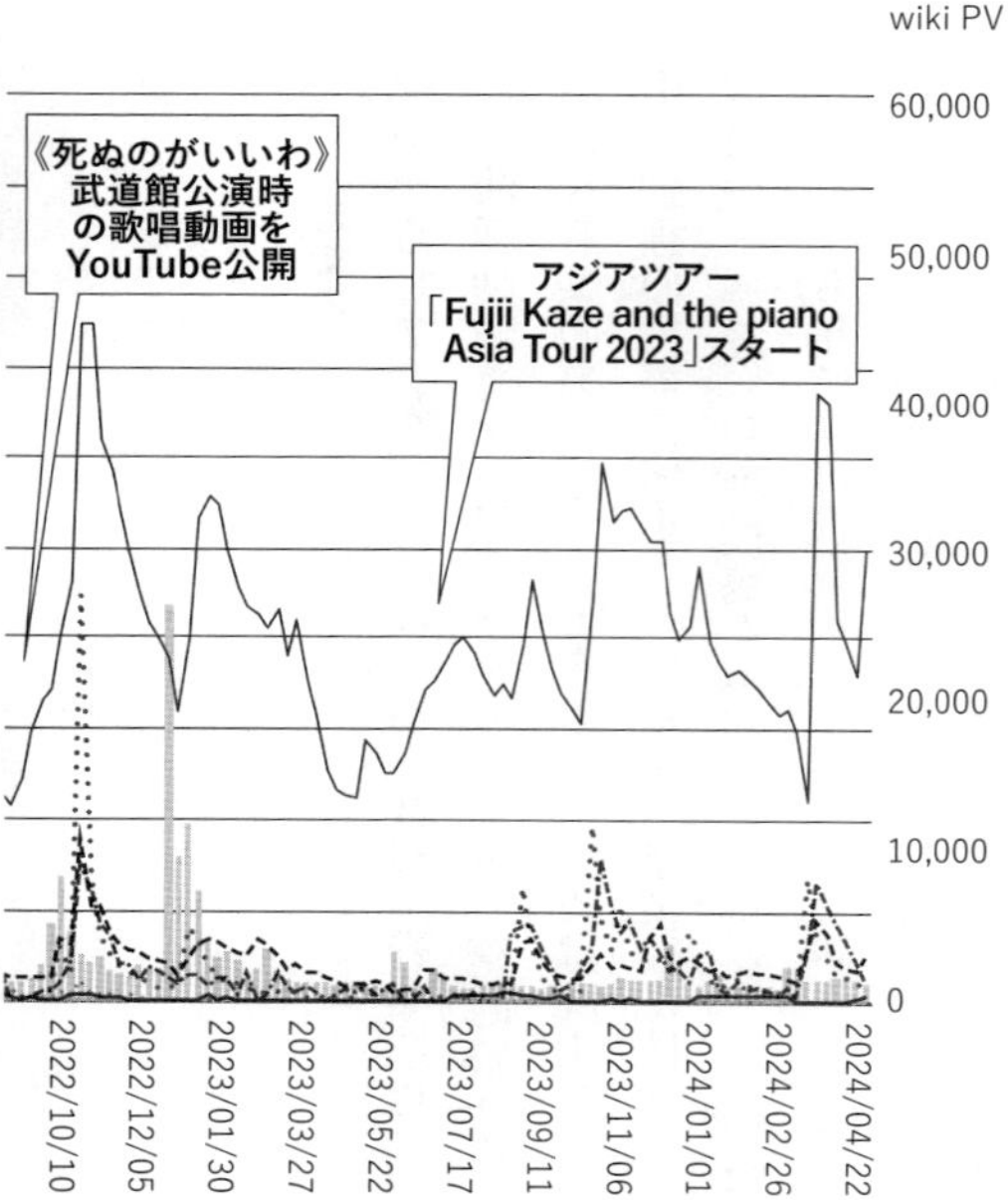

２０２０年に初のアルバムをリリースすると、Billboard Japan Hot Albumsで総合１位

図 4-7 藤井風 ビルボードチャート推移

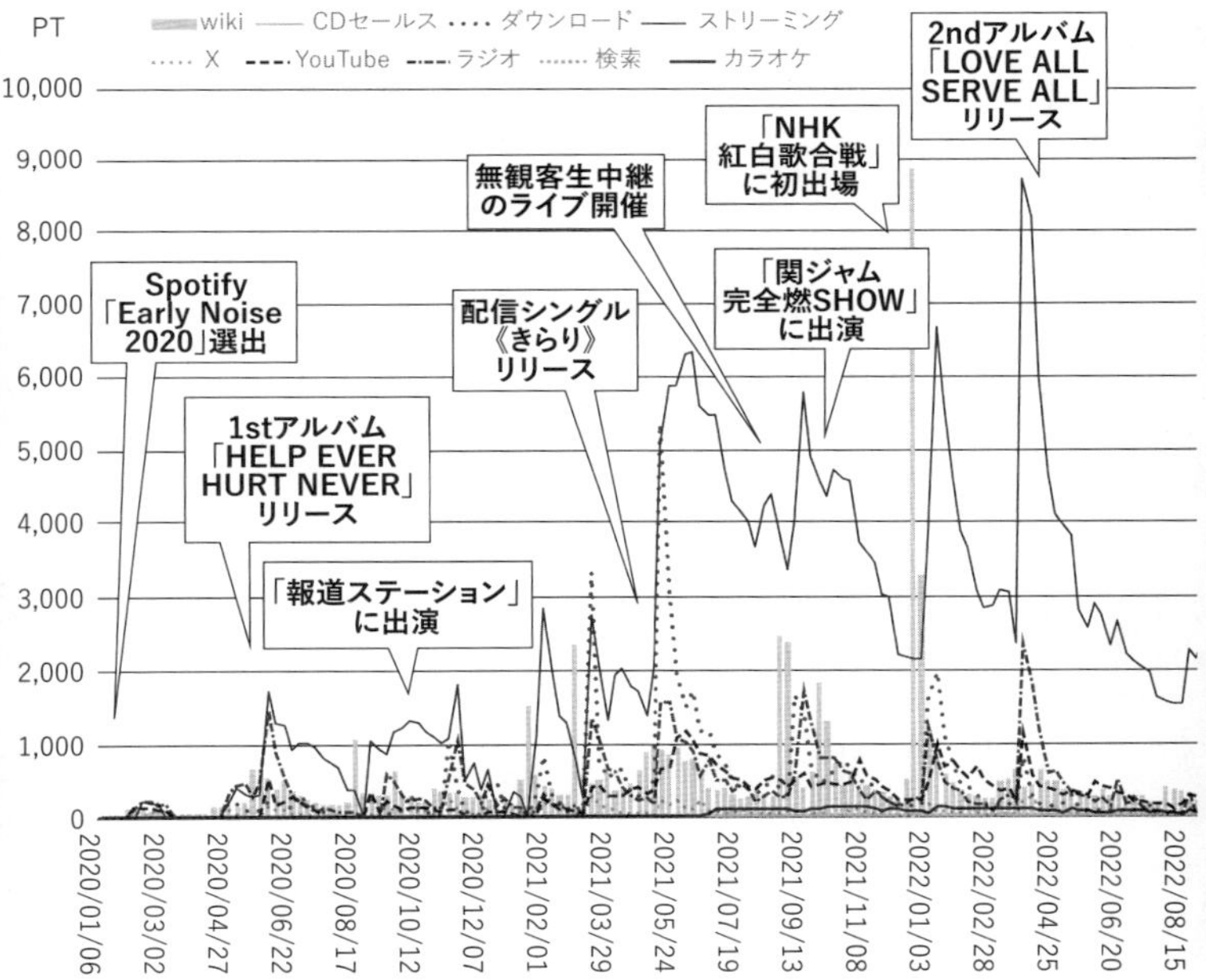

を獲得し、6月1日付のオリコン「週間デジタルアルバムランキング」においても1位を獲得した。

さらに、このアルバムに収録された《帰ろう》で表現された死生観がコロナ禍で多くの人の共感を生んだとして、同年9月にはテレビ朝日の「報道ステーション」で特集され、テレビ出演も果たす。10月に武道館公演で成功を収め、12月より自身初となる全国ホールツアーを実施。翌年1月末にかけて、11都市全12

公演を開催する。また、この頃から日本国内にとどまらず、12月には、「2020 Mnet Asian Music Awards」において自身初の海外での受賞となる「Best New Asian Artist Japan」を獲得するなど、海外での評価も高まった。

翌2021年には、ホンダのCMソングとして書き下ろされた《きらり》が4月にリリースされると、8月にストリーミング累計再生回数1億回を突破するなど躍進を遂げ、認知を大きく広げた。

9月には無観客生中継ライブ開催、YouTubeやラジオで無料配信され、約18万人が視聴し、「Twitter 世界トレンド1位になるなど、その影響力を大きく感じさせた。さらに同年10月、テレビ朝日「関ジャム 完全燃SHOW」で音楽番組に初出演。年末には「NHK紅白歌合戦」に出演するなど、音楽ファン以外にも広く知られる存在となっていった。

順調にヒットを飛ばす中、2022年7月からTikTokを通じてタイで楽曲《死ぬのがいいわ》が人気になったことを受け、8月、武道館公演時の歌唱動画を公開。9月7日には、Spotifyの「グローバルデイリーバイラルチャート」で、最高位となる4位を記録。9月17日付の「デイリーバイラルチャート」では、国別チャートが公表されている世界73ヵ国すべてにチャートイン。デイリーバイラルチャート1位を獲得した国は23ヵ国。

タイなどのアジア諸国だけでなく、イギリスやフランスなどのヨーロッパ諸国、カナダ、ブラジル、エジプトなども含まれ、アメリカでは最高2位を記録するなど、まさにグローバルヒットとなった。Spotifyの発表では、2022年海外で最も聴かれた日本国内アーティストとして挙げられるまでになっている。

〈ヒットの要因①《帰ろう》など〉テレビで専門家に推されたことで一気に話題に

デビュー直後（あるいは直前）から、その音楽センスで業界から注目されていた藤井風だが、躍進の背景にはテレビでの取り上げられ方も大きく影響していたと考えられる。ニュース番組での特集、人気音楽番組での専門家による解説、それらによって彼の音楽への信頼性が高まったことが影響し、彼の楽曲を聴く人は一気に増えた。

信頼性が高い音楽やアーティストは口端にも上りやすく、クラスターの垣根を超えて広がりやすい。実際彼はこうしたマスメディアでの取り上げられ方をしたのちに若年層や音楽好きに限らない層にまで知られることとなった。

〈ヒットの要因②《死ぬのがいいわ》偶発的なバズを逃さず、楽曲再生数も拡大

前述のとおり、藤井風は楽曲《死ぬのがいいわ》で世界的に知られる存在となった。この楽曲が世界的に知られたのは２０２２年ごろからであるが、楽曲リリースは２０２０年。この間が空いてのヒットには、偶然のミームが影響している。２０２２年7月、タイのTikTokでは日本アニメの映像に自分なりに音楽をつけ再編する二次創作がアニメ好き界隈で流行していた。そこで《死ぬのがいいわ》がＢＧＭとして多く使われるようになったのである。こうしたフィードコンテンツが広がったことで同年7月から東南アジアを中心に、TikTokやSpotifyで「藤井風」のランキングが急上昇した。

このバズを受けて、8月に藤井陣営は、《死ぬのがいいわ》の武道館ライブ映像をYouTubeで公開した（当初YouTubeにＭＶなどはアップされていなかった）。すると、さまざまな国からのコメントも集まり、本人もより積極的に英語での発信をするようになっていったように見受けられる。

こうした対応も功を奏してか、このあとも躍進は続いた。韓国アイドルファンたちが自身の推しを見せるＳＮＳ投稿動画でＢＧＭとして《死ぬのがいいわ》が使われるなど、この楽曲が聴かれるフィードコンテンツは増え続け、ストリーミングでも再生数は増加して

図 4-8 藤井風《死ぬのがいいわ》フィードコンテンツの広がり

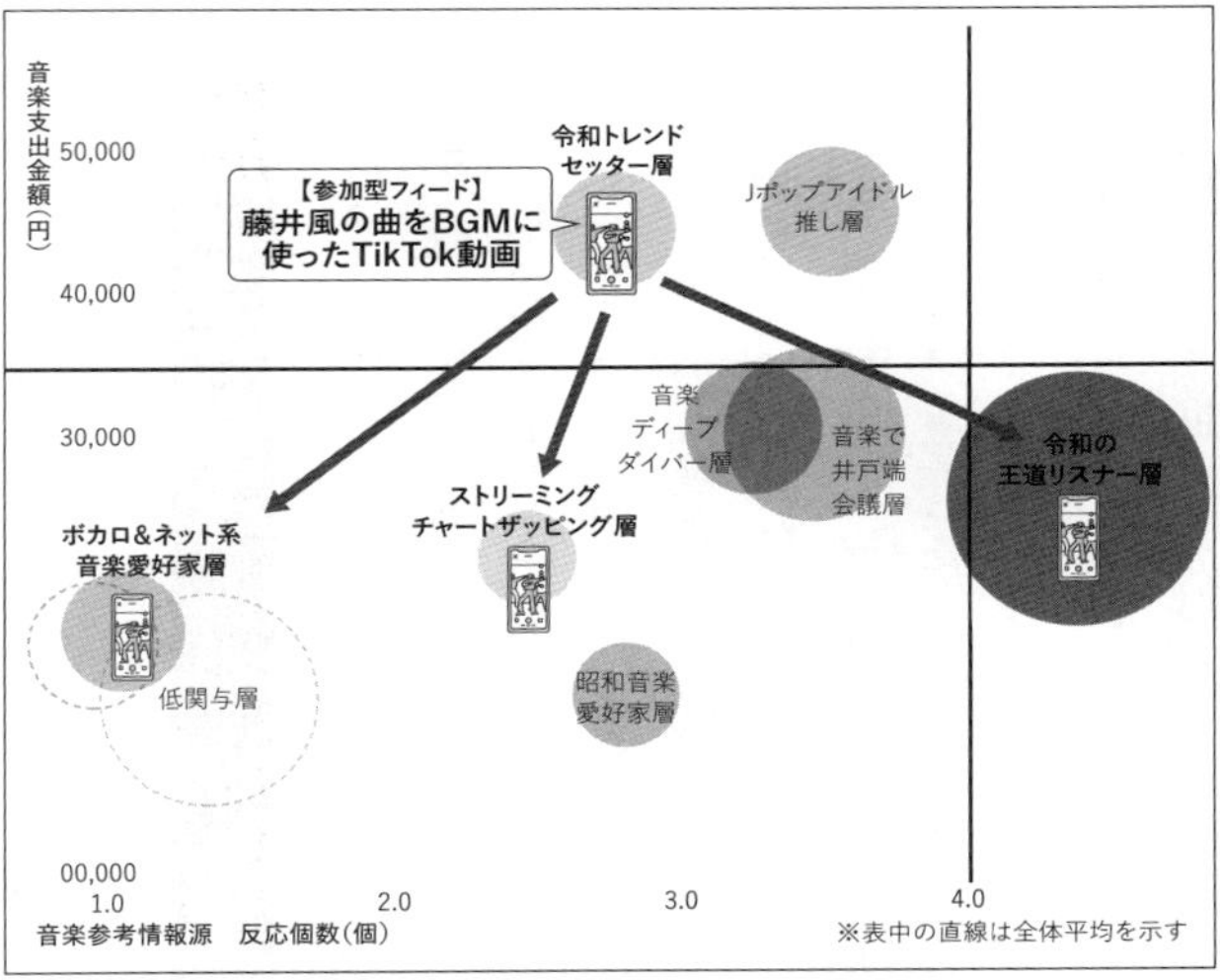

いった。東南アジアにとどまらず、国別チャートが公表されている世界73ヵ国すべてにチャートイン、うち23ヵ国のバイラルチャートで1位を獲得するなど正真正銘のグローバルヒットとなった。

《死ぬのがいいわ》は、海外で話題になり国内でもヒットした「逆輸入型ヒット」の例とも言える。一方、令和トレンドセッター層から参加型フィードコンテンツが生まれ、そこから、ストリーミングチャートザッピング層、ボカロ&ネット系音楽愛好家層、そして令和の王道リスナー層にまで広がった、令和に多い火の付き方のパターンの1つと考えられる。偶発的要素は大きいが、付いた火を逃さないその後の迅速な対応が大ヒットにつながった例である【図4-8】。

ケース4 tuki.

プロフィール

tuki.は、〝突如現れた謎のシンガーソングライター〟というキャッチコピーで語られる女性アーティストだ。それもそのはずで、2023年のデビュー時は15歳の中学3年生ということ以外は何も明らかにされていない。

デビュー曲の《晩餐歌》は瞬く間に各チャートにランクインし、Spotifyの「バイラルトップ50 - 日本」では初登場1位を獲得。

Apple Musicのトップソングランキング、Billboard Japan Hot 100でそれぞれ1位（最高位）にランクインした。主要ストリーミングサービスでは、歴代最年少で累計2億回以上の再生回数を記録し、Spotifyでは294万人の月間リスナー数を獲得。この若さにして空前絶後のスピードで音楽業界に記録を残している。

そのため、今回の選定基準の2つ目である「グローバルヒット」は満たしていないものの、異例の国内ヒットをもたらした事例として彼女の活動を紹介していきたい。

２０２４年２－３月調査時点での国内視聴層（約76万人）としては、男女10代の学生が最も多く、同年代を中心とした若年層に受けている（「コンテンツ調査」より）。学生がメインということで音楽への支出は平均よりも少なめだが、音楽利用時間は１日80分以上と平均よりもはるかに多く、常に何らかのコンテンツと触れ合っているコンテンツシーカーとも言える。ジャンルとしては、とくにサブカル系に明るく、アニソン・ボカロ系を好んで聴き、二次創作を観たり購入したりして音楽を楽しんでいる。

ヒットまでの道のり

２００８年生まれのtuki.は幼少期からピアノを習っており、音楽が身近な環境で育っている。楽曲制作を始めたのは13歳の頃で、コロナ禍の自粛期間で学校も休みで時間があったことから、家にある父のギターを触り始めたのがきっかけだったという。

間もなく、TikTokに歌唱動画をアップし始めるが、圧倒的な歌唱力と表現力で話題となり、わずか１年半で50万人を超えるフォロワーを獲得した。

そして２０２３年７月７日にオリジナル曲としてタイトルを出さずに《晩餐歌》のサビ

を投稿。その後、同月27日にCメロを投稿するなど、制作過程を小出しにし、8月16日にタイトル《晩餐歌》として改めて投稿した。

その時点でTikTok内にて《晩餐歌》を音源としたさまざまなフィードコンテンツ動画が出回り、カバー動画なども多く投稿されるようになっていた。次いで9月3日、

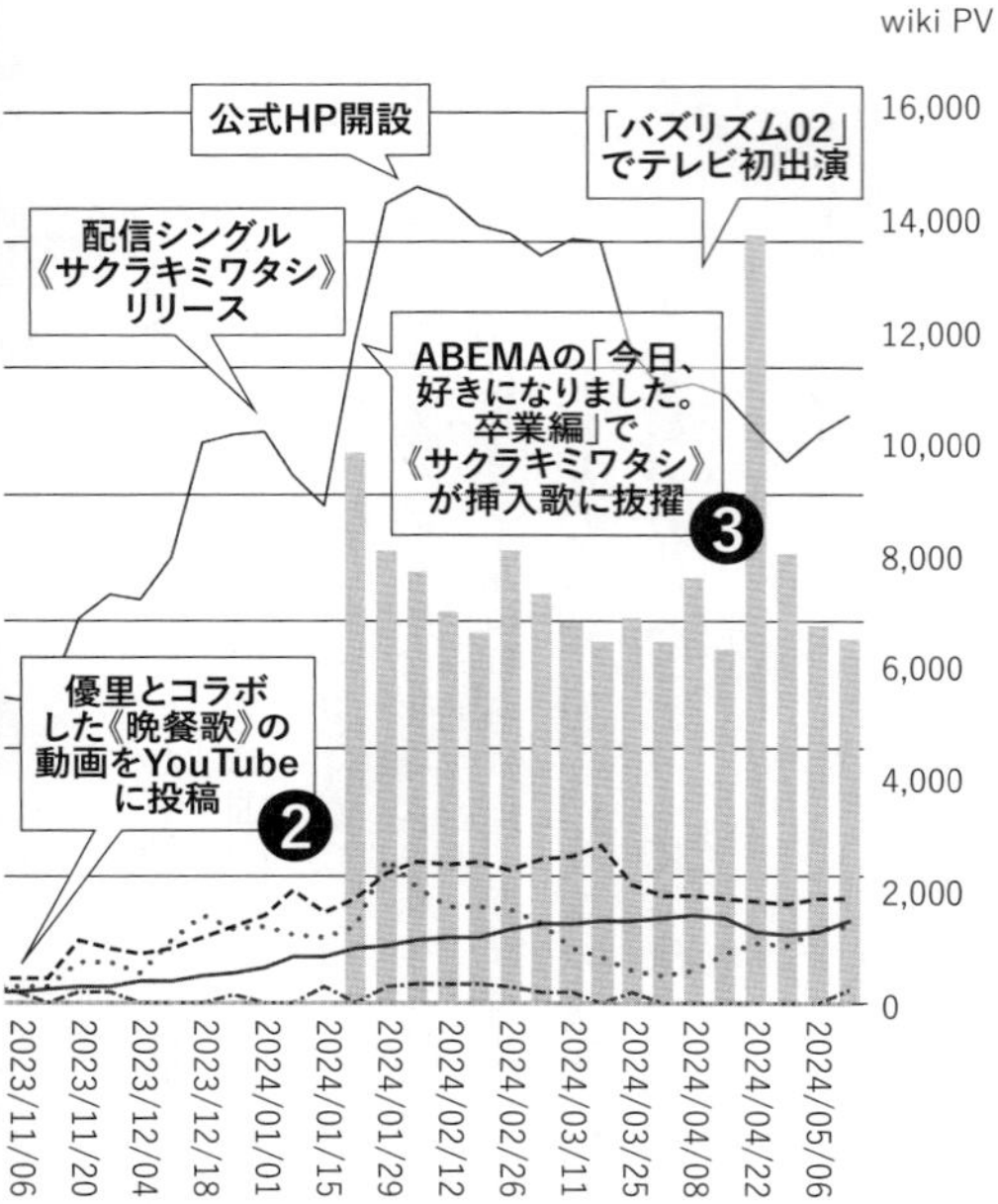

TikTokに「お父さんに出世払いでお金を借りて《晩餐歌》のレコーディングしてきた」というタイトルで、レコーディングのサビ音源を公開。同日にはYouTubeチャンネルも開設した。9月13日にはYouTubeに《晩餐歌》弾き語りバージョンをフルで投稿し、数日で100万回再生を達成する。

図4-9 tuki. ビルボードチャート推移

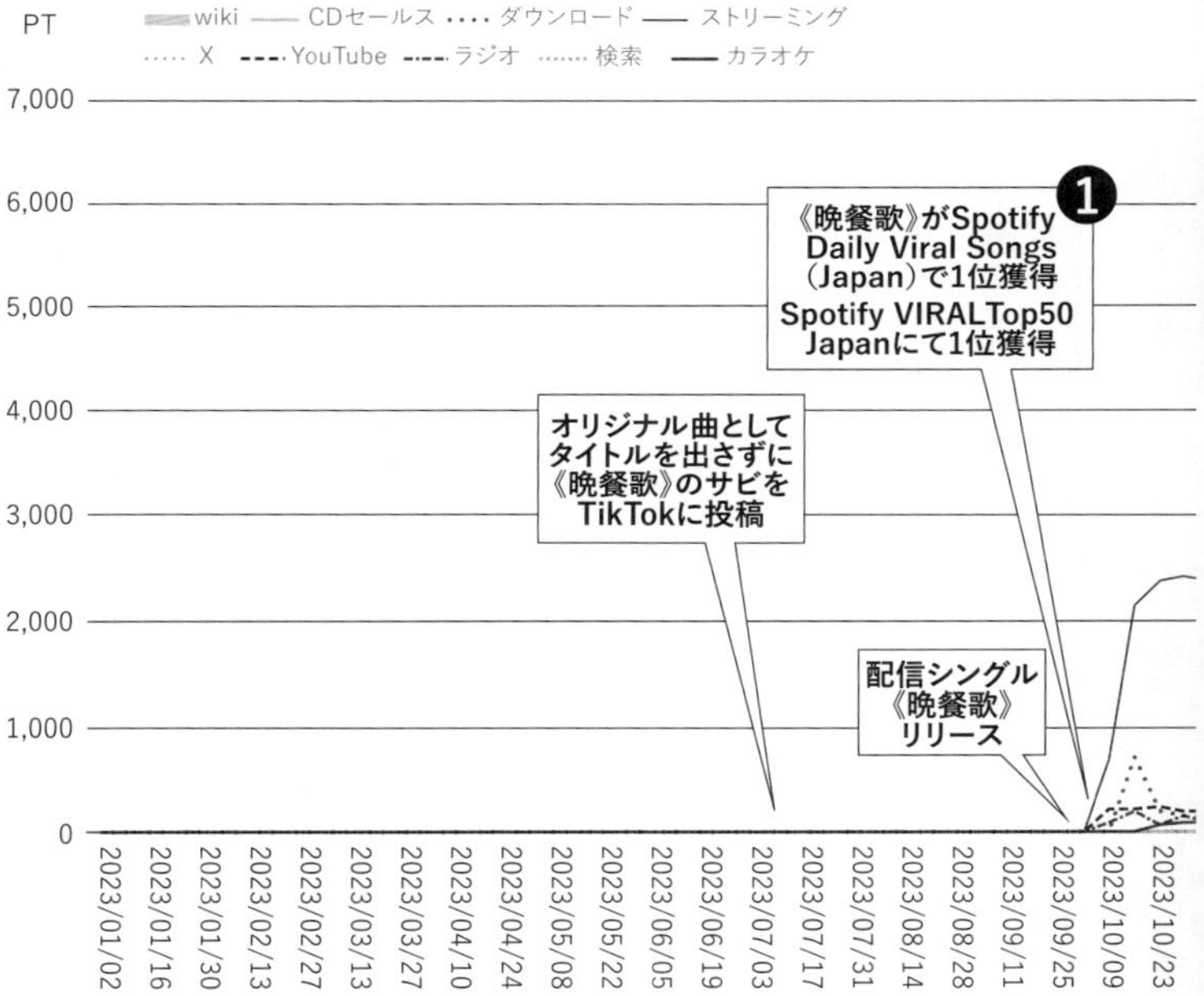

そして、「お月見の日」にあたる9月28日24時、ファーストシングル《晩餐歌》がSpotifyやApple Musicなどで配信を開始。まもなくDAMやJOYSOUNDでも配信され、カラオケでも楽しめるようになった。配信直後の10月にはSpotify「デイリーバイラルソングス（日本）」、Spotify「バイラルトップ50ジャパン」にて1位（最高位）を獲得し、JOYSOUNDの週間トレンドランキングでも1位を獲

得した。チャート【図4－9の①】を見ても明らかなように配信直後から急な盛り上がりを見せた第一の波である。

「コンテンツ調査」によると、tuki. のファン層は、推しが出場するオーディションや投票企画などで投票にいそしむという推し行動が平均よりも10・6ポイント高く出ており、「アーティストの成長を見守りたい」「自分の行動で成長を後押ししたい」という思いが強い。そんなファンにとって、彼女の段階的な曲の公開やデビューの仕方は、ファン心をくすぐるものだったとも言えるだろう。

次いで第二の波【図4－9の②】を起こしたのは、シンガーソングライター優里を筆頭とした他のアーティストによるプッシュだ。優里は最初 Instagram で自分の曲のカバー動画を観ていて、気になって覗いたアカウントが tuki. だったという。その後、優里が自身の YouTube チャンネルの中で《晩餐歌》のカバーを公開し、本人と一緒に歌いたいというラブコールを送った。すると、11月には tuki. と優里による《晩餐歌》のコラボが実現。その後も優里が彼女の新曲をカバーしたり、またコラボでの動画を出したりと、2人のアーティストの豪華共演は続いた。

一方で、同時期には個人での活動の幅も広がっており、さまざまなメディアにも出演するようになっていた。２０２３年11月にはFM802「802 Palette」でメディア初出演を果たし、２０２４年1月には日本テレビの情報番組「DayDay.」にインタビュー出演した。

また、ABEMAの恋愛リアリティ番組「今日、好きになりました。卒業編」の挿入歌に《サクラキミワタシ》が選ばれるなど、多方面での活躍を見せた。このメディア拡大もきっかけとなってチャートもさらなる伸びを見せ【図４‐９の③】、1月にはオリコン「週間ランキング」、Apple Musicの「トップソングランキング」、Billboard Japan Hot 100にて《晩餐歌》が1位を獲得。また、ソロアーティストとしては歴代最年少で累計再生回数が1億回を突破した。

２０２４年2月には公式サイトをオープンさせ、同年4月にはInstagramでライブを実施したり、日本テレビの「バズリズム02」に顔出しなしでテレビ初出演を果たしたりと、活動の幅を広げている。

順番を考えると、本来であれば事務所に所属して練習期間を積んでデビューの準備をしてサイトを公開して……となるところ、TikTokでのファンの後押しによって従来の時系列にとらわれずに無所属でデビューを果たしたtuki.の事例は、まさに令和の今ならではのヒットのさせ方と言えるのではないだろうか。

２０２４年時点でまだ高校1年生である。本人も高校生活を楽しみたいという意向で、音楽だけに集中して世界に出ていくまではまだ時間を要するかもしれないが、今後の活躍から目が離せない。

〈ヒットの要因①《晩餐歌》「1秒キャッチ」がシズル×ハッシュタグ型フィードになる

tuki.がヒットを生むきっかけとなったのは、楽曲の素晴らしさはもちろん、動画投稿をしていたTikTokの巧妙さにある。それは、「tuki.（15）」というTikTokアカウント名とTikTok動画投稿の方法による。

彼女のTikTokアカウントを見てみると、「tuki.（15）」というアカウント名のもと、「高校一年生 15歳」という自己紹介文があり、動画欄には彼女がアコースティックギターを持っているサムネイルが並んでいる。

TikTokの性質上、おすすめ欄をひたすらスクロールしながら見る人が多く、興味がないと思ったものはほぼ1秒でスキップされてしまうが、彼女の場合はどうだろうか。

動画1つをとっても、アコースティックギターを持った少女の映像と、「tuki.（15）」の文字で瞬時に「音楽をしている15歳の少女」だということがわかる。これを観た視聴者

図 4-10 tuki.《晩餐歌》フィードコンテンツの広がり①

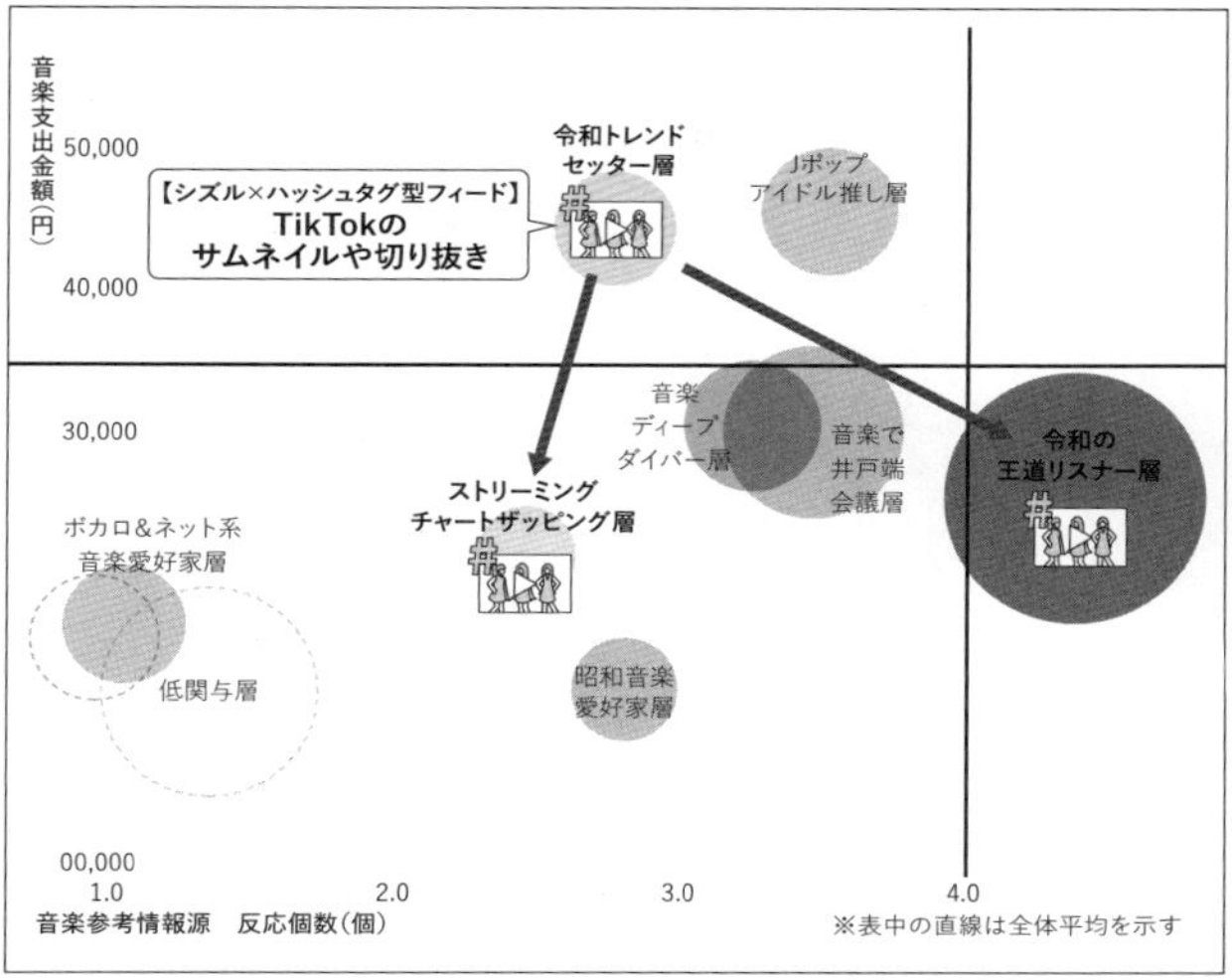

は、「15歳の少女はどんな歌声なのだろう？」「オリジナル楽曲とはどんなものなのだろう？」と、スクロールしていた指を止めてしまうだろう。

この「1秒キャッチ」とも言える、自己紹介＋フィードコンテンツをTikTokアカウントに起用したことが、TikTokをよく観る令和トレンドセッター層の多くにスキップされずに目を留めてもらうきっかけになっただろう。

実際に《晩餐歌》の投稿についたコメント欄を見ても、「15歳の女の子が作詞しているのがすごい」「15歳でこの曲が作れるのは、本当にすごいことだと思うし、才能だと思います」「15歳でこの歌は天才です」「同じ15歳とは思えない素晴らしさ」など、彼女が15歳であるというのが一種のフックとなって、同年代の若年層を筆頭にユーザーを惹きつけていることがわかる。

また、この感動が曲に対するユーザーの愛着を一気に増大させ、ビルボードの「2024年上半期UGCソングチャート」で7位に輝くなど、ジャンルを問わず多くのフィードコンテンツ動画の音源として使われるようになった。

その結果、再生数やいいね数も増え、さらにおすすめとして表示されやすくなることで、令和の王道リスナー層やストリーミングチャートザッピング層にまで、広く拡散されて届くようになったのだろう【図4-10】。

加えて、最初から楽曲をフルで公開するのではなく、まずはサビ、次にCメロ、と小出しにしていったこともユーザーの期待を膨《ふく》らませることにつながった。

実際に「早くフルが聴きたい！」という声も多く、「期待が、YouTubeでの弾き語りバージョンやストリーミングサービスでのリリースへの導線にもなっていた。それゆえに、リリースされたタイミングで一気に盛り上がりを作ることができた。

図 4-11 tuki.《晩餐歌》フィードコンテンツの広がり②

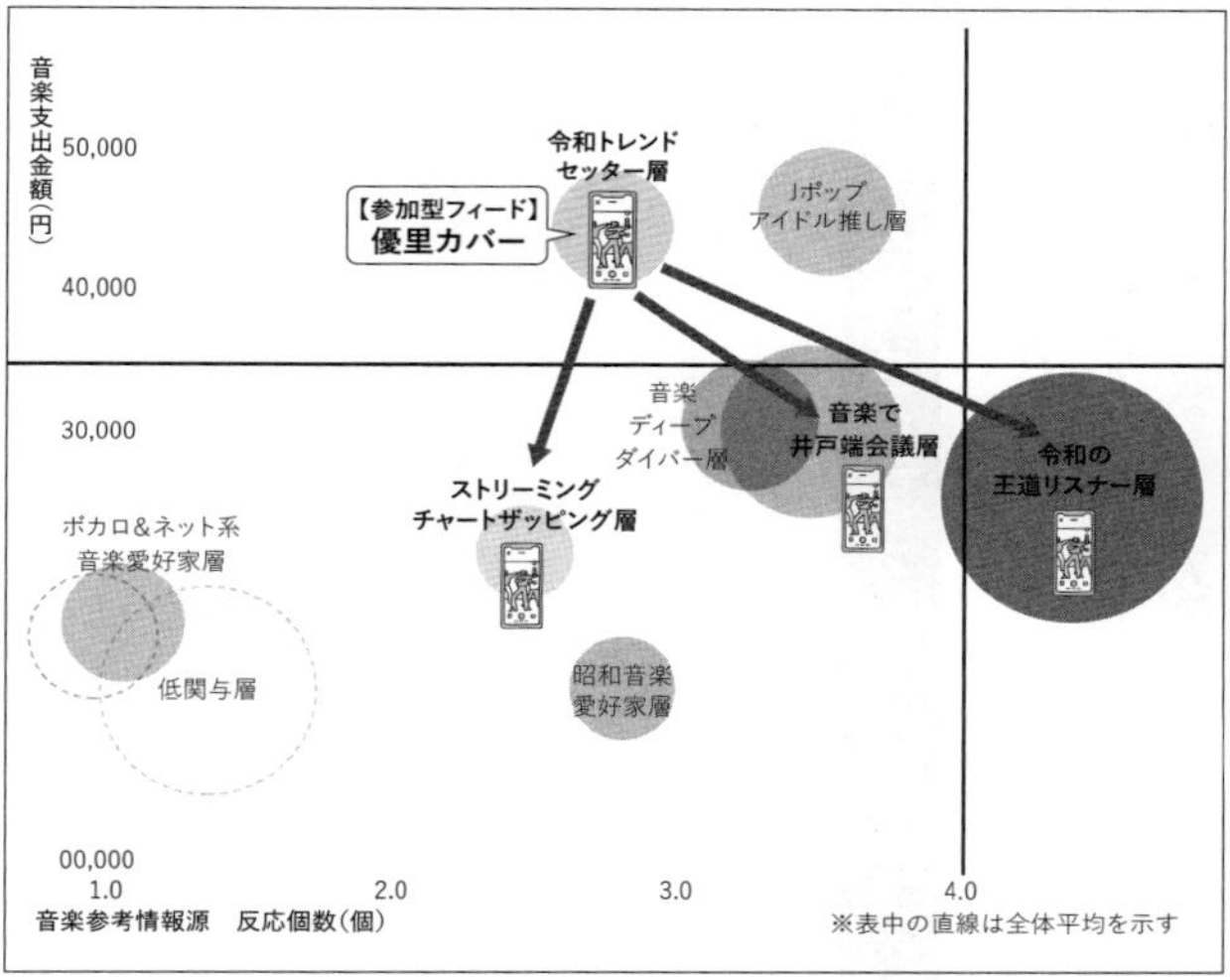

〈ヒットの要因②《晩餐歌》現役アーティストやインフルエンサーとコラボ

imaseの事例で紹介した「推しの推しは推し理論」は、tuki.にも共通する。

2人の違いは、彼女があらゆるカバー曲を投稿していたことで、オリジナルを歌うアーティスト本人から注目される機会が多かったことと、楽曲を紹介してくれたアーティストとのコラボが実現したことだろう。

優里がtuki.を知ったきっかけとして語っていたように、オリジナルのアーティストにとって自身の曲のカバーは気になってしまうものである。また、tuki.がカバーした《魔法の絨毯《じゅうたん》》を歌う川崎鷹也《かわさきたかや》も《晩餐歌》のカバーを公開しており、カバーを通してさまざまなアーティストからの認知につながっていた。

また、コラボについては優里も「顔出ししてないし難しいと思うけど……」と控えめに提案していたようだが、彼女自身も優里をフォローしていたことから連絡を取り合うことができ、コラボを実現できた。これは優里のファンにとっても喜ばしいことで、コラボを通じてまた彼女のファンも増えたに違いないだろう。

その結果、初期から彼女の音楽を聴いていた令和トレンドセッター層だけでなく、優里側からの動画や投稿での情報発信を通じて、優里のファン層である令和の王道リスナー層、音楽で井戸端会議層、ストリーミングチャートザッピング層の人々まで広がり、一気に知名度が上がったと考えられる【図4-11】。

ケース5　Creepy Nuts

プロフィール

Creepy Nutsは、R-指定とDJ松永《まつなが》からなるヒップホップユニットだ。2013年に活動を開始し、2017年にメジャーデビュー。その人気から現代日本のメジャーシーンで、ヒップホップの存在感を大きく高めたアーティストとも称される。もともと2人の技術は折り紙付きで、R-指定は2012年〜14年まで3年連続で当時日本最高峰MCバトル大会であった「UMB GRAND CHAMPIONSHIP」で日本一に輝いており、DJ松永も日本代表として「DMC WORLD DJ CHAMPIONSHIPS 2019」のバトル部門に出場し、世界一になっている。

メジャーデビュー後、ミニアルバムとしてリリースした《よふかしのうた》《かつて天才だった俺たちへ》は2019年と2020年にオリコンのトップ20に入るなど順調にヒットを飛ばし、2024年にはテレビアニメ『マッシュル -MASHLE-』第2期のオープニング主題歌として書き下ろされた楽曲《Bling-Bang-Bang-Born》が大ヒットしたのは記憶に新しいだろう。

この曲のヒットは日本に留《とど》まらず、海外のiTunesヒップホップチャートでも、台湾、インドネシア、メキシコ、チリなど10ヵ国以上で1位を獲得。配信リリースからわずか2週間で全世界でのストリーミング総再生回数が3000万回を突破した。世界でヒットしている日本の楽曲をランキング化したビルボードジャパン「Global Japan Songs excl. Japan」では、同チャート史上最長となる19連覇を達成するなど、世界的ヒットとなった。

Creepy Nutsの国内視聴者層（約266万人）としては、男女20代が多く、学生の割合も高い。また、視聴者の中にはアニメやドラマ、映画などの主題歌となったアーティストに興味を持つような人が多いと考えられ、そのためヒップホップに限らず、邦楽ロックやJポップ、アニメソングなど幅広くよく聴いている傾向が表れている（「コンテンツ調査」より）。

ヒットまでの道のり

2013年にユニットとして活動を始める以前にそれぞれがフリースタイルラップやDJの大会で実力を示していたことで、結成時から界隈での注目度は一定のものがあった。さらに、オーディションから参加して獲得したフェスへの出演や、R-指定も出演したラップバトルの人気番組「フリースタイルダンジョン」（テレビ朝日）で第三次ヒップホップブームがより加熱する。そうした背景もあって、徐々に界隈の外でも知られるようになっていった。

2016年にMVがおもしろいとSNSで話題になった《助演男優賞》のスマッシュヒットなどを通して若者の間で認知を高め、この頃から楽曲もタイアップ起用されるようになっていく。

2017年からはラジオ番組「オールナイトニッポンR」に出演すると好評を博し、「オールナイトニッポン0」のパーソナリティに就任。このレギュラー出演でヒップホップファン以外からも、ファンを大きく増やしていった。

2018年以降、配信曲はヒットを重ね、2019年以降はDJ松永がDJの世界一を決める大会で優勝したこともありテレビでの露出も激増した。音楽番組のみならずバラエティ番組にも多く出演し、2人はより多くの世代から知られるメジャーな存在となっていった。

2020年にはメジャー2枚目となるミニアルバム《かつて天才だった俺たちへ》を発売。そして同年11月には初の武道館ワンマンライブも開催し成功を収めた。

2020年以降もヒット曲を重ね、CMソングやアニメ主題歌として起用されるほか、本人たちもさまざまなメディアでの露出が続いていたが、2023年からは意識的にメディア出演を控え、楽曲制作・アーティスト活動に注力することを発表。

すると、アニメ『マッシュル -MASHLE-』の第2期オープニング主題歌として書き下ろした楽曲《Bling- Bang-Bang-Born》が大ヒット。アニメオープニングのダンスを真似するバズがTikTokなどのSNSで起こり、世界中に広がった。国内で大ヒットアーティストと目されるようになったことはもちろん、楽曲はアジア諸国や北中米、南米などでも知られることとなった。

〈ヒットの要因①〉音楽だけでないキャラクターでラジオからファンを拡大

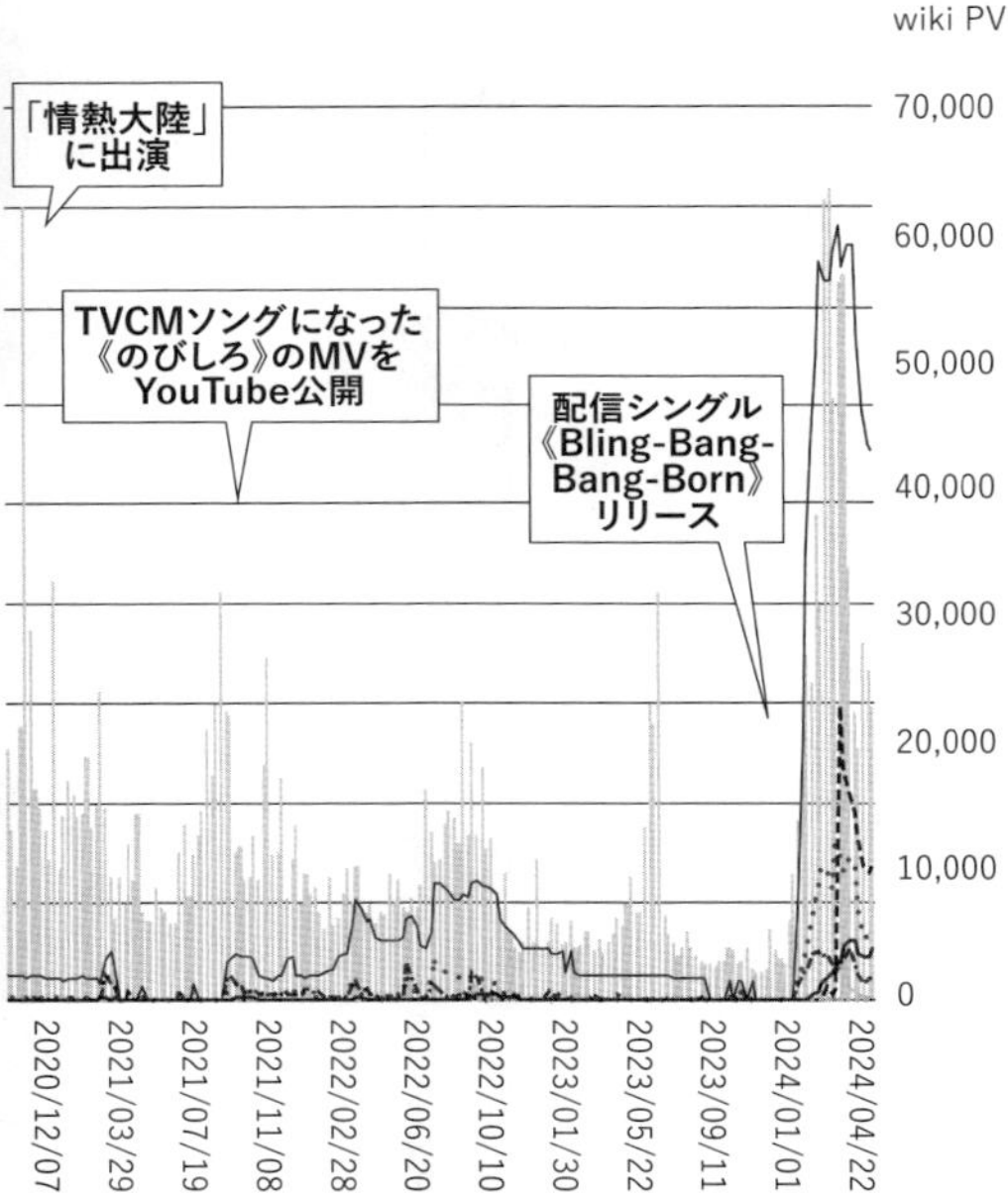

前述のとおり、Creepy Nutsは2018年からラジオ「オールナイトニッポン0」のレギュラー出演でファンを大きく増やした。

その背景には、本人たちのキャラクターによるところと、それが伝わる高いトークスキルを有していたことがある。2人が各分野での実力者であるにもかかわらず、親し

図4-12 Creepy Nuts ビルボードチャート推移

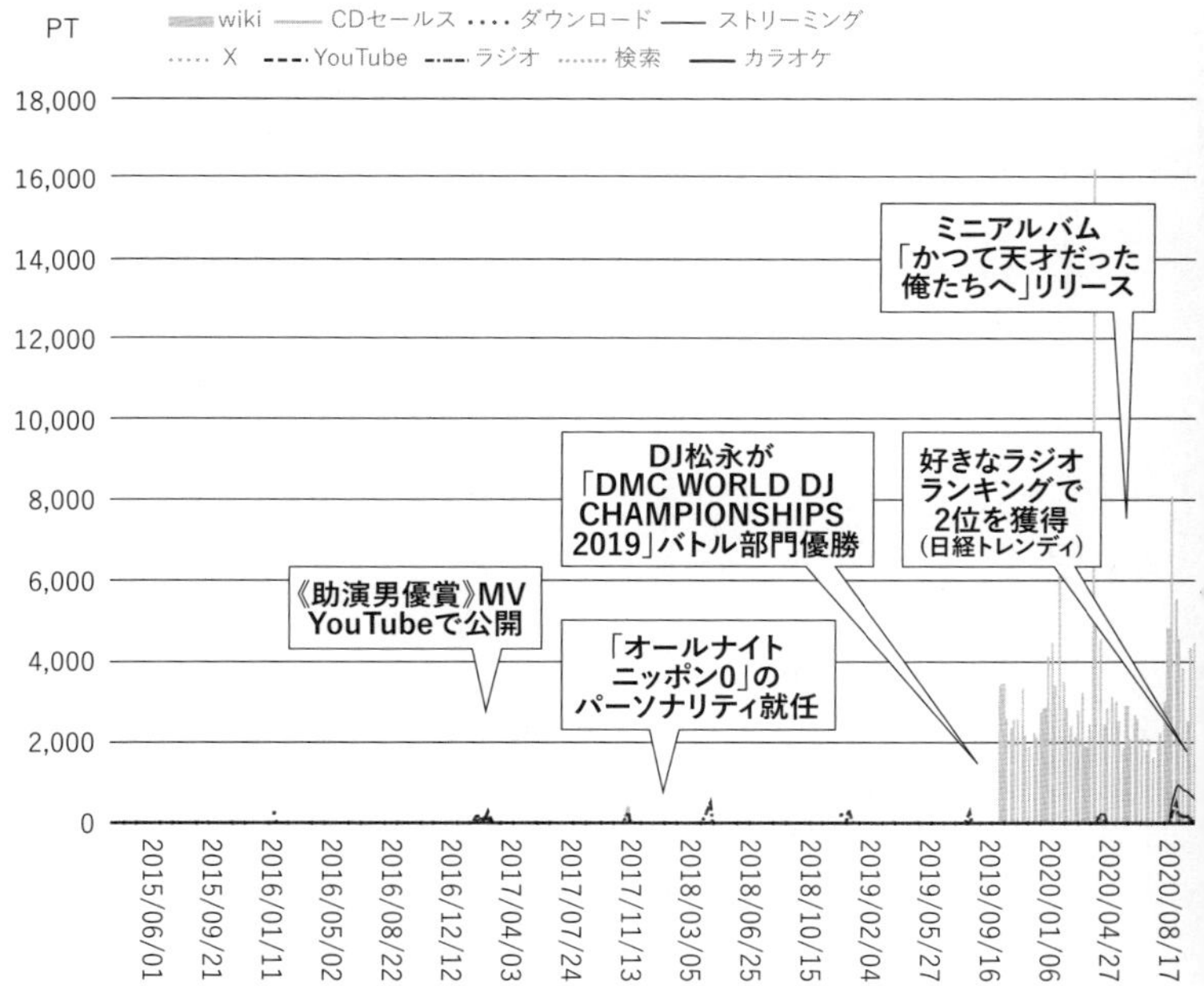

みやすくおもしろいというギャップもうまく機能していただろう。

「コンテンツ調査」でCreepy Nuts視聴者層の特徴を見ると、「アーティストにのめりこむ瞬間」の項目で「コンテンツやタレント同士やメンバー間の人間関係を知ったとき」のポイントが高く、このことからも2人の人間関係が伝わるラジオを通してハマった人が多くいることがわかる。

このようにアーティストのキャラクターに特徴がある場

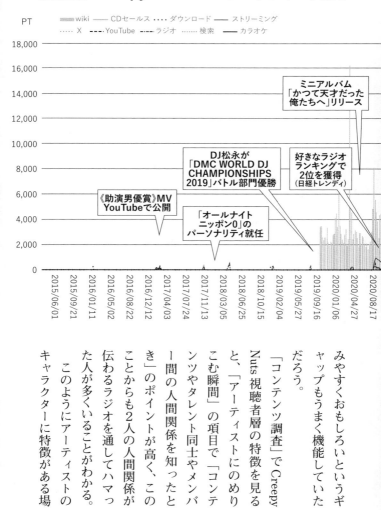

合、視聴者による口コミが広がりやすいだけでなく、テレビなどマス媒体での出演依頼が入るポイントにもなる。

実際、彼らは2019年以降、2023年に意図的に出演を控えるようになるまで、音楽番組に限らないバラエティ番組などにも多く出演し、楽曲やラジオのリスナーが増えるという好循環を生み出していた。楽曲の良さももちろん重要ではあるが、それ以外の要素で視聴層を広げるというのは、日本の音楽業界ではたびたび見られたことである。そして、令和ではCreepyNutsがその最も顕著なアーティストの一例であると言えるだろう。

〈ヒットの要因②《Bling-Bang-Bang-Born》〉「ノレる音楽」から「真似したくなる音楽とダンス」

近年の日本アーティストのグローバルヒット曲としても象徴的な《Bling-Bang-Bang-Born》は、アニメ「マッシュル」の主題歌に起用された。このオープニング映像のサビで主人公たちが曲に合わせて踊るダンスが、「#BBBBダンス」としてTikTokなどのSNSに数多く投稿されたことで世界中に広がっていった。

楽曲発表当初から、多くの海外インフルエンサーがこのダンスを踊る様子を投稿しており、とくにインドネシアなどの東南アジア、メキシコなどの中南米で人気となった。

図 4-13 Creepy Nuts《Bling-Bang-Bang-Born》フィードコンテンツの広がり

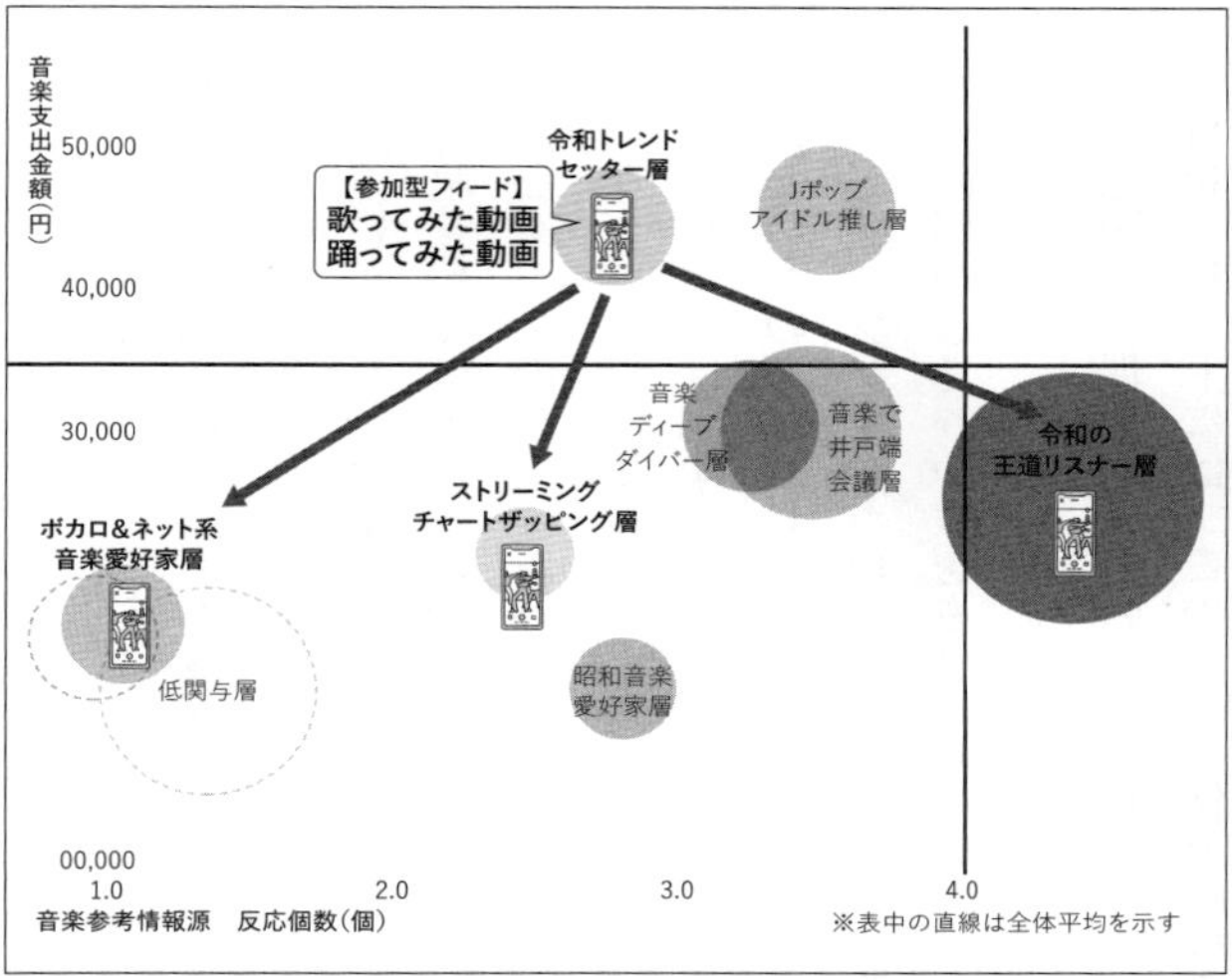

この例も令和トレンドセッター層に刺さり、「歌ってみた」「踊ってみた」などの参加型フィードコンテンツが生まれたことでストリーミングチャートザッピング層やボカロ＆ネット系音楽愛好家層、そして、令和の王道リスナー層など別のクラスターまで大きく広がっていったものと言えるだろう。

令和トレンドセッター層を摑んで広がっていった要因の1つとして、近年注目されている「ジャージークラブ」の様式を踏襲しつつ、言語を超えて誰もが楽しみノレる音楽になっていたことが大きいと考えられる。とくにサビは、詳細な意味がわからずとも、言葉の響きも相まったリズムとグルーヴ感によって、誰もが印象的に感じられるものになっている。

CreepyNuts 自身はこの楽曲に対するインタビューの中で、サビは造語でいいから気持ちいいフレーズというのを意識したという。そして、もともと別の歌詞だったのをレコーディング直前に現在の〝ブリンバンバンボン〟というフレーズに変更したと言い、まさにその狙いが当たった結果と言える。

言語を超えて気持ちいいと思えるサビだからこそ、アニメの映像もこの音楽性に影響を受けたダンスの演出になったと考えられ、そのダンスが相乗効果を生み、「真似したくなる音楽とダンス」となったことで世界中に広がったのではないだろうか。

このヒットは、すべてを意図的に狙ってできたものではない。本人たちも、「ノレるリズムというのは意識していたが、踊るというのは予想外だった」と語っている。また、このオープニング映像を担当した監督は、「サビのダンスはバズ狙いを意図したものではなく、直感的なきっかけをもとに制作したもの」とのちのインタビューで語っている。

このとおり、楽曲制作で意識した点が、予想外に TikTok という媒体へマッチしたという、意図的・偶発的両方の要素を持ったヒットというのが実態である。

令和のヒットには、このように偶発的要素が大小あれど含まれていることが多い。令和のSNSを含む口コミの広がりや、バズ・バイラルについて考えると、いわゆる「狙っている」ことが透《す》けて見えるものほど、令和トレンドセッター層などを中心とした視聴者には敬遠されている傾向がある。このヒットも、作品へのこだわりはありつつも、広がり方までは制作者が狙っていなかったことでヒットにつながったと考えられる【図4-13】。

第4章まとめ

ここまでアーティストのヒット事例を見てきたが、どんな活動がヒットにつながっていたか、イメージを摑んでいただけただろうか。とはいえ、「ヒットは運によるところが大きいのではないか？」と思われる方がいるかもしれない。

確かにその部分は捨てきれず、Creepy Nuts本人もここまでのグローバルヒットになるのは想像していなかったり、藤井風も海外のアニメ推し活層のフィードコンテンツとして使われていることに驚いており、想定外の幸運があったことも事実だろう。

しかし、言及しておきたいのは、その幸運をもたらしたのもアーティストのそれまでの楽曲制作、配信の工夫があったからこそだという点だ。

たとえば、imase の楽曲がBTSのジョングクの目に留まったことも偶然と言えば偶然かもしれないが、TikTok でのテストマーケティング的投稿の工夫により拡散力を最大限に高め、韓国のストリーミングチャートにもランクインするほどの状況を作り上げていたからだとも言えるだろう。

他のアーティストについても同様で、Creepy Nuts はとにかくノレる楽曲の制作というところにフォーカスしていたからこそ、ダンス動画としても拡散され、言葉の響きが気持ちいいものとして言語の壁を超えて広く受け入れられた。

そしてもうひとつ、ここで紹介したアーティストが必然的にヒットを生んだと言えるポイントがある。

それは幸運とも言える出来事が起こった直後の行動だ。どのアーティストも間髪を容れずにアクションを起こすことで、次なるチャンスへと幸運をつなげてきた。

たとえば、YOASOBI は《アイドル》のグローバルヒットを受けてすぐさま英語版をリリースして、海外の人が歌詞も含めて楽曲を楽しめるようにした。また、imase はBTSのジョングクやそのファンへの感謝の気持ちを込めて自身の Instagram ですぐさま反応しただけでなく、韓国初のファンコミュニティサービスにも登録し、翌年にはアジアツアーの実現にまで至った。藤井風は自身のＳＮＳで英語での発信を増やし、海外のファンと双方向のコミュニケーションを取れるようにしている。

　このように、グローバルヒットを生んで愛され続けているアーティストはみな追い風をより強固なものにすべく、すぐさま次の手を打ってファンを飽きさせないのである。こうした創意工夫とファンを気遣い続ける努力があってこそ、彼らは今のグローバルヒットアーティストというポジションを確立することができたのだろう。

第5章

鼎談　令和のヒットを考える

出席者

スージー鈴木（すーじー・すずき）
1966（昭和41）年、大阪府生まれ。早稲田大学卒業後、博報堂に入社。在職中より音楽評論家として活躍。2021（令和3）年、55歳になったのを機に同社を退職。著書に『サザンオールスターズ　1978-1985』『EPICソニーとその時代』『桑田佳祐論』『中森明菜の音楽　1982-1991』など。

柴那典（しば・とものり）
1976（昭和51）年、神奈川県生まれ。音楽ジャーナリスト。ロッキング・オン社を経て独立。音楽やビジネスを中心に幅広くインタビュー、記事執筆を手がける。著書に『平成のヒット曲』『ヒットの崩壊』『初音ミクはなぜ世界を変えたのか？』など。

礒﨑誠二（いそざき・せいじ）
1992（平成4）年にキティ・エンタープライズに入社し、ライブ制作に携わる。2006年に阪神コンテンツリンクに入社し、ビルボードの日本国内のブランディングを担当。ジャパンチャートの設計に当初から関わる。著書に『ビルボードジャパンの挑戦　ヒットチャート解体新書』。

司会：コンテンツビジネスラボチーム　**構成：**高畠正人

資本主義の力が強すぎた90年代

――昭和・平成・令和のヒット曲の背景には、関連する音楽サービスやメディアの消費状況が深く関わっていると思われます。その歴史を踏まえつつ、御三方には昭和・平成・令和の代表としてお話ししていただき、令和の音楽ヒットについて考察をしていければと思います。

鈴木　昭和担当として呼ばれたので、まずは昭和を代表する曲として1978年に発表されたサザンオールスターズの《勝手にシンドバッド》を挙げたいと思います。やはり78年にサザンオールスターズが出てきたことは日本歌謡史的にも大きく、サザンオールスターズ以前、以後と言ってもいいくらい日本の音楽業界は変わったと考えています。

柴　僕は平成担当ですね。平成という時代はまさにCDからストリーミングに変わる時代の変わり目で、そこからヒットの在り方も変わってきたと思います。

礒﨑　ビルボードジャパンの礒﨑です。ジャパンチャートの立ち上げに関わり、15年くらいなんとか続けています。

――礒﨑さんが先日出された『ビルボードジャパンの挑戦　ヒットチャート解体新書』

（リットーミュージック）を読ませていただきましたが、かなりセンシティブなことにまで踏み込まれていて、興味深い内容でした。

礒﨑　ありがとうございます。おかげさまで好評で今は翻訳して世界でも読んでもらおうという計画が進んでいます。

――まず、スージーさんに昭和のヒットについてお聞きしたいのですが、やはり《勝手にシンドバッド》が鍵ですか？

鈴木　サザンオールスターズの登場は、言葉の乗せ方やリズム、譜面の作り方といった音楽的な意味で新しさがありました。ただ、別の視点からは中森明菜の《DESIRE－情熱－》を推させてください。私は『中森明菜の音楽　１９８２－１９９１』（辰巳出版）という本の中でなぜ中森明菜は支持されたのか？　ということを書いたのですが、ざっくり言うと、バブル時代の東京で二十歳前後の女の子がファッションだけじゃなく、曲のタイトルやアルバムの制作プロセスまでしっかりコントロールして細腕一本でやりきったことだと思うんです。まだ女性の地位が低かった時代に、〝中森明菜〟という存在がヒットにつながる要素だったんだなと思います。

――アーティストの背景や存在感がヒットに大きく結びついていたわけですね。

鈴木　やはりテレビの存在が大きかったのです。歌番組もさることながら、ＣＭの影響力も今とは比べ物にならなかった。今の若者に「カネボウと資生堂が若者にウケるイメージの曲を季節ごとにタイアップして、社会的なヒットを作り出していた」と言っても理解してもらえない。逆に「なぜそんなことが起きたんですか？」と質問されてしまう。その答えは私もわからないけど、テレビＣＭをみんなが凝視《ぎょうし》して、その中から資生堂の《時間よ止まれ》（矢沢永吉《やざわえいきち》）やカネボウの《Mr.サマータイム ―夏物語―》（サーカス）にみんなが注目し、そういったキャンペーンソングが毎年大ヒットしていたのです。

――90年代もタイアップはＣＤの売上に直結していましたし、タイアップさえ取れば基本的にオリコンチャートの上位にランキング入りする時代でもありました。

鈴木　私は『平成Ｊポップと令和歌謡』（彩流社）で、昔より今のほうがいいと書きました。なぜかというと、昭和～平成はヒットを生み出すためにレコード会社と広告会社が一緒に戦略を描き、ヒットを生み出していました。しかし、今は YouTube などをきっかけに才能ある人がどんどん出てくる。それは民主的かつ健康的でいいんじゃないかと思うわけです。90年代はさすがに資本主義の力が強すぎました。私の経験談ですが、某バンドのタイアップを決めようとしたら、2500GRP（延べ視聴率）以上を確保してくれるならタイアップOKって書いてある資料を渡されたこともありますからね。

平成は3つの時代でヒットの構造が違う

——柴さんは『平成のヒット曲』（新潮新書）の中で平成に生まれたヒット曲について分析されています。

柴　平成は1989年から2019年までちょうど10年ごとに区切れます。僕はそれを「ミリオンセラーの時代」「スタンダードソングの時代」「ソーシャルメディアの時代」という10年ずつの3つに分けて、『平成のヒット曲』に書きました。具体的に曲名を挙げるとまずミリオンセラーの時代の代表曲のひとつは、小田和正の《ラブ・ストーリーは突然に》です。ドラマ『東京ラブストーリー』の主題歌だったこの曲は、カラオケでも多くの人に歌われ、8センチシングルCDが売れに売れた。フジテレビの月9というブランドが強烈な影響力を持っており、その象徴が《ラブ・ストーリーは突然に》だったのです。

——90年代前半はミリオンセラーも多いです。

柴　ゼロ年代初頭までがシングルCDの全盛期です。とくにサザンオールスターズの《TSUNAMI》とSMAPの《世界に一つだけの花》は大ヒットしました。《世界に一つだけの花》は300万枚以上のセールスを記録しています。SMAPに関しては2016年の解散騒動のあとにCDが売れたというのも興味深い現象でした。ファンの方たちが音楽を聴くという目的ではなく、なんらかの意思表示のために買うという行為でした。当時は「推し活」という言葉ではなかったですが、あの行為はアグレッシブな推し活だったと位置づけています。

——ソーシャルメディアの時代の一曲は？

柴　ピコ太郎の《PPAP（ペンパイナッポーアッポーペン）》か米津玄師の《Lemon》で迷うのですが、1曲と言われれば《Lemon》です。米津玄師はもともとボカロPからキャリアをスタートさせている人で、日本にしかない文化から出てきたこれまでにないタイプのミュージシャンです。彼は音楽だけでなくアニメーションも作れたりする。サブカルチャーとして始まったボカロから、平成の最後に《Lemon》という後々の世にも残る大ヒット曲が生まれたのは象徴的なことだと思います。

——ネットからスタートしてきたミュージシャンが、オーバーグラウンドの世界で大ヒットするというのは、これまでの昭和・平成ではなかったことです。

柴 YouTubeやニコニコ動画から新しい才能が出てくるようになったのが2010年代の大きな出来事で、その最も象徴的なアーティストが米津玄師です。この流れが令和にも続いています。

鈴木 ネットから出た方たちは音楽的にはマイナー調の楽曲を手掛けていることが多い。歌い出しの「ドレミ〜ドラ」というフレーズが印象的で、私から見ればある意味で昭和歌謡に近いと思いました。私は「令和歌謡」と言っていますが、それは《Lemon》を意識してのこと。時代が再び陰鬱《いんうつ》な曲を求めているのかなと思います。

柴 米津玄師にはボカロ時代から注目していて、インタビューをしたときに、ポップミュージックのど真ん中に行きたいと言っていたことが印象に残っています。CMだったりドラマの主題歌だったり、大衆に消費されるポップミュージックを作るということを有言実行しているんだなと思います。

鈴木 それで言うと、Vaundy や藤井風もメジャーレーベルに対する抵抗感を持っていない。かつてのように音楽でバリバリ稼ぐことができない状況も影響していると思いますが、メジャーに対しての潔さを感じます。

柴　90年代やゼロ年代は売れていることがミュージシャンにとってプレッシャーやマイナスに働くこともあり、テレビにあえて出ないという人もいましたが、そういう感覚は時代的にも洗い流された感じはしますよね。

新人が出やすくなった令和

礒崎　令和を代表する曲を選ぶのはすごく簡単です。Adoの《うっせぇわ》とYOASOBIの《アイドル》とCreepy Nutsの《Bling-Bang-Bang-Born》です。この3曲の共通項は、CDシングルがヒットにならなくなった時代の曲ということです。要はダウンロードやサブスクから生まれてきた時代のヒット曲です。幼稚園児たちも踊るのが令和です。あと、新人が出やすくなったのもいいことだと感じています。

鈴木　以前はチャートの上のほうがガチガチに固まっていて、ＡＫＢグループと旧ジャニーズ勢がほとんどを占めていた。今までのＣＤだけの売上じゃわからない部分がビルボードジャパンのチャートに反映されるようになったという意味でも、ビルボードチャートが果たした役割は大きいです。

礒崎　ありがとうございます。今、聴かれている曲、売れている曲を反映させるという意味では、10年代の半ばくらいに荻野目洋子《おぎのめようこ》の《ダンシング・ヒーロー》が、いきなりチャートの2位になったことがありました。スポーツ紙にも取り上げられるくらいの出来事でしたけど、ああいう現象は楽しいですね。

鈴木　何がすごいってビルボードジャパンはチャートの計算パラメーターを変えるじゃないですか？　あれには感動しました。ある時期、チャートに推しの匂いがするものが上がっていて「これは？」と思ったんですけど、いつの間にかそれがなくなった。なぜだろうと思ったらパラメーターを変えていると聞いてそんなこともアリなのかとびっくりしました。

――その件についてはコンテンツビジネスラボでも話題になりました。指標を変えると時系列で見た場合の比較ができなくなるのでは？　とか。ただ、礒崎さんと話して、グローバルの流れも勘案して、係数を絶妙にチューニングしているという話を聞き素晴らしいと思いました。

礒崎　それは多分、アメリカの「ホット１００」にストリーミングとかダウンロードがあったことが大きいです。しかも彼らはそのストリーミングサービスが増えたり、減ったりしてもそれを何も言わずに変えるんです。「それが僕らのヒットチャートだけど何か文句ある?」というスタンスなんですよね。その精神性には影響を受けましたし、その感覚は大切なことだと思いました。要はユーザーから見て、変な感じに見えないってことが大事なんだなと。

――ビルボードジャパンのチャートはかなり異種格闘技ですよね。

礒﨑　いろんなジャンルが出てきているのをチャートで表すのは楽しいです。今だと《はいよろこんで》(こっちのけんと)が、グローバルチャートのトップ10圏内に入っていますからね。韓国で火がついて、アメリカでもっていう。世界で同時多発的にヒットしているのが、日本の楽曲で起きているのは面白い。

――《はいよろこんで》の制作チームはチャートのことを相当理解していますよね?

礒﨑　そうですね。最近、チャートを理解している作り手が増えました。Number_iのチームは一回トップ10圏内に上げたうえで、そのあと何ヵ月かしてもう一回シングルを出し、再びチャートに入れる戦略で、両方にラジオピークを作っている。そうすることでずっとトップ10圏内にいるように見せられるわけです。その結果、上半期やイヤーエンドでちゃんと上位にいることを示せるわけです。

鈴木 そういう仕掛けがあるんだ。なるほど。

礒﨑 ボーイズグループの中でも「ホット100」を攻略するチームと、それを考えるのをやめてアルバムを売るほうに全振りしちゃうチームに分かれていますね。

――コンテンツビジネスラボでは毎年、「コンテンツファン消費行動調査」というのを行っております。今回、最新調査によって音楽を聴いている人たちがどういう行動をし、どれくらいのお金を使い、どんなアーティストを追っているのかをクラスター化し、分析しました。御三方がご覧になられて興味を引く部分はありましたか？

礒﨑 各クラスターによって平均音楽支出額にかなり差があるのが気になりますね。強火令和アイドル推し層は、フィジカルとかリアル体験での支出が多いのでしょうか？

――リアルイベントが最も多くて、その次がフィジカル、そしてファンクラブとなっています。

柴 気になるのは、令和トレンドセッター層とストリーミングチャートザッピング層です。ここには情報源としてTikTokは入っていますか？

――入っています。この層は利用時間や音楽支出額も平均以上で、かなり音楽を積極的に消費しています。ただ、この層が面白いのは音楽を聴く重点ポイントがSNSで話題になっていることだったり、自分もSNSで話題にできそうなネタであることです。そのうえで音楽性も重視するし、世の中に話題になっていることに興味を持っている。

礒崎　ビルボードチャートでも短尺動画の再生回数をヒットチャートに反映させるべきか、ここ2年ぐらいずっと話し合っています。

柴　この層はTikTokやYouTubeショートは観ますよね。

礒崎　観る、観ないは、「話題になっているかどうか」なんですよね。それを果たしてヒットチャートに反映させるべきかどうか。アメリカでもTikTokで話題になっているものは合算していません。やはりまだ、ショート動画がヒットチャートにどう影響があるか、そこを決めきれていないんでしょうね。

柴　果たしてTikTokやYouTubeショートを観るのが音楽消費かどうかってところですよね。

礒崎　そうです。この曲を聴きたい、好きだというのではなく、「話題になっているから動画を作りました」という行動は果たして音楽を聴く行為なのか？　という。ここの層はかなり若い。

――自分に近い世界観や価値観を表現してもらえるアーティストを探している層なんじゃないかと思います。

磯崎　自分が共感するのか、またはSNSを見てくれる人が共感してくれることを探しているかのどちらかでしょう。

柴　ボカロ&ネット系音楽愛好家層の年間の平均音楽支出額が1万8294円というのはかなり少ないですね。たぶん中高生が多いのでお金がないんでしょう。

――この層を細かいデータで見ると、音楽視聴時間も少ない。ボカロ系は短い曲が多いですが、倍速で見る率もけっこう高いという統計があります。この層がお金を使えるようになると、音楽の流通も変わるし、それこそ次の米津玄師が生まれるのではないかと思います。

柴　僕はボカロカルチャーを創成期から追っていますが、大人たちからは「ボカロシーンってYOASOBIやAdoがいてヒットしてるんでしょう?」と言われますが、実際、リスナーが盛り上がっているのはサツキの《メズマライザー》だったりするので、昔も今も大人たちからは見えていない世界なわけです。ということは、今もボカロは良い意味で〝ガキんちょ〟のカルチャーなんです。お小遣いが少ないから推し活なんてできない。だからYouTubeを見ている。

UGCの誕生はいつだったのか?

——アーティスト活動をさまざまな形で推すことでUGC=フィードコンテンツが生まれると考えます。そのうえで口コミ推奨層と我々が呼んでいる層により、フィードコンテンツが拡散されていくのだと思います。

礒﨑　なるほど。ひとつ疑問に思ったのはいつから音楽は共有するものになったのでしょうか? 昭和の話をしますが、70年代末にヘッドホン・ウォークマンができて、音楽は自分だけが楽しめる個人的なものになりました。昔、隣で働いている女の子が何を聴いているか知りたくて、ウォークマンの中身を覗こうとしたら怒られたことがあります。その当時は、ウォークマンの中身というのは個人的なもので他人に見せるものじゃない、というものでした。それが今はプレイリストを公開するなど、開かれたものになっているのが不思議です。

鈴木　そうですね。昭和の時代は自分が聴いている音楽は個人的なものでしたが、今は逆に見せたがっていますよね？

――ストリーミングで自分が聴いている音楽を共有する機能ができて一般的になった感覚はありますます。あと、自分が好きな曲が電話をかけてきた相手に流れる「着うた」の影響もあったのかもしれません。

礒崎　LINE MUSICでも自分のＢＧＭを設定できますが、私なんかはちょっと恥ずかしいと思ってしまいます。

――昭和の時代でもクローズドな友人関係内で、お気に入り曲を入れたカセットテープやＣＤを焼いてコピーしたりして広がったという文化はありましたよね？

礒崎　はい。それが今は自分が知らない人にも見せて構わないくらいまでいったのは何が起きたんだろうと思うわけです。経験上、ストリーミングサービスを構築するタイミングの話し合いでは、10年代の半ばですでにＳＮＳへの共有ボタンは必須という話になっていましたので、そうするとゼロ年代まで遡《さかのぼ》ることになるのかなと。

柴　ひとつの仮説として言えるのは２００６年です。Googleによる YouTubeの買収、ニコニコ動画の誕生が２００６年なんですけど、２００７年にニコニコ動画でレミオロメンの《粉雪》のサビ部分を、いわゆる〝弾幕〟として一斉に「こな～ゆき～」と画面に文字を表示させて遊ぶのが流行しました。あの時点で音楽が聴くものではなくて、遊び道具としてみんなと共有するものになったと思います。もちろんその前にも共有する曲などはあったと思いますが、TikTokなどにつながる音楽の遊び方が生まれたのが、あの弾幕遊びだったと思います。

磯崎　なるほど。そこがつまりUGCの誕生なんですね。そこから20年弱でこんなにたくさんのクラスターに分かれるようになったんですね。

鈴木　私世代からすると音楽を聴くという行為は、ライフスタイルと価値観に寄ったものなので、磯崎さんが言われたようにウォークマンを覗いて怒られたという話には納得できます。それはつまり他人の部屋に勝手に入るというくらいカセットテープには生き方が詰まっていたわけです。でも、それは音楽だから特別だったわけであって、たとえば知り合いや友だちから「美味しいラーメン屋知らない？」と聞かれたら、すぐに教えたと思います。なぜなら美味しいラーメンを知っていることはライフスタイルではないから。

磯崎　そうですね。

鈴木　昭和の時代の音楽は、思想やライフスタイルが絡《から》んでややこしかったんだけど、今、音楽を聴くという行為は、「美味しいラーメン屋さんがあるからちょっと行かない?」くらいになっているということでしょう。それこそ今なら《はいよろこんで》って旬なラーメンがあるから、味わってみようってなる。毎日は食べないけど、美味しかったらいいいな、くらいの心の振れ幅で音楽を受け入れているんでしょうね。

——今後、グローバルヒットを目指すうえで必要な要素などはありますか?

礒﨑 グローバルでヒットしている楽曲を聴いて思うのは突っ込む余地というか、ユーザーが入る余地をどれだけ作れるかだと感じます。いろいろなクラスターの人たちが自分なりに解釈して支持している。《はいよろこんで》もMVのアニメ絵が懐かしくて楽しいって人もいるし、そういうことを思わずにただ楽しんでいる若者もいる。参加する余地をどれだけ作れているかは重要な要素だと思います。完全無欠で出来上がっていると楽しむことしかできないですからね。

——《はいよろこんで》は別々のクラスターが食いつくフィードが準備され、エッセンスが詰め込まれています。ギリギリダンスでこっちのけんと自らがダンスムービーを紹介して踊ってみた動画も量産されてきてますし、モールス信号の歌詞パートはサラリ

ーマンや若者たちの苦悩や不安の中、自分が生きている生命反応を確認してみんなで思わず口ずさんでみたくなるフレーズになっています。

礒崎　IMP.のデビュー曲とかも聴く人が聴けばすごく旧ジャニーズの王道曲ですが、また別のクラスターにとってはKポップみたいに聴こえているわけです。それを意識して作っているというのはよくわかります。先日、SKY-HIさんと話したときも彼はBE:FIRSTはできるだけ隙間《すきま》を作りたい、引き算の音楽を作りたいと言っていて、そういうものを作るのが〝今〟なのかなと思います。一方で、そういう気持ちがまったくなく作ったCreepy Nutsの《Bling-Bang-Bang-Born》のみんな楽しんじゃえ！っていうのもすごくいいなと思います。それが世界でも受けているわけですから。

――マニアックなデータになりますが、各音楽利用層をクラスター含有率で見ると、Creepy Nutsはストリーミングチャートザッピング層の比率が高く、推し活層ではない若年層にも届いているんですよね。

鈴木　Jポップって世界的な音楽の中で見ると、ものすごく尺が長く、メロディが多く、コード進行が複雑で転調が多いという特殊性があります。幕の内弁当のように1曲の中に詰め込まれているんです。それは世界に出ていくことに対して障害になるだろうと思います。反面、シティポップが面白がられているのは、M7（メジャーセブンス）とかテンションコードの多い感じが世界的に珍しいと思われて、それが強みになっているのかなとも思います。ただ、やはり空白感のある音楽をやらないとグローバルには行きにくいだろうなと思います。

――隙間のある音楽作りはグローバルでヒットを生み出すうえでの鍵なのかもしれません。

鈴木　あと、NewJeansが《青《あお》い珊瑚礁《さんごしょう》》を歌うだけであれだけ盛り上がるのであれば、グローバルという全世界まるごと狙うのではなく、たとえばタイとかマレーシアとか、特定の国にターゲットを定めて戦略を練ったほうがいいと思います。その国の宗教や文化を意識して、こういう歌詞は避けておこうとか、そういう緻密な戦略をKポップはやっていると思います。昔、日本の商社がやっていたことをメジャーレーベルもやるべきじゃないですかね。

――ももいろクローバーZはインドネシアで人気があるんですよね？

礒崎　Luminateってサービスを使うと、グローバルの中で日本のアーティストがどの国で何%聴かれているかがわかるんです。

柴　あれは面白いです。僕は経済産業省のレポートで読みましたが、藤井風はインドで人気なんですよね。《grace》のMVがきっかけだったと思いますが。

礒﨑　Mrs. GREEN APPLEは98%が日本で聴かれていますが、ももクロ（ももいろクローバーZ）は日本で聴かれているのは全体の60%くらいなんです。それはつまり世界で聴かれているということです。そういうデータを見ると、このアーティストは日本から世界に行くんだろうなと思うわけです。何しろファンが現地にいるわけだから土壌がすでにあるわけです。

――ももクロがなぜインドネシアで受けているかを一緒に大学の講師をやっていただいている外語大の先生に聞いてみたところ、仮説ですがインドネシアの平均年齢とももクロ・メンバーの平均年齢が29歳で一緒で、インドネシア国民を代表しているアイドルなのかもしれない、ということです。また、ももクロは肌の露出も他のアイドルに比べて少ないことも人気の要因なのではないかとおっしゃっていました。

鈴木　なるほど。その国の宗教観や戒律にも絡んでくるわけだ。

柴　そうなんですよね。グローバルとか海外という言葉を使うとき、メディアは解像度が低すぎなんですよね。アジア、北米、南米、ヨーロッパ、中東……アフリカは遠いので優先度は下がるかもしれませんが、対象国への解像度を高くしないと何も見えてこないと思います。

――グローバルとひとまとめにするのではなく、各国への解像度を高めないといけないということですね。

柴　あと、みなさん大前提すぎて議題に上がっていませんが、アニメを忘れてはいけないと思います。僕の実感として、BUMP OF CHICKENより年上か年下かで、アーティスト側のアニメに対する認識が違っていて、BUMP OF CHICKENより上の世代は、アニメを「機会」としか思っていない印象があります。一方でBUMP OF CHICKENより下の世代、それこそ米津玄師やVaundyのように、幼少期からアニメが自分のルーツであり原点になっているアーティストが多い。なので、アニメのために音楽を作ることに対しては、「貢献」と考えているんです。それはアニメの捉え方において世代間ギャップをすごく感じます。

鈴木　BUMP OF CHICKENで分けるんだ（笑）。

柴　音楽業界の上の世代の人たちと話すと、アニメもいいけど〝音楽〟が世界に打って出ないといけないという話になります。それはそのとおりですが、米津玄師やVaundyなどのアーティストはアニメの世界観や物語をどう解釈するかを通して自分の作家性を出している。なので、レーベルはアーティストがアニメとどう向き合うかを踏まえたうえで、グローバル展開を見据えたタイアップをすべきだと思います。

――しっかり戦略を立てることでグローバル展開が仕掛けられるということですね。

柴 はい。一方で韓国では今、あいみょんやOfficial髭男dismや優里といったJポップの人気があるわけです。韓国はKポップの国だからKポップっぽいボーイズグループが韓国で受けているかと言えばそうじゃなくて、imaseや乃紫がSNSで受けたりする。僕の意見としてはSNSに関しては仕掛けをしないほうがいいのではないかと思っています。むしろ、お金のないインディペンドなアーティストは、ピュアに自分が楽しいと思うことをすればいいと思っています。それを1000やったら1は跳ねるかもしれない。それがSNSだと思います。

礒崎 最近、テレビ局付の出版社の方から、ドラマや映画のインストゥルメンタルの問い合わせをいただいています。どうやらグローバルプラットフォームにおいて、インストゥルメンタルの需要があるということらしいです。

柴　それはNetflixやAmazon Primeのドラマのサントラということでしょうか？

礒崎　『VIVANT』とか日本のドラマのサントラがグローバルで聴かれているそうです。まだ数字には出てきていませんが。歌ものじゃないところでも評価が高まっているというわけです。そこでアーティストが認知される可能性があるので、ビルボードにもっと詳しいデータはないのかという問い合わせがあります。

柴　タイアップ曲のヒットって90年代初頭が全盛期でしたが、今またタイアップ全盛期が来ているのかもしれませんね。

礒崎　相手の方は日本だけでビジネスをしようと思っているわけじゃなく、グローバルで普通に音楽ビジネスをやろうと考えているんですね。日本、アジア、グローバルと分ける感覚の人たちが増えているんだと思います。

鈴木　なんか戦後すぐの第二次産業の勢いを感じます。ソニーがトランジスタラジオを持ってアメリカに乗り込んでいったような。

音楽業界を今後、面白くするには？

——これからの音楽市場はどうなると面白くなっていくと考えられますか？

鈴木　日本のマーケットからいかにグローバルヒットを出すかという話でしたが、そのヒットが偶発的なものでなく、しっかりコントロールできるといいなと思います。米津玄師にしろ、Vaundyにしろ、藤井風にしろ、彼らはめちゃくちゃ音楽に詳しくて、音楽の引き出しもたくさん持っている。知識と才能をうまくコントロールしてヒットを狙って出していければいいなと思います。優秀なミュージシャンが自分の引き出しを使って、タイでヒットを出すとか、インドで当てるとか、そういう風になっていけばいいと考えます。

柴　僕は2016年に出した『ヒットの崩壊』（講談社現代新書）で、もうヒットの法則なんてものはないと書いたんですが、あれから8年経った僕の結論を言うと、ヒットの方程式はあると今は思っています。端的に言うと、アニメ×バイラル×グローバル=ヒットです。一方、今、経産省がコンテンツ支援をしようといろいろ動いていますが、それが〝選択と集中〟になってほしくないと思っています。要はこれをやれば海外に展開できる、このアーティストを重点的にサポートして渡航費やプロモーション費を出すという流れになりそうですが、僕はそうなってほしくない。

鈴木　嫌な予感しかしませんね。

柴　これは僕の思いですが、地方のラッパーとトラックメーカーでやっているヒップホップ・グループとか、お金がなくてYouTubeでしか活動していないボカロPとか、無名だけど何をするかわからない人たちを支援したほうがいいと思うんです。音楽を諦めずに楽しくやっていける土壌、音楽で食えるまでいけなくても、音楽を楽しくできる環境を作るほうがいいと思う。10代、20代が音楽をやる難易度を下げる方向に政府はお金を使ってほしいなと思います。

鈴木 そうだよ。ミュージシャンはお金持ちであってほしい。憧れのミュージシャンが貧乏だったらがっかりするからね。

磯﨑 私は経産省と本件でお付き合いしてきましたが、参加した人たちが声高に言っていたのはクールジャパン戦略が思い通りにいかなかったという結果を認めたうえで、次に何をするかを考えようという話でした。柴さんの話を聞いて思ったのは、Amazon の E C サイトがすごいから、じゃあ日本版 Amazon を作ろうとか、日本版のストリーミングサービスを作ろうというのではなくて、Amazon に置く商品を作るほうが正しいと思うんです。翻《ひるがえ》ってビルボードジャパンの話をするならば、ビルボードの立ち上げのとき、アメリカからはアメリカの言う通りに作ればいいと言われたんです。僕らはそれに対して「いやいや」って言いながらオリジナルのチャートを作っていったわけですが、いかに中身をちゃんと作るかということが大事だったわけです。国のお金を使うなら、仕組みを作るんじゃなくて、そこに乗っかる楽曲をみんなで考えたほうがいいという方向になったらいいなと思いますね。クリエイターにお金が回るようにしなければと僕も思います。

——皆さんのお話を聞いていると、これから日本のアーティストは、自分の表現方法と合っているプラットフォームやSNSを用いて発信していくことで、グローバルの音楽市場に日本の音楽を届け、ビジネスを築くことができる可能性が無限大に広がっていると感じます。さまざまなデバイス、メディアが生まれたことで、日本に隠れている才能豊かなアーティストが、新たな音楽カルチャーを世界で生み出せる絶好の機会なのかもしれません。その際に日本らしさやオリジナリティが世界から支持される時代も来るような気がしてワクワクします。今後の日本の音楽シーンがどうなっていくのか非常に楽しみです。本日はありがとうございました！

おわりに～音楽ファンとアーティストが一緒にヒットを作る時代

本書を執筆していた2024年の8月30日から9月1日、「山中湖《やまなかこ》交流プラザ きらら」で行われたスペースシャワーTV主催の「Sweet Love Shower」に参戦した。

私は2013年から毎年このフェスに行っているが、九州に上陸した台風10号の影響で前日から記録的な大雨が続き、開催も危ぶまれる事態となった。主催側も台風の影響を受け、開催の可否を前日の午前10時に発表するという異例の対応となった。

東海道新幹線が運転を休止するなどして、一部の方の足止めを余儀なくされたものの、その後台風の速度は緩やかとなり、無事に3日間の公演が開催された（楽しみにしていたため、主催側の皆様の英断、本当にありがとうございました！）。普段から雨が多い地域のためネット界隈では〝田植えフェス〟と呼ばれているが、会場は例年にも増して水たまりが多く、3日間長靴で過ごすのは初めての体験である。

我が子は水たまりで楽しそうに遊んでいたが、大人にとっては過去最高クラスの過酷なフェスとなった。「#ラブシャ2024」のハッシュタグをXで検索すると、会場内の数々の水たまりを長靴やサンダルでみんなが歩く様子が、数多く投稿されていた。

タイムテーブルを見ると、アーティストのネームの上にカメラ、動画、SNSのマークが入っている。このマークが付いているアーティストは、「写真撮影OK」「動画撮影OK」「SNSへのアップロードOK」と表明していることになる。全体の約20%はこのマークが入っていて、本書で取り上げたimaseも写真・動画・SNSのアップロードはすべてOKだった。

2日目の午後4時頃、1時間で65ミリの記録的な大雨でほとんどの人がテントで雨宿りをしていると、隣でびしょ濡れの若い男の子が動画加工アプリを使いながらショートムービーを作成していた。こっそり覗いてみるとファンの群衆の上に立つ「go!go!vanillas」(写真/動画/SNSアップロードOK)の姿が写っていた。ボーカルの牧達弥《まきたつや》が土砂降りの雨の中で熱唱し、オーディエンスが拳をあげてジャンプする姿に「初フェス 大雨だけどアツすぎた」というテロップが入っていた。そのショートムービーを横目で見るだけで、アーティストとファンのグルーヴ感、熱いライブをやってくれる感じが伝わってきて、自分が知らない「go!go!vanillas」の熱いアクトを垣間見ることができ、次は見に行ってみようと思う。

2023年の秋頃に祥伝社さんから、我々の「コンテンツ調査」のデータを用いて今の音楽ファンの心理やグローバルで人気となったアーティストのヒットの動向について本を出版しないか、というありがたいオファーをいただいた。依頼のメールには、「日本のコンテンツ業界の中でデジタル化を先取りしているのが音楽業界かと思います。今音楽業界で起きていること、目指している方向性を知りたい」「今ヒットしているYOASOBIの《アイドル》に代表されるグローバルヒットのような海外進出が、これからの日本の音楽業界の進むべき方向性かどうかについても知りたい」という内容であった。依頼を受けてから約1年。「コンテンツ調査」に基づくファンのクラスター分析の結果、我々が想像していた以上に情報源によって音楽の楽しみ方が異なることが明らかになった。

マスメディア、雑誌、ラジオの情報源を重視する昭和時代の歌謡曲の系譜を受け継ぐアーティストを楽しむ音楽ディープダイバーから、TikTokに代表されるショートムービーを情報源にダンスやラップを交えて表現するアーティストを好む令和トレンドセッター、ほぼYouTubeのみを音楽情報源としてボカロ系アーティストを楽しむボカロ&ネット系音楽愛好家まで――第1章で触れた音楽業界の過去のヒットによって、時代ごとに生まれた音楽カルチャーがなくなることなく、一定数の音楽ファン人数を保ち、市場性があるということを示していた。

日本の音楽業界は各時代の音楽ファンがダイバーシティを保っており、アーティストが持つ異なる個性をそれぞれ受容するファンが存在する。まずいくつかのクラスターの支持を得られれば、さまざまな芸術性、創造性を持つアーティストが日本国内でヒットする可能性があるということだ。

そして、「文章解説型」「動画解説型」「シズル×ハッシュタグ型」「参加型」といった4タイプのフィードコンテンツの存在だ。これらは、アーティスト自身も気づいていない魅力をファンが見出し、デジタルを中心としたプラットフォームを通じて他のクラスターに伝播していくことで、新たなファンを獲得していく影響力を持っている。

楽曲を聴くことだけでは知ることができないアーティストのライブアクト、MCから垣間見るパーソナリティ、オフのときの過ごし方は、アーティストに対して推し活を行い、たくさんのお金を使うコアファンだけしか知り得ない情報だった。

しかし、そういった情報がWEB、SNSそれぞれのメディアプラットフォームが得意とする編集方法によって、多くの人に拡散され、わかりやすく知ることができるようになった。先ほど紹介した「go!go!vanillas」のショートムービーの件は、推し活ファンではなく初めてフェスに参戦した人が投稿していることが興味深く、ファンでなかった人がカジュアルにアツいフィードを作り出し、音楽ファンがアーティストとともに新たなファンを増やすきっかけになっている。

「音楽ファンとアーティストが一緒にヒットを作る」時代になったことは、ファンにとっても嬉しい話である。第5章でスージーさん、柴さん、礒﨑さんの鼎談の中であった「民主的で健康的な時代になった」という話はそのとおりだなと思うし、日本のアーティストの才能をいろいろな方法で知ることができるようになった。この流れは世界レベルで起きて、新たなアーティストが発掘されていくのだろう。

さまざまな音楽カルチャーをダイバーシティとして保っている日本音楽市場は、第4章のYOASOBIで触れたエクレクティシズム的音楽をさらに生み出す可能性を感じている。今後、アーティスト側は自分の個性に合う芸術性を武器に、日本市場に存在する複数の音楽カルチャーの長所を組み合わせて新たな音楽を作っていくと思われるが、さらにアーティストの提供したデジタル上に表現されるフィードの原石を音楽ファンが無意識に折衷・調和させ、新しい魅力が拡散されるのではないかと期待している。

次の参加型フィード「踊ってみた動画」に当たる、ファンが魅力を伝えやすい〝編集フォーマット〟が日本で続々と生まれ、次のヒットが生まれていくシーンを今後もウォッチしていきたい。

今回のチャンスをいただいた祥伝社の皆さん、タイトなスケジュールの中、取材に協力いただいたスージーさん、柴さん、礒﨑さんにこの場を借りて御礼申し上げます。そして、仕事に家庭に忙しい中、コンテンツビジネスラボのメンバーの酒巻さん、三浦さん、植月さん、佐藤さん、MRS広告調査の鬼鞍さんにサポートいただき本当に感謝します。

我々の考察に興味のある方、「コンテンツ調査」に興味がある方は、ぜひともコンテンツビジネスラボにお問い合わせください。一緒に音楽業界を盛り上げられる話をできると幸いです。

博報堂DYグループ　コンテンツビジネスラボリーダー　木下陽介

■主要参考文献

柴那典『ヒットの崩壊』(講談社現代新書)

柴那典『平成のヒット曲』(新潮新書)

スージー鈴木『平成Jポップと令和歌謡』(彩流社)

礒﨑誠二著、山口哲一監修『ビルボードジャパンの挑戦 ヒットチャート解体新書』(リットーミュージック)

「最高視聴率は40%超! 怪物番組『ザ・ベストテン』が消えた意外な理由」(デイリー新潮、2024年1月19日)

「第110回 鈴木 竜馬 氏 株式会社ワーナーミュージック・ジャパン 第1制作本部本部長/unBORDE レーベルヘッド」(Musicman、2013年1月25日)

「YouTubeでエンタ界の今が分かる、未来のヒットも見えてくる」(NIKKEI STYLE、2012年6月11日)

三谷 弘美「あいみょんをスターへと押し上げたSpotifyのからくり」(日経クロストレンド、2019年6月28日)

ヘレナ・コシンスキー「日本人アーティストの海外展開で活用すべき世界のトレンド」Music Ally Japan デジタルサミット 2024より(2024年5月31日)

松谷創一郎「ヒットの固着——Spotifyチャートから見えてきた停滞する日本の音楽」(Yahoo!ニュースエキスパート、2023年2月13日)

柴那典「乃紫 インタビュー 『全方向美少女』がTikTokを席巻、話題のシンガーソングライターに迫る」(THE MAGAZINE、2024年2月19日)

「偶然か必然か 音楽活動2年余でふわり世界に飛び出した22歳アーティスト・imaseの軌跡」(ORICON MUSIC、2023年8月18日)

宮昌太朗「榎戸駿に聞いた『マッシュル-MASHLE- 神覚者候補選抜試験編』OP映像メイキング BBBBダンスができるまで」(Febri、2024年3月30日、31日)

「『ZIP!』でCreepy Nutsインタビュー「♪Bling-Bang-Bang-Born」誕生秘話などを語る ライブ前後の様子も独占取材」(TV LIFEweb 、2024年6月24日)

執筆者プロフィール

木下陽介
2002年博報堂入社。マーケティングやコンサルタント職としてを多数業種を経験。2010年より研究開発職としてマーテク、アドテク、AIやXR技術を活用したマーケプロダクト開発を推進。2012年からコンテンツビジネスラボのリーダーとして、スポーツ・音楽を中心としたコンテンツビジネスの支援を行う。好きな音楽ジャンルは邦ロック。グローバルで活躍する次世代若手アーティストを日々発掘中。

三浦慎平
2015年博報堂入社。研究開発組織にて、サイバーフィジカル時代における要素技術研究や生活者動向にまつわる研究、ユースケース開発に従事。また、コンテンツを起点としたビジネス設計支援チームコンテンツビジネスラボのメンバーとして、とくに、音楽におけるコンテンツ消費動向研究を行う。ノイズミュージックからロックまで幅広く聴く雑食系。でもやっぱりBLANKEY JET CITYが一番好き。

植月ひかる
2017年博報堂入社。マーケッターとして、様々な商品・サービスを対象に、プラニングからブランディング、商品開発まで幅広く担当。2022年よりコンテンツビジネスラボに参画し、自身のK-POP好きも活かしながら活動中。

佐藤諒平
2020年新潟博報堂入社。2023年より博報堂にてマーケッターとしてクライアント業務に従事しつつ、コンテンツビジネスラボにも参画。Jポップやボカロ・ネット系を中心に、新旧問わない幅広い国内音楽好きを活かして活動中。

酒巻恵美
2006年から営業として様々な商品やサービスを幅広く担当。最近は社内の様々なプロジェクトに社内副業中。K-POP雑食現場メインオタクとして、コンテンツビジネスラボに参画。

切りとり線

★読者のみなさまにお願い

この本をお読みになって、どんな感想をお持ちでしょうか。祥伝社のホームページから書評をお送りいただけたら、ありがたく存じます。今後の企画の参考にさせていただきます。また、次ページの原稿用紙を切り取り、左記まで郵送していただいても結構です。

お寄せいただいた書評は、ご了解のうえ新聞・雑誌などを通じて紹介させていただくこともあります。採用の場合は、特製図書カードを差しあげます。

なお、ご記入いただいたお名前、ご住所、ご連絡先等は、書評紹介の事前了解、謝礼のお届け以外の目的で利用することはありません。また、それらの情報を6カ月を越えて保管することもありません。

〒101-8701（お手紙は郵便番号だけで届きます）
祥伝社　新書編集部
電話03（3265）2310
祥伝社ブックレビュー　www.shodensha.co.jp/bookreview

★本書の購買動機（媒体名、あるいは○をつけてください）

＿＿＿＿新聞の広告を見て	＿＿＿＿誌の広告を見て	＿＿＿＿の書評を見て	＿＿＿＿の Web を見て	書店で見かけて	知人のすすめで

★100字書評……令和ヒットの方程式

名前

住所

年齢

職業

博報堂DYグループコンテンツビジネスラボ

博報堂DYグループコンテンツビジネスラボは、博報堂DYホールディングス、博報堂、博報堂DYメディアパートナーズの横断プロジェクトで、コンテンツを起点とした広告やビジネス設計の支援を行う専門チームである。マーケティングプラニング職、ナレッジ開発職、コンテンツビジネスディベロップメント職など約20名で構成されるメンバーは、スポーツ、ドラマ、アニメ、ゲーム、音楽など、さまざまなカテゴリの熱心なファンでもあり、コンテンツに対する豊富な知見と情熱を有していることがラボに入る条件となっている。本書は、その中でも音楽に対する情熱や想いを持つメンバーが執筆に携わった。

令和《れいわ》ヒットの方程式《ほうていしき》

博報堂《はくほうどう》DYグループコンテンツビジネスラボ

2024年11月10日　初版第1刷発行

発行者……………辻 浩明
発行所……………祥伝社しょうでんしゃ
〒101-8701　東京都千代田区神田神保町3-3
電話　03(3265)2081(販売)
電話　03(3265)2310(編集)
電話　03(3265)3622(製作)
ホームページ　www.shodensha.co.jp

装丁者……………盛川和洋
印刷所……………萩原印刷
製本所……………ナショナル製本

Printed in Japan ISBN978-4-396-11705-4 C0234

〈祥伝社新書〉
経済を知る

498
総合商社
その「強さ」と、日本企業の「次」を探る
なぜ日本にだけ存在し、生き残ることができたのか。最強のビジネスモデルを解説
専修大学教授 **田中隆之**

650
なぜ信用金庫は生き残るのか
激変する金融業界を徹底取材。生き残る企業のヒントがここに！
日刊工業新聞社千葉支局長 **鳥羽田継之**

625
カルトブランディング
顧客を熱狂させる技法
グローバル企業が取り入れる新しいブランディング手法を徹底解説
マーケティングコンサルタント **田中森士**

636
世界を変える5つのテクノロジー
SDGs、ESGの最前線
2030年を生き抜く企業のサステナブル戦略を徹底解説
ベンチャー投資家・京都大学経営管理大学院客員教授 **山本康正**

660
なぜ日本企業はゲームチェンジャーになれないのか
――イノベーションの興亡と未来
山本康正